KEITH HARARY / EILEEN DONAHUE

Wer bin ich wirklich?

Buch

Erstmals wird das in langjähriger Forschungsarbeit entwickelte »Berkeley Personality Profile«, ein Test zur Persönlichkeitsstruktur, in Buchform veröffentlicht. Dieses differenzierte Instrument zur Selbsteinschätzung beschränkt sich nicht, wie herkömmliche Tests, darauf, Menschen bestimmten Charaktertypen zuzuordnen, sondern geht weit darüber hinaus. Vielmehr werden die verschiedenen Facetten der Persönlichkeit berücksichtigt, und im Detail wird herausgearbeitet, wie Sie sich selbst einschätzen und wie Sie von anderen in den verschiedensten Lebenssituationen gesehen werden. Jeder, der sich diesem Test unterzieht, gewinnt Einblick in seine vielschichtige Persönlichkeitsstruktur und erhält so die Möglichkeit, bestimmte Lebensmuster, Kommunikations- und Kontaktprobleme besser zu verstehen bzw. zu lösen.

Autoren

Dr. Keith Harary ist Leiter der Forschungsabteilung des Institute for Advanced Psychology in San Francisco.

Dr. Eileen Donahue lehrt Psychologie am Williams College in Williamstown, Massachusetts.

KEITH HARARY
EILEEN DONAHUE

Wer bin ich wirklich?

Der Berkeley-Persönlichkeits-Test für alle, die das genau wissen wollen

Aus dem Amerikanischen
von Bringfried Schröder

GOLDMANN

Die Originalausgabe erschien
unter dem Titel »Who do you think you are?
Explore your manysided self with the Berkeley Personality Profile«
bei HarperCollins, San Francisco.

Deutsche Erstausgabe

Umwelthinweis:
Alle bedruckten Materialien dieses Taschenbuches
sind chlorfrei und umweltschonend.

Der Goldmann Verlag
ist ein Unternehmen der Verlagsgruppe Bertelsmann

Deutsche Erstausgabe Mai 1998

Umschlaggestaltung: Design Team München
Umschlagabbildung: Susan Gross
Druck: Presse-Druck Augsburg
Verlagsnummer: 13968
Redaktion: Wieland Eschenhagen
KF · Herstellung / DTP: Martin Strohkendl
Made in Germany
ISBN 3-442-13968-6

1 3 5 7 9 10 8 6 4 2

Inhalt

Einleitung

Was bin ich eigentlich *wirklich* für ein Mensch? Wie gut kenne ich mich? Was halten die anderen Menschen von mir? Diese elementaren Fragen stellen sich die Menschen schon seit Tausenden von Jahren. Das Orakel von Delphi mahnte die alten Griechen »Erkenne dich selbst«. Von Sokrates stammt der Spruch, »Das ungeprüfte Leben ist nicht wert, gelebt zu werden«, und Sigmund Freud hat gesagt, nur durch Selbsterkenntnis sei ein glücklicheres, gesünderes und neurosefreies Leben möglich. Viele Psychotherapeuten sind sich heute darüber einig, daß der erste Schritt zur Verbesserung des Selbst darin besteht zu lernen, uns selbst besser zu verstehen.

Aber wie können wir lernen, uns selbst besser zu verstehen? Dieses Buch weist uns dazu den Weg. Es bietet uns eine wirkungsvolle Methode an, mit deren Hilfe wir die vielen Facetten unserer Persönlichkeit erkennen können. Grundlage dieses neuen Ansatzes sind ausgedehnte Forschungsarbeiten auf dem Gebiet der *Persönlichkeitspsychologie.*

Viele wissenschaftliche Disziplinen versuchen, die Frage nach dem Wesen des Menschen zu beantworten, darunter die Literatur, die Philosophie, die Geschichte und die Soziologie. Im Gegensatz zu diesen Disziplinen verbindet die Persönlichkeitspsychologie jedoch empirische Befragungen mit einer Methode, bei der die einzelne Person als Basiseinheit der Analyse betrachtet wird. Dieser Ansatz geht auf den Psychologen Gordon W. Allport zurück, der in den dreißiger Jahren sein erstes Buch mit dem Titel *»Personality: A Psychological Interpretation«* veröffentlichte. Die junge Disziplin konnte sich innerhalb der akademischen Psychologie sehr profilieren. Während sich klinische Psychologen und Psychotherapeuten weiterhin auf »abnormes« Verhalten, Charakterdefekte und Anpassungsstörungen konzentrierten, beschäftigten sich die Persönlichkeitspsychologen mit gesunden, gut funktionierenden Individuen und mit Problemen wie Kreativität und Leistung im privaten Bereich und im Beruf.

Die noch junge Persönlichkeitspsychologie kann bereits auf zwei Errungenschaften zurückblicken, die vor allem für das Problem der Selbsterkenntnis sehr bedeutsam sind. Die eine bezieht sich auf die Entdeckung und Weiterentwicklung des *Fünf-Faktoren-Modells,* das sich mit einem der elementaren Probleme dieser Disziplin beschäftigt: mit der Suche nach einer wissenschaftlich beweiskräftigen Klassifizierung von Persönlichkeitseigenschaften – das heißt, der Identifizierung einer umfassenden, vollständigen Gruppe von Attributen, mit denen die menschliche Persönlichkeit beschrieben werden kann. Das Fünf-Faktoren-Modell bietet sich hier als Ausgangsbasis an, denn es definiert fünf Grunddimensionen, die Menschen aus vielen Kulturen und Sprachräumen benützen, um sich selbst und andere zu beschreiben.

Der andere entscheidende Durchbruch wurde durch die Beschreibung und Spezifizierung des sogenannten Multifacetten-Selbstkonzepts *(multifaceted self-concept),* also der Vorstellung von einem Selbst, das sich aus zahlreichen Facetten zusammensetzt, erreicht. Schon seit langem war den Philosophen und Psychologen klar, daß die menschliche Persönlichkeit nicht starr und fixiert ist. Wie sich die Menschen selbst sehen, hängt von der Situation ab, in der sie sich gerade befinden und mit wem sie gerade Kontakt haben. Auch ihre Ängste, Ideale und ihre persönlichen Ziele spielen dabei eine Rolle. In den letzten fünfzehn Jahren hat man Methoden entwickelt, mit deren Hilfe diese verschiedenen Perspektiven des Selbst beschrieben und gemessen werden können. Heute vermögen sie jedem einzelnen Menschen zu helfen, seine inneren Erfahrungen und die nach außen sichtbaren Ausdrucksphänomene seiner Persönlichkeit in Einklang zu bringen.

Diese beiden wichtigen Forschungsergebnisse – die Entdekkung der fünf Grunddimensionen der Persönlichkeit und zahlloser Selbstperspektiven – sind die Grundlage des Berkeley-Persönlichkeitsprofils.

Vor der Entwicklung dieses Tests wurden das Fünf-Faktoren-Modell und die Theorie, daß das Selbst zahlreiche Facetten hat, nur in der Forschung und bei bestimmten psychotherapeutischen Methoden angewandt. Obwohl die einzelnen Schritte, die in diesem Buch beschrieben werden, heutzutage bereits von zahlreichen Forschern angewendet wurden, ist es das erste Mal, daß sie einem breiten Publikum zur Selbsterforschung zur Verfügung gestellt werden. In Berkeley haben wir zum Beispiel verschiedene Untersuchungen durchgeführt, in deren Verlauf die Versuchspersonen ihre eigene Persönlichkeit und ihr Verhalten einschätzen sollten. Wir haben diese Beschreibungen anschließend mit denen ihrer Freunde, Arbeitskollegen und anderer unabhängiger Beobachter verglichen. Bei diesen Untersuchungen bekommen die Teilnehmer jedoch kein persönliches Feedback. Die einzelnen Ergebnisse werden zwar analysiert, aber nur in Form von bestimmten statistischen Gruppendurchschnittswerten veröffentlicht.

Es ließ sich jedoch nicht übersehen, daß die Öffentlichkeit sehr daran interessiert war, daß diese Ideen und Verfahren auch Einzelpersonen zugänglich gemacht wurden. Keith Harary und Eileen Donahue haben sich dieser wichtigen Aufgabe angenommen. Aus allen möglichen wissenschaftlichen Zeitschriften recherchierten sie alte und neue Forschungsergebnisse der Persönlichkeitspsychologie und Selbstkonzeptforschung. Sie verknüpften die Erkenntnisse über das Fünf-Faktoren-Modell und das Multifacetten-Modell und wandten das daraus gewonnene System auf die entscheidenden Zusammenhänge an, in denen wir unsere Persönlichkeit erleben und nach außen sichtbar werden lassen.

Im Mittelpunkt dieses Buches steht die von Harary und Donahue als *reflektiver Ansatz* bezeichnete Form des Persönlichkeitstests. Ihnen war klar, daß die menschliche Persönlichkeit unter vielen verschiedenen Aspekten zu betrachten ist. So unerheblich diese auf den ersten Blick auch erscheinen mögen, haben sie für das Verständnis des Individuums in seinen diversen Dimensionen doch eine entscheidende Bedeutung: für das *innere Selbst,* das wir privat erleben; das *äußere Selbst,* das wir anderen zeigen; *Veränderungen des Selbst,* die wir entweder anstreben oder vor denen wir Angst haben. Es geht darum, wie wir uns als Ehepartner oder Liebende, als Freunde, am Arbeitsplatz, in unseren Beziehungen zu den Eltern oder zu unseren Kindern sehen. Wir werden von anderen Menschen auf unterschiedliche Art und Weise erlebt, sei es von unseren Partnern, von den anderen Familienmitgliedern oder von den Arbeitskollegen, und jeder von ihnen gewinnt möglicherweise einen anderen Eindruck von uns. Schließlich geht es darum, wie sich alle diese Elemente zu dem Individuum verbinden, das jeder von uns darstellt.

Der reflektive Ansatz des Berkeley-Persönlichkeitsprofils gibt uns die Möglichkeit, uns in einem Spiegel mit vielen Facetten, also aus all diesen verschiedenen Perspektiven zu sehen. Darüber hinaus stärkt die Methode Ihre Individualität, die Quelle und Schlüssel des Selbstverständnisses ist. Sie können die Tests, die Auswertung und die Interpretation ohne fremde Hilfe durchführen. Es gibt keine Fangfragen, und Sie brauchen Ihre Antworten auch nicht wegzuschicken, um sie interpretieren zu lassen. Diese Do-it-yourself-Methode steht einzig und allein unter Ihrer Kontrolle. Sie selbst bestimmen die Personen, die für Sie die Sichtweise der Außenwelt repräsentieren, der im reflektiven Ansatz ein wichtiger Stellenwert zukommt.

Alle Persönlichkeitseindrücke, Bewertungen und Interpretationen sind im wesentlichen quantitativer Natur. Trotzdem haben die Autoren sich nicht auf kalte, unpersönliche Statistiken beschränkt. In den meisten Fällen stellen Ihre eigenen Antworten das Gerüst für Vergleiche und Interpretationen dar. Kurzgefaßt und verständlich helfen die Autoren Ihnen bei der

Interpretation der Testwerte, Profile und Differenzen. Die Interpretationsanleitungen und die »Punkte zum Nachdenken« stellen eine zusätzliche Hilfe dar. Das Buch betont also nicht die unveränderbare, scheinbar fixierte Persönlichkeitsstruktur oder einen bestimmten Persönlichkeitstyp. Das Schwergewicht liegt vielmehr auf dem individuellen Potential, auf der Bandbreite möglichen Verhaltens und Erlebens, auf der Dynamik der wachsenden und sich entwickelnden Persönlichkeit, wie sie lebt und sich im Laufe des Lebens zum Ausdruck bringt.

Harary und Donahue geben Ihnen den Plan und die notwendigen Landkarten an die Hand, damit Sie sich auf die Reise durch die vielen faszinierenden Bereiche Ihrer Persönlichkeit begeben können. Am Anfang steht eine Untersuchung des Gegensatzes zwischen Ihrem inneren Selbst, wie Sie es erleben, und dem äußeren Selbst, wie Sie es in Ihrem Verhalten zum Ausdruck bringen. Dann werden Sie mit Hilfe der Autoren Ihr ideales und Ihr befürchtetes Selbst einschätzen: wie Sie am liebsten wären und wie Sie niemals werden wollen. Im weiteren Verlauf geben sie Ihnen Gelegenheit, sich selbst in den wichtigsten Rollen, die Sie im alltäglichen Leben spielen, zu beobachten und sich Gedanken über den Eindruck zu machen, den andere Menschen, die Sie in diesen verschiedenen Rollen kennen, von Ihnen gewonnen haben.

Die reflektive Methode, die in diesem Buch vorgestellt wird, bietet Ihnen keine fertigen Antworten an, sondern hilft Ihnen, die richtigen Fragen zu stellen – worüber Sie nachdenken und was Sie erforschen sollten, um Ihre Fähigkeit zur Selbsterkenntnis zu verbessern, um dadurch Ihr Leben glücklicher, ausgefüllter und möglicherweise weniger neurotisch gestalten zu können. Jeder, der die Reise durch dieses Buch gemacht und die vielen faszinierenden Übungen ausprobiert hat, kann mit Überzeugung sagen, daß er die Forderung des Orakels von Delphi befolgt hat: Er hat sich selbst so gut kennengelernt, wie es nur wenige von sich sagen können.

Oliver P. John

1. Dimensionen Ihrer Persönlichkeit

Ihre Persönlichkeit ist der Kern dessen, was Sie sind und als was Sie in den Augen anderer Menschen erscheinen. Sie verleiht Ihrer Identität zeitliche Kontinuität, verbindet Ihre frühe Kindheit mit Ihren Lebenserfahrungen, ist Ausdruck Ihrer speziellen Art, auf Menschen und Ereignisse in Ihrer Umgebung zu reagieren, und prägt Ihre Hoffnungen und Zukunftsängste. Und sie gibt die Vorlage für das Bild, das andere Menschen sich von Ihnen machen und wird ihrerseits davon beeinflußt. Ihre Persönlichkeit spiegelt sich in allem wider, was Sie sagen und wie Sie sich fühlen, sie bestimmt, für welches Leben Sie sich entscheiden. Sie reflektiert sich in der Wahrnehmung und der Reaktion anderer Menschen auf Sie wie auch umgekehrt darin, wie Sie selbst andere Menschen wahrnehmen und deren Verhalten interpretieren. Je mehr Sie über Ihre Persönlichkeit wissen, umso besser können Sie Ihre eigenen Handlungen, Gefühle und Beziehungen verstehen.

In den letzten Jahren hat die Persönlichkeitspsychologie große Fortschritte gemacht, denn früher miteinander konkurrierende Forschungseinrichtungen an den führenden Universitäten der Welt finden jetzt endlich zueinander. Nachdem sich die Wissenschaftler über fünfzig Jahre lang intensiv mit den verschiedenen Aspekten der menschlichen Persönlichkeit beschäftigt haben – zum Beispiel mit ihrer Entwicklung, der Beziehung zwischen Kultur und Persönlichkeit und mit den Auswirkungen der Persönlichkeit auf das Erleben –, haben sie sich jetzt endlich über die psychologischen Hauptkomponenten geeinigt, die uns zu dem machen, was wir sind.

In groß angelegten wissenschaftlichen Untersuchungen der Persönlichkeit tauchen immer wieder die gleichen fünf Grunddimensionen auf, die den Spitznamen »die Großen Fünf« tragen. Diese Großen Fünf beziehen sich auf die unterschiedlichen Stile der Persönlichkeit: auf das Ausdrucksvermögen und den Grad der Extraversion, auf die zwischenmenschliche Verbindlichkeit, auf das Verhältnis zur Arbeit und außerdem auf den Grad der emotionalen Intensität und das Engagement bei kreativen und intellektuellen Aufgaben. Obwohl es im Hinblick auf die genaue Interpretation einiger dieser Dimensionen noch unterschiedliche methodologische Auffassungen gibt, wird die Bedeutung der Großen Fünf von einem immer größeren Kreis von Wissenschaftlern inzwischen weitgehend anerkannt. Die Verfechter der Großen Fünf versprechen sich von diesem integrativen Persönlichkeitsmodell die Möglichkeit, in ihm die in Jahrzehnten gewonnenen Forschungsergebnisse über Hunderte verschiedener Persönlichkeitseigenschaften zusammenführen zu können.

Ausführliche Forschungsarbeiten haben darüber hinaus bestätigt, daß die Art und Weise, wie wir uns selbst sehen, sowohl ganz allgemein als auch in speziellen sozialen Situationen, auf lange Sicht entscheidend zu unserer Persönlichkeitsentwicklung beiträgt und auch unsere seelische Gesundheit beeinflußt. Wie andere uns wahrnehmen, ist genauso wichtig, denn das hat direkte Auswirkungen auf die Entwicklung unserer Fertigkeiten und entscheidet darüber, wie gut wir in einer positiven Atmosphäre Kontakt zu anderen Menschen aufnehmen können und ob es uns gelingt, ein grundsätzliches Gefühl für unsere Identität, unsere Effektivität und unseren Selbstwert zu entwickeln. Wenn Sie wissen, wie die anderen Sie wahrnehmen, können Sie besser mit ihnen umgehen und sogar den falschen Eindruck, den man womöglich von Ihnen gewonnen hat, korrigieren. Wenn es Ihnen gelingt, sich »mit den Augen der anderen« zu sehen, können Sie Ihr seelisches Wohlbefinden auf dramatische Weise beeinflussen.

Das Berkeley-Persönlichkeitsprofil will Ihnen helfen, sich diese wichtigen Erkenntnisse zu eigen zu machen. Es wird Sie auf eine sehr effektive Weise zur Selbsterkenntnis führen und stützt sich dabei auf die neuesten Ergebnisse der Persönlichkeitsforschung. Im Gegensatz zu vielen anderen bekannten Persönlichkeitstests, die nur von professionellen Psychologen angewendet und interpretiert werden können, läßt sich das Berkeley-Persönlichkeitsprofil von jedem leicht selbst durchführen. Es unterscheidet sich methodisch jedoch von den üblichen populären Tests, die man im Selbstversuch durchführen kann, wie zum Beispiel den Lüscher-Farbtest oder das Enneagram. Das Berkeley-Persönlichkeitsprofil ist im Gegensatz zu den anderen Do-it-yourself-Verfahren eine wissenschaftlich validierte Methode der Persönlichkeitsbeurteilung, die überprüfbar ist und sich auch in strengen wissenschaftlichen Untersuchungen bewährt hat.

Auf der Grundlage neuerer Untersuchungen, die an der Universität von Berkeley in Kalifornien und an anderen führenden Universitäten und Institutionen durchgeführt wurden, stellt das Berkeley-Persönlichkeitsprofil eine leicht verständliche psychologische Orientierungshilfe dar, mit der Sie die bisher nicht markierten Straßen Ihres öffentlichen und privaten Selbst kartografieren können. Mit dem Modell der Großen Fünf erfahren Sie nicht nur, wie Sie sich selbst sehen, sondern auch, wie Sie von anderen Menschen gesehen werden. Wir nennen diesen neuen Ansatz *reflektiv,* denn er basiert nicht auf der Interpretation eines professionellen Testauswerters, sondern auf Ihren eigenen Einsichten und denen Ihrer Freunde, Familienmitglieder und Partner.

Das Berkeley-Persönlichkeitsprofil wird Ihnen helfen, sich selbst wie in einem Spiegel so zu sehen, wie die anderen Sie sehen. Die Art, wie Sie selbst Ihr Verhalten wahrnehmen, wird mit dem verglichen, wie andere Menschen aus Ihrer unmittelbaren Umgebung sie wahrnehmen. Sie werden außerdem wertvolle Erkenntnisse über die Beziehung zwischen Ihrem tatsächlichen Selbstbild und Ihrer Vorstellung davon gewinnen, wie Sie am liebsten wären oder wie Sie überhaupt nicht sein wollen. Darüber hinaus wird Ihnen das Berkeley-Persönlichkeitsprofil helfen, die Wechselbeziehung kennenzulernen, die zwischen Ihrer eigenen Auffassung von sich selbst und Ihrem Verhalten und Erleben in unterschiedlichen gesellschaftlichen Situationen besteht. Schließlich wird Ihnen dieser innovative Test helfen, Ihre Beziehung zu einer besonders wichtigen Person in Ihrem Leben zu analysieren – zu Ihrem Ehepartner, einem Liebespartner oder einem besonderen Freund –, und Sie werden erkennen, wie stark diese wichtige Beziehung von Ihrer gegenseitigen Wahrnehmung beeinflußt wird.

Persönlichkeitsprofile oder Persönlichkeitstypen?

Das Berkeley-Persönlichkeitsprofil wird Sie jedoch weder in eine Schublade stecken, noch einer wirklichkeitsfremden Kategorie oder einem Persönlichkeits*typ* zuordnen. Verschiedene Methoden der Typisierung der Persönlichkeit wie das Enneagram und der Myer-Briggs Type Indicator (MBTI) sind in letzter Zeit so in Mode gekommen, daß diese Methoden von manchen bereits als »neue Astrologie« bezeichnet werden. So wie man Ihnen entsprechend Ihrem Geburtstag eines der zwölf Tierkreiszeichen zuordnet, weist das MBTI Ihnen einen der sechzehn Persönlichkeitstypen zu, den die von Ihnen angekreuzten Antworten in einem Fragebogen nahelegen. Beim Enneagram werden Sie einem von neun Typen zugeordnet. Sobald man Sie einer bestimmten Kategorie zugeordnet hat, geht man davon aus, daß Sie in vieler Hinsicht genauso sind wie die Leute, die demselben Typ zugerechnet werden. Das kann sich sowohl auf Ihre Interessen und Fähigkeiten für bestimmte Berufe als auch auf Ihre grundsätzliche Art des Umgangs mit anderen Menschen beziehen.

Kritiker gehen jedoch davon aus, daß solche typologisch orientierten Persönlichkeitsmethoden unzulässige Vereinfachungen darstellen, in der Regel zu ungenau sind und uns letzten Endes den Blick auf unser wahres Selbst verstellen. Fast jede Typologie scheint jedoch ein Körnchen Wahrheit zu enthalten – aber das dürfte wohl hauptsächlich darauf zurückzuführen sein, daß wir es als einen gewissen Trost empfinden, wenn sich die ungeheure Komplexität des menschlichen Wesens so simpel ordnen läßt. Schauen Sie sich zum Beispiel einmal die »vier Grundtypen der Persönlichkeit« des Cartoons von Gary Larson an. Die meisten von uns kennen sicherlich den einen oder anderen Menschen, der sich diesen seltsamen Kategorien zuordnen läßt, obwohl sie offensichtlich keinen praktischen Wert haben, wenn es um die Erklärung der subtilen Komplexität des Charakters eines Menschen geht.

Die andere Sicht *von GARY LARSON*

Die vier Grundtypen der Persönlichkeit

Immer mehr Psychologen neigen zu der Einsicht, das normale menschliche Verhalten entziehe sich jeder Kategorisierung oder Typisierung und sei bedeutend komplexer und flexibler, als alle Typologien es glauben machen wollen. Sogar der Persönlichkeitstheoretiker C.G. Jung, von dessen Werk sich die MBTI-Typen ableiten, war der Auffassung, daß eine Zuordnung einzelner Menschen zu bestimmten Typenkategorien eine bedauerliche Fehlinterpretation seiner Theorie und ein »kindisches Gesellschaftsspiel«[1] sei.

Heute geht die Persönlichkeitsforschung flexibler und realistischer an die Behandlung der einzelnen Elemente der menschlichen Persönlichkeit. So bietet Ihnen auch das Berkeley-Persönlichkeitsprofil unterschiedliche Punktzahlen für die verschiedenen Persönlichkeitsdimensionen der Großen Fünf – fünf unterschiedliche Informationen, die Ihre Persönlichkeit aus fünf verschiedenen Blickwinkeln beschreiben. Wir werden Ihnen zeigen, wie Sie die Ergebnisse eines jeden Testabschnitts auf ein spezielles *Persönlichkeitsprofil* übertragen können, in dem alle Informationen zusammengefaßt werden, ohne daß dabei die Komplexität und das Gewicht jedes einzelnen Wertes verloren gehen. Wenn Sie zum Schluß die fünf Dimensionen nebeneinanderlegen, können Sie Ihre Testergebnisse zum Ausdrucksstil mit denen vergleichen, die Sie in anderen Bereichen erzielt haben: im interpersonellen Stil, Arbeitsstil, im emotionalen Stil oder in Ihrem intellektuellen Stil – und das alles auf einen Blick.

Wie aber vermeidet diese Methode die Fußangeln einer Typisierung der Persönlichkeit? Sie können diese Frage selbst beantworten. Versuchen Sie doch einmal, die fünfzig Staaten der USA in östliche und westliche einzuteilen, und nehmen Sie dabei den Mississippi als Trennungslinie. Obwohl Illinois und Massachusetts östlich des Mississippi liegen, haben Illinois und Missouri bedeutend mehr Gemeinsamkeiten, denn beide gehören zum Mittleren Westen – das heißt, beide liegen etwa in der Mitte des Ost-West-Kontinuums, das sich von der Küste des Atlantiks bis zum Pazifik erstreckt. Ein Staat ist nicht einfach ein westlicher oder östlicher, er kann genauso gut irgendwo dazwischen liegen.

Bei einem Persönlichkeitsprofil ist es genauso. In jeder einzelnen Dimension, zum Beispiel beim Ausdrucksverhalten, das von extremer Introversion bis zur extremen Extraversion reicht, würde ein Persönlichkeitsprofil Ihren Testwert in Abstufungen auf einem Kontinuum beschreiben und nicht als absoluten Wert. Sie sind nicht einfach introvertiert *oder* extravertiert – Sie zeigen einen gewissen Grad an introvertiertem als auch an extravertiertem Verhalten. Der durchschnittliche Grad oder das Niveau der Introversion-Extraversion, auf dem Sie sich bewegen, ist genauso wichtig wie der Umstand, daß Sie auf der Skala näher am Pol der Introversion als an dem der Extraversion liegen.

Dieser mehrdimensionale Ansatz zur Erforschung der Persönlichkeit wird von den meisten Wissenschaftlern bevorzugt. So folgen das California Psychological Inventory (CPI), das Multidimensional Personality Questionnaire (MPQ), das NEO Personality Inventory (NEO-PI) und andere Persönlichkeitstests dieser Methode, die Ihnen vermutlich zunächst etwas komplexer erscheinen wird als die gewohnten Typenmodelle. Sie werden jedoch sehr bald feststellen, daß sie ein bedeutend genaueres und tiefenschärferes Bild Ihrer Persönlichkeit liefert.

Die Geschichte des Berkeley-Persönlichkeitsprofils

Ende 1989 setzten sich die Herausgeber der Zeitschrift *Omni* mit Keith Harary, Psychologe am Institute for Advanced Psychology in San Francisco in Verbindung und fragten ihn, ob es möglich sei, einen neuen Persönlichkeitstest zu entwickeln, der zwar wissenschaftlich solide, aber so unkompliziert wäre, daß er von jedermann angewendet und ausgewertet werden könne. Außerdem sollte er so konstruiert sein, daß jeder Laie ihn selbst interpretieren könnte. Das war der Anfang einer Forschungsodyssee, die Keith Harary letzten Endes zur Entwicklung der reflektiven Methode der Persönlichkeitsuntersuchung und zur University of California in Berkeley führte, wo er mit den Persönlichkeitspsychologen Eileen Donahue und Oliver P. John am Institut für Persönlichkeits- und Sozialforschung zusammenarbeitete. Gemeinsam kombinierte man Dr. Hararys reflektive Methode mit einem statistisch gewichteten Persönlichkeitstest, den Dr. John und Dr. Donahue in langjährigen intensiven empirischen Untersuchungen entwickelt hatten. Die enge Zusammenarbeit führte schließlich zur Entwicklung des Berkeley-Persönlichkeitsprofils.

Die ursprüngliche Version dieses Tests erschien zuerst in einem Artikel, den Dr. Harary für die Zeitschrift *Omni*[2] geschrieben hatte. Auch Teile des Tests, die später entwickelt wurden, erschienen zunächst in Form von Artikeln, die Dr. Donahue und Dr. Harary im Rahmen einer dreiteiligen Serie in *Psychology Today* veröffentlicht hatten[3]. Die erweiterte Ausgabe des Berkeley-Persönlichkeitsprofils, die in diesem Buch erscheint, geht jedoch weit über das hinaus, was in diesen frühen Artikeln beschrieben wurde. Hier wird jede einzelne Sichtweise des Selbst ausführlicher und detaillierter behandelt als in allen vorangegangenen Veröffentlichungen. Man hat den Interpretationen mehr Raum gewidmet und einen Fragenkatalog entwickelt, der Ihnen helfen soll, herauszufinden, auf welche Weise Ihre Persönlichkeit Ihre täglichen Aktivitäten, Ihre Beziehungen zu anderen Menschen, wichtige Ereignisse in Ihrem Leben oder sogar die Art und Weise, wie Sie über sich selbst nachdenken, beeinflußt und von ihr beeinflußt wird.

Der empirische Eckpfeiler des Berkeley-Persönlichkeitsprofils ist der Test, der sich »Big Five Inventory« oder BFI nennt. Die fünfunddreißig Fragen, die Sie beantworten sollen, wurden auf dem BFI ausgewählt. Das Verfahren wurde von Oliver P. John und Eileen Donahue in Berkeley für Forschungszwecke entwickelt, um die fundamentalen Persönlichkeitsfaktoren – die

Großen Fünf – möglichst schnell und umfassend messen zu können. Das BFI selbst wurde mit Hilfe von empirischen Methoden entwickelt, wie sie auch beim NEO-PI oder dem MPQ benutzt wurden.

Professor John und sein Team in Berkeley begannen mit Eigenschaftswörtern aus der »Adjective Check List« oder ACL, einem Test, der von dem Psychologen Harrison Gough entwickelt wurde und seit 1949 in der Forschung häufig Anwendung findet. Sie suchten die Adjektive aus, mit denen sich die Dimensionen der Großen Fünf am besten eingrenzen ließen. Die Untersuchungen basierten auf statistischen Analysen der Antworten großer Stichproben von Leuten, die die ACL im Laufe der Jahre ausgefüllt hatten. Anschließend formulierte man unter Verwendung dieser Eigenschaftswörter kurze Fragen, die gezielter sind und sich leichter beantworten lassen als die bloßen Adjektive. Diese neuen Testfragen wurden dann Tausenden von weiteren Probanden aus allen Teilen der USA vorgelegt, von denen viele auch an anderen Tests teilnahmen, mit denen sich die Großen Fünf messen lassen. Auf der Grundlage der statistischen Auswertungen der Antworten dieser Probanden wurden die Testfragen immer weiter verbessert, bis man schließlich die Fragen gefunden hatte, mit denen sich die Großen Fünf der Persönlichkeit am besten erfassen ließen.[4]

Wir haben das BFI zur Grundlage des Berkeley-Persönlichkeitsprofils genommen, weil es sowohl wegen seines Umfangs als auch wegen seiner Einfachheit einmalig ist. Obwohl die Kurzfassung nur fünfunddreißig Fragen umfaßt, läßt sie bei der Messung der fünf Dimensionen der Persönlichkeit im Hinblick auf ihre statistische Zuverlässigkeit und Gültigkeit (Reliabilität und Validität) keine Wünsche offen. Andere Persönlichkeitstests bestehen dagegen aus über zweihundertfünfzig Fragen. Die einzelnen Fragen, die man für das BFI ausgewählt hat, wurden so formuliert, daß die Probanden sie relativ schnell und ohne Mühe beantworten können. Vor allem aber wurde der Test so konstruiert, daß fast jeder ihn mühelos und ohne eine besondere Vorbereitung durchführen kann.

Das Berkeley-Persönlichkeitsprofil profitiert von den empirischen Stärken des BFI, besitzt aber darüber hinaus eine Flexibilität, wie man sie bei empirisch orientierten Persönlichkeitstests, die im Do-it-yourself-Verfahren angewendet werden können, nie zuvor angetroffen hat. Der Test liefert ein detailliertes Porträt Ihrer Persönlichkeit, das die Dimensionen der Großen Fünf in einer Vielzahl von spezifischen sozialen Situationen und aus vielen verschiedenen Perspektiven abdeckt, also nicht nur einen allgemeinen Eindruck Ihrer Persönlichkeit liefert, wie es die meisten Persönlichkeitsinventare tun. Der Test bietet Ihnen zwar auch die Gelegenheit, Ihre Persönlichkeit mit den normativen Informationen zu vergleichen, die wir bei den Stichproben unserer Forschungsarbeiten gesammelt haben, aber das ist durchaus nicht die einzige Vergleichsmöglichkeit. Sie werden feststellen, daß Ihnen der reflektive Ansatz des Berkeley-Persönlichkeitsprofils eine standardisierte Vergleichsmöglichkeit bietet, die für Sie persönlich eine weitaus größere Bedeutung hat als jene verfügbare, normative Stichprobe.

Der reflektive Ansatz zieht Menschen aus Ihrem direkten sozialen und kulturellen Umfeld zum Vergleich heran und paßt sich automatisch an die individuelle Sichtweise Ihrer speziellen sozialen Gruppe an. So unterscheidet sich zum Beispiel das relative Niveau der Aggressivität unter den Bewohnern Downtown-Manhattans, die auf die täglichen Herausforderungen ihrer schnellebigen Umwelt entsprechend aggressiv reagieren müssen, mit Sicherheit von dem entsprechenden Niveau der Landbevölkerung im stillen Napa-Tal in Kalifornien. Mit Hilfe der reflektiven Methode des Berkeley-Persönlichkeitsprofils wird Ihre relative Aggressivität beim Umgang mit anderen Menschen von Leuten aus Ihrem eigenen sozialen und kulturellen Milieu bewertet. Nur wenn das Niveau Ihrer Aggressivität merklich höher liegt als das Ihrer Umgebung, werden Sie in diesem Test als außergewöhnlich aggressiv eingestuft werden. Das gleiche gilt für andere Persönlichkeitseigenschaften, die mit dem Berkeley-Persönlichkeitsprofil gemessen werden.

Unabhängig von den Normen der Umgebung, in der wir leben, bringen die meisten von uns ganz verschiedene Seiten unserer Persönlichkeit zum Ausdruck, je nachdem, mit wem wir es gerade zu tun haben. Ob wir in Anchorage oder in El Paso leben oder uns mit einer besonderen ethnischen Alters-, Berufs- oder irgendeiner anderen Gruppe identifizieren – bei der Arbeit, zu Hause, im Verhältnis zu unseren Freunden, Bekannten oder Menschen, die wir lieben, offenbaren wir ihnen unterschiedliche Seiten unserer Persönlichkeit. Das Berkeley-Persönlichkeitsprofil bietet Ihnen die Möglichkeit in Erfahrung zu bringen, was es bedeutet, wenn Sie Ihre Persönlichkeit in unterschiedlichen Situationen unterschiedlich zum Ausdruck bringen. Das gilt sogar für die vorübergehenden Hochs und Tiefs, die Sie bei der Interpretation Ihres Tests erkennen und über die Sie sich Gedanken machen können.

Mit Hilfe des Berkeley-Persönlichkeitsprofils werden Sie sich mit den Augen anderer Menschen sehen lernen, die Sie gut kennen, die regelmäßig mit Ihnen zu tun haben und Sie im Alltag erleben. Wenn Sie die Ergebnisse interpretiert haben, werden Sie nicht nur sich selbst, sondern auch das Wesen Ihrer persönlichen Beziehungen in all ihren verschiedenen Formen besser verstehen können.

Was ist so groß an den Großen Fünf?

Da Sie Ihr Leben lang mit anderen Menschen zu tun hatten, wissen Sie wahrscheinlich schon eine Menge über die menschliche Persönlichkeit. Sie wissen, daß die Menschen sich in vielen wichtigen Aspekten voneinander unterscheiden, und daß manche Eigenschaften sich ganz besonders für bestimmte Lebenssituationen eignen. So sollte ein guter Ehepartner zum Beispiel liebevoll und mitteilsam, ein effizienter Manager entscheidungsfreudig, ein erfolgreicher Forscher neugierig und geduldig sein. Man nennt dieses Wissen, das aus praktischer Erfahrung gewonnen und nicht formal gelernt wurde, »implizites Wissen«. Entsprechende Forschungsarbeiten über die Art und Weise, wie Menschen bestimmte Eigenschaften zum Ausgangspunkt nehmen, um über sich nachzudenken, oder sich und andere zu beschreiben, legen den Schluß nahe, daß auch Sie bereits über ein gewisses implizites Wissen der Großen Fünf verfügen.

Nehmen Sie zum Beispiel die Persönlichkeitseigenschaften *gesprächig, energisch* und *gesellig*. Diese drei Eigenschaften haben offensichtlich völlig verschiedene Bedeutungen. Trotzdem werden Menschen, die sich selbst als gesprächig bezeichnen, und von anderen auch so gesehen werden, in der Regel *auch* als energisch und gesellig betrachtet. Die Eigenschaften unterscheiden sich zwar voneinander, kommen jedoch häufig gemeinsam vor. In den letzten Jahrzehnten haben Forschungsgruppen auf der ganzen Welt untersucht, auf welche Weise Menschen aus allen Gesellschaftsschichten solche Eigenschaften verwenden, um ihre eigene Persönlichkeit und die anderer Menschen zu beschreiben. Als man die Ergebnisse verglich, machte man eine erstaunliche Entdeckung. Obwohl die verschiedenen Forscher von völlig unterschiedlichen Gruppen von Eigenschaften ausgegangen waren und Menschen mit einem unterschiedlichen kulturellen, ethnischen, sozioökonomischen und bildungsmäßigen Hintergrund untersucht hatten, tauchten bei den umfassenden Untersuchungen der Persönlichkeit immer wieder die gleichen fünf Grunddimensionen auf. Wahrscheinlich war es das erste Mal in der Geschichte dieser Disziplin, daß die Mehrheit der Persönlichkeitspsychologen etwas gefunden hatte, über das man sich einig sein konnte: Die meisten Eigenschaften, mit denen Menschen ihre Persönlichkeit beschreiben, lassen sich in fünf großen Dimensionen darstellen.

Und weil sich in jeder einzelnen Dimension eine Vielzahl von spezifischen Eigenschaften zusammenfassen läßt, denen ein gemeinsamer Faktor zugeordnet werden kann, nennt man sie häufig die Großen Fünf der Persönlichkeit.

Jede einzelne dieser Großen Fünf umfaßt ein ganzes Kontinuum individueller Unterschiede, so daß die Verhaltensmerkmale der Menschen, die sich an einem Ende der Dimension befinden, denen am anderen Pol entgegengesetzt sind. So bezieht sich zum Beispiel die erste Dimension der Großen Fünf auf den *Ausdrucksstil* eines Menschen. Er kann ruhig, beherrscht und introvertiert oder energisch, begeisterungsfähig und extravertiert sein – oder irgendwo dazwischen liegen. Die zweite Dimension, der *interpersonelle Stil,* reicht von reserviert, rücksichtslos oder sogar grausam bis zu warmherzig, großzügig oder sogar aufopfernd. Die dritte Dimension, der *Arbeitsstil,* bezieht sich auf die Art und Weise, wie ein Mensch Aufgaben angeht und Verantwortung wahrnimmt. Er kann ein Faulenzer sein und alles nicht so schwer nehmen. Er kann jedoch genauso gut fleißig und engagiert sein. Die vierte Dimension, der *emotionale Stil,* bezieht sich auf das Temperament und auf die Art und Weise, wie jemand im allgemeinen mit Streß umgeht. Sie reicht von ruhig, entspannt und ausgeglichen bis zu launisch und sehr emotional. Die letzte Dimension, der *intellektuelle Stil,* bezieht sich darauf, ob jemand sich lieber mit vertrauten, traditionsgebundenen Ideen und Erfahrungen auseinandersetzt oder Normen in Frage stellt und einem originellen, kreativen oder analytischen Lebensstil den Vorzug gibt.

Manche Forscher verwenden zur Bezeichnung der Großen Fünf römische Ziffern von I bis V, andere ziehen die Bezeichnungen Extraversion (oder Surgency), angenehmes Wesen (Agreeableness), Gewissenhaftigkeit oder Wille zur Leistung (Conscientiousness), Neurotizismus (oder am anderen Pol emotionale Stabilität) und Offenheit (Openness) vor. Wieder andere benützen die Anfangsbuchstaben dieser Stile: E, A, C, N und O.

Ganz gleich, welche Bezeichnungen benutzt werden, man ist sich über die allgemeine Bedeutung der Großen Fünf und die Tatsache, daß sich jeder einzelnen Dimension eine große Gruppe von Persönlichkeitseigenschaften zuordnen läßt, einig. Wir haben uns für die im Berkeley-Persönlichkeitsprofil verwendete Terminologie entschieden, weil wir auf diese Weise das gesamte Kontinuum der individuellen Unterschiede auf jeder Dimension klar zum Ausdruck bringen können. Andere Systeme beschreiben dagegen immer nur einen Pol einer jeden Dimension – obwohl natürlich auch in diesen Systemen die gesamte Bandbreite der individuellen Unterschiede gemeint ist.

Weitere Untersuchungen haben ergeben, daß die Großen Fünf weit über die Eigenschaften hinausreichen, die Menschen verwenden, wenn sie sich in einer lockeren Unterhaltung beschreiben wollen. Man hat die gleichen fünf Dimensionen in den kompliziertesten psychologischen Tests gefunden, von denen viele konstruiert worden waren, um komplexe theoretische Konstrukte zu überprüfen, die weit von den alltäglichen Vorstellungen der Persönlichkeit entfernt liegen. Noch erstaunlicher ist, daß interkulturelle Untersuchungen die Bestätigung brachten, daß es diese fünf Dimensionen auch in der deutschen, holländischen und japanischen Sprache gibt. Erste Untersuchungsergebnisse weisen darauf hin, daß die Großen Fünf auch in der italienischen, chinesischen und philippinischen Sprache existieren, um nur einige zu nennen. Man untersucht zur Zeit, ob die gleichen fünf Dimensionen auch im Russischen und Ungarischen existieren.[5]

In den letzten Jahren weisen immer mehr Forschungsergebnisse darauf hin, welche zentrale Rolle diese fünf Persönlichkeitsdimensionen im Laufe des Lebens eines Menschen spielen. Kinder werden mit unterschiedlichem Temperament geboren, was vor allem auf die Erbanlagen zurückzuführen ist. Schon in den ersten Lebenstagen lassen sich die Unterschiede im Ausdrucksstil, im interpersonellen und im emotionalen Stil beobachten. Und auch wenn man erst später aus dem Verhalten eines Kindes Rückschlüsse auf seinen Arbeitsstil oder auf den intellektuellen Stil ziehen kann, ist das genetische Material, aus dem sich diese Merkmale entwickeln, bereits vorhanden. Das ergibt sich aus Untersuchungen, bei denen die Persönlichkeiten von Geschwistern, vor allem von Zwillingen, und anderen Familienmitgliedern miteinander verglichen wurden. So entwickeln zum Beispiel eineiige Zwillinge, die bekanntlich genetisch in jeder Weise identisch sind, auffallend ähnliche Persönlichkeitsmerkmale, auch wenn sie nach der Geburt durch Adoption voneinander getrennt werden und in unterschiedlichen Familien aufwachsen.

Die Persönlichkeit eines Neugeborenen ist natürlich nicht in Stein gemeißelt. Selbst die Persönlichkeiten eineiiger Zwillinge können sich trotz der großen Ähnlichkeit erheblich voneinander unterscheiden. Das hängt damit zusammen, daß Faktoren wie die Ernährung, die Art und das Ausmaß der intellektuellen Anregungen, die in einer entscheidenden Periode gegeben werden, das Maß der Sicherheit und Geborgenheit in der Familie und andere persönliche Erfahrungen die Entwicklung der Persönlichkeit im Hinblick auf die Großen Fünf beeinflussen können.

Ihre Persönlichkeit kann jedoch Ihr Leben stärker beeinflussen, als umgekehrt Ihr Leben Ihre Persönlichkeit. Untersuchungen zeigen, daß die Persönlichkeitsmerkmale der Großen Fünf sehr großen Einfluß auf Verhalten und Entscheidungen der Menschen nehmen. Die Persönlichkeit hat also eine weitreichende Wirkung auf Ihre Gesundheit, Ihre körperliche Fitneß, Ihre Beziehungen und die Entwicklung Ihres Berufslebens.

Angesichts der offenkundigen Existenz der Großen Fünf haben viele führende Persönlichkeitsforscher inzwischen das Fünf-Faktoren-Modell der Persönlichkeit übernommen. Es geht davon aus, daß die »großen fünf« Dimensionen, die man im Alltag beobachten und beschreiben kann, mit den fünf Grunddimensionen übereinstimmen, in denen sich die Menschen voneinander unterscheiden. Das Fünf-Faktoren-Modell legt nahe, daß das implizite Wissen über das Wesen der menschlichen Persönlichkeit, über das auch der Mann auf der Straße verfügt, und das er in seiner vertrauten Alltagssprache zum Ausdruck bringt, im großen und ganzen ins Schwarze trifft. Zumindest kann man sagen, daß die praktischen Erkenntnisse über das menschliche Verhalten den Menschen in die Lage versetzen, die Persönlichkeitsmerkmale zu erkennen, um die es im wirklichen Leben geht.[6] Es wird für Sie mit Sicherheit ein faszinierendes Erlebnis sein, die Großen Fünf in Ihrer eigenen Persönlichkeit mit dem Berkeley-Persönlichkeitsprofil zu untersuchen.

Die Großen Fünf in Ihrem Leben: Persönlichkeit, Lebensstil und Gesundheit

Die fünf Dimensionen des Berkeley-Persönlichkeitsprofils sind das Ergebnis umfangreicher Forschungsarbeiten mit dem Fünf-Faktoren-Modell der Persönlichkeit. Je mehr Sie über die fünf Persönlichkeitsstile wissen, umso besser werden Sie Ihre eigenen, immer wiederkehrenden Verhaltensmuster verstehen und unter Kontrolle bringen können. Es kann sein, daß Ihre Persönlichkeit Sie immer wieder dazu bringt, bestimmte Entscheidungen zu treffen, immer wieder die gleiche Art von Beziehungen aufzubauen oder die gleichen Situationen am Arbeitsplatz und die gleichen Sorgen, Freuden und Frustrationen zu erleben.

So ist Schüchternheit zum Beispiel eine Komponente des Ausdrucksstils, die weitreichende Auswirkungen auf die Lebensgestaltung eines Menschen hat. Ein schüchterner Mensch fühlt sich in bestimmten gesellschaftlichen Situationen häufig durch seine Nervosität behindert, so daß er in diesem Bereich nur ungern ein Risiko eingeht. Bei einer Untersuchung hat man Jungen, die als Kinder sehr schüchtern gewesen waren, mit weniger schüchternen verglichen, und beide Gruppen über viele Jahre wissenschaftlich begleitet, um mögliche Langzeitwirkungen der Schüchternheit zu erkunden. Wer als Kind schüchtern gewesen war, zeigte auch als Erwachsener wenig Bereitschaft, neue soziale Rollen auszuprobieren. Das hatte zur Folge, daß die Schüchternen im Gegensatz zu der Vergleichsgruppe im Durchschnitt drei bis vier Jahre älter waren, bevor sie heirateten, Kinder hatten und eine stabile, langfristige Karriere begannen. Diese Verzögerung oder die Schwierigkeiten, die diese Menschen damit hatten, selbstbewußt zu werden, waren vermutlich auch die Ursache dafür, daß sie es in ihrem Beruf im Durchschnitt nicht so weit brachten wie ihre nicht-schüchternen Altersgenossen.

Eine parallele Untersuchung an Frauen, die im Kindesalter schüchtern gewesen waren, zeigte jedoch ein anderes Verhaltensmuster. Ein großer Teil der weiblichen Teilnehmer dieser Untersuchungen hatte sich an der damals üblichen »traditionellen« Frauenrolle orientiert. Die Frauen heirateten, zogen Kinder groß, und kaum eine von ihnen war berufstätig. Innerhalb der Familie bereitete ihnen ihre Schüchternheit keine besonderen Probleme, denn ihre Fähigkeit zur Intimität und zu einem liebevollen und guten Kontakt zur Familie und zu den Freunden war davon absolut nicht betroffen, da sie in Gegenwart dieser Menschen nicht schüchtern waren.[7]

Welche Folgen hat es nun, wenn Sie überhaupt nicht schüchtern sind? Ihr Ausdrucksstil beeinflußt nicht nur die Entscheidungen, die Sie im Laufe Ihres Lebens treffen – zum Beispiel, ob Sie sich auf eine unbekannte Situation einlassen –, sondern wirkt sich bis in die kleinsten Einzelheiten auf Ihr Denken und Handeln aus, wenn Sie mit anderen Leuten zusammen sind. Bei einer Untersuchung, bei der es um den Gesprächsstil ging, kam man zu folgenden Ergebnissen: Die im Hinblick auf ihren Ausdrucksstil stärker extravertierten, aus sich herausgehenden Teilnehmer versuchten aktiv, eine gemeinsame Plattform für das Gespräch mit dem Gesprächspartner zu schaffen, während die anderen, stärker introvertierten Probanden sich mehr wie ein neutraler Interviewer verhielten, Fragen stellten und den anderen ermutigten zu reden, während sie selbst kaum etwas von sich preisgaben.[8]

Für die übrigen Persönlichkeitsdimensionen der Großen Fünf gilt das gleiche: Sie alle beeinflussen unser Leben ähnlich fundamental. Bei Ihrer Berufswahl hat Ihre Leistungsmotivation, eine Komponente des Arbeitsstils, wahrscheinlich eine entscheidende Rolle gespielt. Man hat zum Beispiel im Rahmen einer Untersuchung College-Studenten mit einem hohen und solche mit einem niedrigen Leistungsniveau miteinander verglichen und sie vierzehn Jahre später aufs neue untersucht, um festzustellen, in welchen Berufen sie arbeiteten. Die Probanden, die auf dem College sehr leistungsmotiviert gewesen waren, bekleideten im Vergleich zu denen mit der geringeren Leistungsmotivation im Beruf etwa viermal häufiger Positionen, in denen Initiative und Verantwortungsbewußtsein verlangt wurden.[9]

Der emotionale Stil ist häufig mit Gesundheitsproblemen und Krankheitssymptomen in Verbindung gebracht worden. Menschen, deren emotionaler Stil besonders stark ausgeprägt ist, vor allem diejenigen, die unter großen inneren Spannungen und Ängsten leiden, klagen häufiger über körperliche Symptome wie Erkältungen, Grippe und Schmerzen unterschiedlichster Art. Das kann eine direkte Folge der intensiven negativen Gefühle sein, die sie tagtäglich empfinden. Negative Gefühle wie Furcht, Angst und Zorn lösen im Körper starke physiologische Reaktionen aus – sie können den Puls beschleunigen, die Atmung intensivieren, zu Schweißausbrüchen oder Muskelverspannungen führen. Das wiederum kann zur Folge haben, daß Ihnen ständig alles weh tut, daß Sie übernervös sind und unter Schlaflosigkeit leiden. Ein intensiver emotionaler Lebensstil kann mitunter zu heftigen Brustschmerzen führen, die an Angina Pectoris erinnern, obwohl der Betroffene im Hinblick auf sein Herz völlig gesund ist. Glücklicherweise sind diese extrem emotionalen Menschen nicht anfälliger für lebensbedrohliche Erkrankungen als andere. Sie leben genauso lang wie die anderen, machen sich allerdings bedeutend mehr Sorgen um ihre Gesundheit.

Menschen, deren interpersoneller Stil durch Feindseligkeit und Widerspruchsgeist gekennzeichnet ist, leiden dagegen etwas häufiger an Herzerkrankungen als solche, die einen freundlicheren Umgangston haben.

Interessanterweise vermittelt ein negativer emotionaler Lebensstil dem Betroffenen zwar das Gefühl, krank zu sein, der wahre Killer ist jedoch häufiger der nach außen gerichtete feindselige interpersonelle Stil.[10]

Der intellektuelle Stil, der etwas darüber aussagt, wie aufgeschlossen Sie neuen Ideen und Erfahrungen gegenüber sind, bezieht sich unter anderem darauf, wie Sie Ihre Zeit einteilen und was Sie im Laufe des Tages tun. Wenn man Menschen bittet, einmal spontan aufzuschreiben, was sie zur Zeit vorhaben, sagen Leute, deren intellektueller Stil außergewöhnlich offen ist, sie beschäftigten sich mit mehr oder weniger persönlichen Projekten. Im Gegensatz zu den Menschen, die sich lieber mit konventionellen Projekten beschäftigen, erklären sie häufiger, daß ihre Projekte etwas mit ihren persönlichen Wertvorstellungen zu tun haben und daß sie ihnen Spaß machen.[11]

Die Großen Fünf Persönlichkeitsdimensionen und die Merkmale, die damit verbunden sind, werden inzwischen in der Persönlichkeitsforschung so häufig verwendet, daß es schier unmöglich ist, die gesamte Forschung, die sich mit den Zusammenhängen zwischen den Großen Fünf und wichtigen Konsequenzen für das Leben beschäftigt, in diesem Buch zusammenfassend darzustellen. Wir möchten Sie statt dessen selbst dazu ermutigen, einmal zu untersuchen, welche Rolle die Großen Fünf in Ihrem eigenen Leben spielen. Das Testmaterial und die Profilbögen in den folgenden Kapiteln werden Ihnen helfen, das Zusammenspiel zwischen den fünf Persönlichkeitsdimensionen aus den verschiedenen Perspektiven sehen und verstehen zu können. Es geht dabei um Ihr verborgenes, inneres Selbst, Ihr äußeres Selbst, das Sie anderen zeigen, das ideale Selbst, das Sie anstreben, das befürchtete Selbst, das Sie möglicherweise um jeden Preis vermeiden wollen, das Partner-Selbst, das Sie Ihrem Intimpartner oder Ihrem besten Freund gegenüber zeigen, und das reflektierte Selbst, das in Ihrem Beruf, in der Familie oder bei anderen Freunden in Erscheinung tritt.

Wir werden Ihnen außerdem über unsere eigenen Untersuchungsergebnisse berichten, die sich auf den Zusammenhang zwischen den einzelnen Testergebnissen des Berkeley-Persönlichkeitsprofils und entscheidenden Situationen und Beziehungen im Leben unserer Probanden beziehen. Am Ende eines jeden Kapitels bieten wir Ihnen darüber hinaus »Punkte zum Nachdenken«, die spezielle Themen ansprechen und Ihnen helfen sollen herauszufinden, in welchem Zusammenhang Ihre eigenen Testergebnisse mit Ihren persönlichen Aktionen, Lebenserfahrungen und Intimbeziehungen stehen.

Und jetzt wollen wir den Prozeß der Selbstentdeckung beginnen, indem wir die Geheimnisse Ihres innersten Selbst erforschen.

Anmerkungen

1. Weitere Informationen siehe C. G. Jung: *Psychological Types (Princeton*, NJ: Princeton University Press, 1971), S. XIV (Originaltitel: *Psychologische Typen*, 1921).
2. Weitere Informationen siehe K. Harary: »The *Omni* Berkeley Personality Profile« in *Omni* (September 1991), S. 48–59.
3. Weitere Informationen siehe K. Harary und E. Donahue: »The PT/Berkeley Personality Profile, Teil 1: Exploring Your Possible Selves« in *Psychology Today* (Mai/Juni 1992), S. 68–76; E. Donahue und K. Harary: »The PT/Berkeley Personality Profile, Teil 2: »Social Selves« in *Psychology Today* (Juli/August 1992), S. 68–76; E. Donahue und K. Harary: »The PT/Berkeley Personality Profile, Teil

3: »Transpersonal Selves« in *Psychology Today* (September/Oktober 1992), S. 70–75.

4. Als Ergebnis der weiterführenden Forschungen sind die Testfragen seit dem Erscheinen der Originalversion des Berkeley-Persönlichkeitsprofils weiter verbessert und leicht verändert worden. Für Forschungszwecke wird die längere Version des BFI empfohlen. Einzelheiten über die Entwicklung des Tests finden sich in dem Bericht von O. P. John und E. Donahue: *The Big Five Inventory, Technical Report of the 44-Item Version* (Berkeley, Institute of Personality and Social Research, University of California, 1994).
5. Eine ausgezeichnete Übersicht über diese Untersuchungen findet sich in O. P. John: »The ›Big Five‹ Factor Taxonomy: Dimensions of Personality in the Natural Language and in Questionnaires« in L. Pervin (Hg.): *Handbook of Personality Theory and Research* (New York, Guilford, 1990), S. 66–100.
6. Eine Übersicht findet sich in R. R. McCrae and O. P. John: »An Introduction of the Five Factor Model and Its Applications« in *Journal of Personality 60* (1992), S. 175–219.
7. Einzelheiten siehe A. Caspi, G. H. Elder jr. und D. J. Bem: »Moving Away From the World: Life-Course Patterns of Shy Children« in *Developmental Psychology 24* (1988), S. 824–831; außerdem A. Caspi, D. J. Bem und H. G. Elder jr.: »Continuities and Consequences of Interactional Styles Across the Life Course« in *Journal of Personality 57* (1989), S. 375–406.
8. Einzelheiten siehe A. Thorne: »The Press of Personality: A Study of Conversations Between Introverts and Extraverts« in *Journal of Personality and Social Psychology 53* (1987), S. 718–726.
9. Einzelheiten siehe D. C. McClelland: »An Achievement and Entrepreneurship: A Longitudinal Study« in *Journal of Personality and Social Psychology 1* (1965), S. 389–392.
10. Eine Übersicht der Forschungsergebnisse über den Zusammenhang zwischen den Großen Fünf und der Psychologie der Gesundheit findet sich in T. W. Smith und P. G. Williams: »Personality and

Health: Advantages and Limitations of the Five-Factor-Model« in *Journal of Personality 60* (1992), S. 395–424.

11. Einzelheiten in B. R. Little, L. Lecci und B. Watkinson: »Personality and Personal Projects: Linking Big Five and PAC Units of Analysis« in *Journal of Personality 60* (1992), S. 501–525.

2.
Wie Sie sich sehen

Schriftsteller, Philosophen und Psychologen haben die komplexen Schichten der menschlichen Persönlichkeit oft mit den Schalen einer Zwiebel verglichen. Die äußerste Schale, das *äußere Selbst,* ist der Teil Ihrer Persönlichkeit, der für die meisten Leute sichtbar wird. Unter dieser Schale befinden sich die intimeren Aspekte Ihrer Persönlichkeit, die möglicherweise nur Ihr Partner, die Mitglieder Ihrer Familie und ein paar enge Freunde kennen. Schließlich erreichen Sie den inneren Kern Ihrer Persönlichkeit, das *innere Selbst*, das nur Sie allein vollständig kennen. Die anderen Menschen können Ihr äußeres Verhalten beobachten und Ihnen zuhören, wenn Sie sich öffentlich äußern, aber nur Sie selbst haben Zugang zu Ihren innersten Gefühlen, Ängsten, Hoffnungen und Motiven, und dazu gehört auch der Teil, der Ihnen nur teilweise bewußt ist. Sie sind die einzige Person, die einen direkten Zugang zu Ihrem inneren Selbst hat, und nur Sie allein wissen, was es für ein *Gefühl* ist, Sie zu sein.

Wir alle bilden uns eine persönliche Meinung über uns selbst und machen uns Gedanken, wie wir bei anderen Leuten ankommen, und all das hat großen Einfluß auf unser Wohlbefinden und auf unser Verhalten. Ihr inneres Selbstbild repräsentiert Ihre persönlichen Wertvorstellungen und sagt Ihnen, wie Sie sich in einer bestimmten Situation verhalten sollten. Ihr äußeres Selbstbild oder Ihre allgemeine Vorstellung von der Meinung, die andere Menschen von Ihnen haben, versetzt Sie in die Lage, Ihr Verhalten so anzupassen, wie man es Ihrer Meinung nach von Ihnen erwartet. Es hilft Ihnen also, realistische Strategien zu entwickeln, die es Ihnen ermöglichen, in den Beziehungen zu anderen Menschen Ihre eigenen Prioritäten setzen zu können.

Skizzieren Sie Ihr inneres und Ihr äußeres Selbstbild

Die Entwicklung des inneren und äußeren Selbstbildes ist ein Prozeß, der sich über das ganze Leben hinzieht, und in dieser Zeit verändert sich Ihr inneres Selbstbild allmählich. Wie sich Ihr Privatleben, Ihr Beruf und Ihr Familienleben mit der Zeit verändern, hat einen Einfluß darauf, was die Menschen, mit denen Sie zu tun haben, von Ihnen erwarten. Und das bleibt nicht ohne Folgen für das Bild, das Sie sich von sich selbst machen. Auch neue Möglichkeiten, die Ihnen geboten werden, oder Ihre Fähigkeit, das damit verbundene Maß an Verantwortung zu übernehmen, wird durch diese Veränderungen beeinflußt. Auch was Sie tief in Ihrem Inneren von sich halten, und wie Sie am liebsten von den anderen gesehen werden möchten, beeinflußt Ihr inneres Selbstbild. Auch einige Ihrer Eigenheiten, die Sie am häufigsten zutage treten lassen, können es mitprägen. Manche Menschen neigen zum Beispiel zum Grübeln und werden dadurch so selbstkritisch, daß sie ihre besten Eigenschaften, die für andere Leute leicht zu erkennen sind, nicht mehr wahrnehmen.

Ihr äußeres Selbstbild entsteht dagegen einerseits als Reaktion auf das Feedback, das Sie von anderen Leuten bekommen, und andererseits durch die Art und Weise, wie Sie das Verhalten der anderen interpretieren. Es geht also um Ihre Meinung darüber, wie die anderen Sie sehen. Wenn Sie zum Beispiel glauben, daß Sie von anderen Menschen negativ beurteilt werden, und daß dieses Urteil nicht gerechtfertigt ist, wird dieser Umstand Ihr äußeres Selbstbild beeinflussen. Wenn Sie dagegen der Meinung sind, daß die anderen Sie sehr positiv beurteilen, hat auch das einen Einfluß auf Ihr äußeres Selbstbild.

Wir möchten Ihnen in diesem Kapitel vorschlagen, mit dem Berkeley-Persönlichkeitsprofil zu beginnen, indem Sie zuerst einmal die Beziehung zwischen Ihrem inneren und äußeren Selbstbild untersuchen. Wenn Sie diese beiden wichtigen Sichtweisen Ihrer Persönlichkeit vergleichen und einander gegenüberstellen, werden Sie erkennen, welche großen Auswirkungen diese beiden Aspekte darauf haben, wie andere Menschen Sie im Alltag erleben. Die Anregungen im Abschnitt »Worüber Sie nachdenken sollten« am Ende des Kapitels sollen Ihnen helfen, diese Erkenntnisse so umzusetzen, daß sich Ihr Leben in positiver Weise verändert.

Im 3. Kapitel werden Sie Gelegenheit bekommen, ein kurzes Resümee der Untersuchung Ihres inneren und äußeren Selbstbildes zu ziehen. Sie werden dort einen Persönlichkeitstest finden, in dem Sie aufgefordert werden, Ihr gesamtes oder *vereintes Selbstbild* zu beschreiben, das aus einer Kombination der ehrlichsten und gültigsten Aspekte Ihres inneren und äußeren Selbstbildes besteht. In den folgenden Kapiteln werden Sie darüber hinaus ermitteln können, was andere Menschen, die Sie gut kennen, wirklich von Ihnen halten. Sie sollten sich jedoch zuerst einmal in die Position der anderen Menschen versetzen und darüber nachdenken, warum man Sie so sieht.

Jeder einzelne Abschnitt des Berkeley-Persönlichkeitsprofils kann separat bearbeitet und interpretiert werden. Eine Kombination der Ergebnisse aller sechs Abschnitte gibt Ihnen jedoch einen bedeutend besseren und gründlicheren Einblick in Ihre Gesamtpersönlichkeit. Es ist daher zwar nicht unbedingt nötig, aber empfehlenswert, das 2. und 3. Kapitel durchzuarbeiten, bevor Sie weitergehen. Das Profil des vereinten Selbstbildes, das Sie auf diese Weise ermitteln, wird Ihnen als wesentliche Vergleichsgrundlage für die Interpretation der meisten anderen Tests in diesem Buch dienen.

Eine Warnung: Das Berkeley-Persönlichkeitsprofil kann keine Aussagen über Ihre seelische Gesundheit machen und stellt auch keine Form der Psychotherapie dar. Wir möchten die Leser, die unter emotionalen oder anderen seelischen Störungen leiden oder irgendwann einmal gelitten haben, bitten, sich an einen qualifizierten Psychologen zu wenden, bevor sie weitermachen. Wenn Ihnen irgendwelche Themen, die bei der Arbeit mit dem Berkeley-Persönlichkeitsprofil angesprochen werden, Probleme bereiten, empfehlen wir Ihnen, sich mit einem professionellen Psychotherapeuten oder Berater zu besprechen, bevor Sie weitermachen.

Der Test

Schauen Sie sich die beiden perforierten Testbögen in der Mitte des Buches an. Die Anweisungen dazu finden Sie im Kapitel »Anweisungen und Tests« am Ende des Buches, die beiden farbigen Abschnitte enthalten jeweils einen vollständigen Test. Reißen Sie die perforierten Abschnitte aus dem Buch (vielleicht lassen Sie einen der farbigen Testabschnitte vorläufig noch in dem Buch, falls Sie den Test später noch einmal machen oder ihn Ihrem Partner geben wollen). Schneiden Sie zuerst die beiden vertikalen, farbigen Antwortbögen (Scorecard) Nr. 1 und Nr. 2 aus. Legen Sie den Bogen Nr. 1 neben die fünfunddreißig Aussagen des Berkeley-Persönlichkeitsprofils und achten Sie darauf, daß die farbigen Reihen der Testfragen in der Farbe mit den Reihen auf dem Antwortbogen übereinstimmen. Die Antwortbögen sind auf beiden Seiten bedruckt, Sie müssen also darauf achten, daß Sie für jeden Testabschnitt die richtige Seite benutzen.

Denken Sie zunächst einmal ein paar Minuten lang über Ihr inneres Selbstbild nach, das heißt, über die Art, wie Sie sich selbst tief in Ihrem Inneren sehen. Beantworten Sie dann die einzelnen Punkte so ehrlich wie möglich. Überlegen Sie sich, ob die jeweilige Testaussage mit Ihrer Auffassung übereinstimmt oder nicht, und richten Sie sich ansonsten nach den Testanweisungen.

Wenn Sie den ersten Antwortbogen ausgefüllt haben, legen Sie ihn beiseite und machen fünf bis zehn Minuten Pause. Dann nehmen Sie den zweiten Bogen, der sich auf dieselben fünfunddreißig Fragen bezieht wie der erste, die sich in diesem Fall jedoch auf Ihr äußeres Selbst beziehen, und beantworten Sie sie. Denken Sie ein paar Minuten über Ihr äußeres Selbst nach (was Sie glauben, was andere Menschen von Ihnen halten) und antworten Sie wieder so ehrlich wie möglich, ob Sie mit den fünfunddreißig Aussagen des Tests, die sich in diesem Fall auf Ihr äußeres Selbst beziehen, übereinstimmen oder nicht. Um ein möglichst genaues Ergebnis zu erzielen, sollten Sie keine Ihrer Eintragungen nachträglich ändern. Schauen Sie vor allem nicht in dem ersten Antwortbogen nach, während Sie den zweiten ausfüllen.

Wenn Sie beide Bögen beantwortet haben, lesen Sie sich die allgemeinen Anweisungen für das Ausfüllen der Profile durch, die sich am Ende des Buches in dem schwarz-weiß gedruckten Teil befinden. Dort wird Ihnen erklärt, wie Sie die sieben Profile ausfüllen müssen, aus denen das Berkeley-Persönlichkeitsprofil besteht. Dann folgen Sie den speziellen Anleitungen für die Auswertung der einzelnen Profile, berechnen Ihre Testwerte und übertragen Sie auf das farbige Profil für das innere und äußere Selbst, das zu jedem einzelnen Testbogen im perforierten Abschnitt gehört. Sie erhalten ein Profil, das Ihnen die einzelnen Werte in graphischer Form auf einer übersichtlichen, farbigen Tabelle zeigt. Sie können mit einem Blick sehen, wo sich Ihr inneres und Ihr äußeres Selbst stark voneinander unterscheiden und wo sie sich ziemlich ähnlich sind. Um Ihnen das Ganze zu erleichtern, haben wir den Testanweisungen ein ausgefülltes Exemplar eines Profils für das innere und äußere Selbstbild beigelegt, das uns von einem Probanden zur Verfügung gestellt worden ist, der an unserer Umfrage in *Psychology Today* teilgenommen hat.

Interpretationsanleitung: Inneres/äußeres Selbstbild

Auf dem Profil Ihres inneren und äußeren Selbstbildes zeigt jede der fünf farbigen Persönlichkeitsdimensionen eine Reihe von Punktzahlen. Werte, die an den entgegengesetzten Enden dieser Zahlenreihen liegen, repräsentieren bestimmte gegensätzliche Interessen und Aktivitäten, so wie es im 1. Kapitel erklärt wurde. In jedem Fall weisen besonders hohe (etwa von 29 bis 35) oder besonders niedrige (etwa von 7 bis 14) Punktzahlen auf die Dominanz eines bestimmten Verhaltensstils hin. Das Verhalten mit der hohen Punktzahl bildet dabei den Gegensatz zu dem mit der niedrigen Punktzahl. Bei Menschen, deren Testwerte in der Mitte der Skala liegen (also etwa zwischen 19 und 22), lassen sich beide Verhaltensstile etwa gleich häufig beobachten.

In dem gesamten Buch handelt es sich bei den Punktzahlen, die die einzelnen Kategorien in der Interpretationsanleitung voneinander trennen, um Näherungswerte. Wenn Ihre Punktzahl an der Grenze zwischen zwei Kategorien liegt, sollten Sie sich die Interpretationen für beide Kategorien durchlesen. Bei der Berechnung der Punktzahlkategorien haben wir uns an der Richtschnur orientiert, die wir durch Untersuchungen der Antworten von Leuten gewannen, die alle Teile des Berkeley-Persönlichkeitsprofils bearbeitet haben. Die Kategorien sollen gleichzeitig jedoch auch dem Leser, der den Test zu Hause macht und selbst auswertet, sinnvoll erscheinen. Wir haben diese Methode gewählt, damit Sie Ihre eigenen Punktzahlen mit den typischen Werten unserer Forschungsprobanden vergleichen können. Sinn und Zweck des Berkeley-Persönlichkeitsprofils ist es jedoch, Ihnen zu helfen, Vergleiche zwischen einer Vielzahl von einzelnen Sichtweisen Ihrer Persönlichkeit anzustellen.[1]

Wenn Sie mehr über Ihre Testergebnisse erfahren wollen, müssen Sie zunächst einmal die unterschiedlichen Werte zwischen Ihrem inneren und äußeren Selbstbild betrachten, die Sie in der *dritten Reihe* der Kästchen auf Ihrem Profil des inneren und äußeren Selbstbildes eingetragen haben. Weiter unten finden Sie einen separaten Abschnitt für die einzelnen Persönlichkeitsdimensionen der Großen Fünf. Suchen Sie *zuerst* auf der farbigen Tafel in dem darunterliegenden Teil den jeweiligen Wert für die Differenz zwischen innerem und äußerem Selbstbild einer jeden Dimension – orange für den emotionalen Stil, grün für den interpersonellen Stil und so weiter. Suchen Sie dann Ihre jeweiligen Werte für das innere und äußere Selbstbild (in der ersten und zweiten Reihe des Profils) in den darunterliegenden Abschnitten. Um das Ganze zu vereinfachen sollten Sie in jeder andersfarbigen Dimension den Wert Ihres inneren Selbstbildes oder den des äußeren Selbstbildes mit einem Sternchen markieren, je nachdem, welcher größer ist, so wie es in der Testanweisung beschrieben wird.

Sie können darüber hinaus auch die Teile der Interpretationsanleitung einkreisen, die Ihren Punktzahlen im jeweiligen Testabschnitt entsprechen, damit Sie später Ihre Ergebnisse auf einen Blick erkennen können. Wenn Sie sich die Interpretationen durchlesen, müssen Sie immer daran denken, daß sie darauf beruhen, wie Sie selbst in dem entsprechenden Abschnitt des Tests Ihr inneres und äußeres Selbstbild beschrieben haben. Wenn Sie das Gefühl haben, eine bestimmte Deutung einer der Persönlichkeitsdimensionen sei nicht ganz richtig, dann kann das damit zusammenhängen, daß Sie die Testfragen etwas anders interpretiert haben als die meisten Menschen. Sollten Sie jedoch das Gefühl haben, daß eine der Deutungen überhaupt nicht auf Sie zutrifft, versuchen Sie herauszufinden, ob Sie irgendwo einen Fehler gemacht haben – zum Beispiel beim Ankreuzen oder bei der Berechnung Ihrer Punktzahl. Sie sollten auch darauf achten, daß Sie in der jeweiligen Interpretationsanleitung unter den richtigen Punktzahlen des Profils nachlesen.

Differenz inneres/äußeres Selbstbild – Ausdrucksstil (orange)

- ***0 bis 2 Punkte:*** Sie haben das Gefühl, daß andere Menschen Ihren Ausdrucksstil bei Ihren Aktivitäten und in sozialen Situationen im allgemeinen kennen und verstehen. *Im einzelnen:*

  Wenn sowohl die Punktzahl für das innere als auch die für das äußere Selbstbild unter dem Mittelwert der Skala liegen (etwa unter 18): Sie haben das Gefühl, daß Sie im allgemeinen eine reservierte, zurückhaltende Person sind, und daß andere Menschen diesen Aspekt Ihrer Persönlichkeit verstehen und akzeptieren.

  Wenn eine oder beide Punktzahlen für das äußere und innere Selbstbild etwa in der Mitte der Skala liegen (zwischen 19 und 22): Sie sind wahrscheinlich ziemlich selbstbewußt und drücken Gefühle und Meinungen nur aus, wenn Sie es für nötig und angemessen halten. Im allgemeinen glauben Sie, daß die anderen Menschen Verständnis dafür haben, daß Sie nur dann öffentlich Stellung beziehen, wenn es um eine Sache geht, die Ihnen wirklich etwas bedeutet.

  Wenn sich sowohl die Punktzahl des inneren als auch die des äußeren Selbstbildes auf der rechten Seite der Skala befinden (etwa über 23): Sie fühlen sich wahrscheinlich in Anwesenheit anderer Leute ziemlich vital und sind sehr begeisterungsfähig. Es ist Ihnen aus diesem Grund sehr angenehm, wenn Sie sich in allen möglichen gesellschaftlichen Situationen bestätigen können. Im allgemeinen haben Sie das Gefühl, daß andere die Vorschläge, Ideen und Meinungen, die Sie selbstbewußt vortragen, akzeptieren.

- ***3 bis 6 Punkte:*** Sie haben das Gefühl, daß zwischen der Art und Weise, wie Sie sich selbst im Hinblick auf Ihren Ausdrucksstil sehen, und wie die anderen Sie sehen, eine kleine bis mittlere Diskrepanz besteht. *Im einzelnen:*

  Wenn Sie die Punktzahl Ihres inneren Selbstbildes auf dem Profil mit einem Sternchen markiert haben: Sie glauben, die anderen hielten Sie für zurückhaltender, schüchterner als Sie sich selbst. Sie haben möglicherweise das Gefühl, daß die anderen manchmal vergessen, Sie zu einer Party oder zu einem anderen geselligen Anlaß einzuladen, weil sie Ihr Interesse an solchen Dingen unterschätzen.

  Wenn Sie die Punktzahl Ihres äußeren Selbstbildes mit einem Sternchen markiert haben: Tief in Ihrem Inneren sind Sie der Meinung, daß Sie etwas schüchterner sind, als die anderen glauben. Sie haben das Gefühl, daß man Sie für aktiver, energischer oder extravertierter hält, als Sie es Ihrer Meinung nach wirklich sind. Das kann damit zusammenhängen, daß Sie sich oft in der Öffentlichkeit und in gesellschaftlichen Situationen so verhalten, daß die anderen glauben, Ihnen falle so etwas leicht, während es Ihnen in Wirklichkeit ziemlich schwerfällt, die Begeisterung aufzubringen, die die anderen von Ihnen erwarten.

- ***7 Punkte oder mehr:*** Sie haben das Gefühl, daß sich zwischen der Art und Weise, wie andere Menschen Sie in sozialen Situationen erleben, und Ihrem tatsächlichen Wunsch, sich in solchen Situationen auszudrücken und Bestätigung zu finden, eine ziemlich große Kluft auftut. *Im einzelnen:*

  Wenn Sie die Punktzahl für Ihr inneres Selbstbild mit einem Sternchen markiert haben: Sie glauben, andere Menschen hielten Sie im Grunde für bedeutend introvertierter, als Sie

Ihrer Meinung nach sind. Sie gehen vermutlich davon aus, daß Sie zwar häufig offen Ihre Meinung sagen und versuchen, sich durchzusetzen, daß die anderen Ihnen jedoch nicht zuhören oder Sie nicht ernst nehmen, sondern davon überzeugt sind, daß Sie ein Mensch sind, der sich nicht durchsetzen kann.

Wenn Sie die Punktzahl Ihres äußeren Selbstbildes mit einem Sternchen markiert haben: Tief in Ihrem Inneren sind Sie der Meinung, daß Sie ein bedeutend ruhigerer, verschlossenerer und reservierterer Mensch sind, als die anderen glauben. Das kann zum Beispiel der Fall sein, wenn Sie viel Energie in Freundschaften und gesellige Anlässe investieren und hinterher oft nicht mehr genügend Kraft und Begeisterungsfähigkeit besitzen, um die Dinge zu tun, die Ihnen viel bedeuten, wenn Sie mit sich allein sind. Nur weil Sie sich auf Partys und bei anderen geselligen Anlässen immer bemühen, sich von Ihrer besten Seite zu zeigen, halten die anderen Sie wahrscheinlich für einen extrem extravertierten Menschen, der immerzu glücklich und voller Energie ist.

Differenz inneres/äußeres Selbstbild – Interpersoneller Stil (grün)

- ***0 bis 2 Punkte:*** Sie glauben, daß andere Ihren Umgang mit den Bedürfnissen und Gefühlen Ihrer Mitmenschen kennen und verstehen. *Im einzelnen:*

Wenn sich sowohl der Wert für das innere als auch der für das äußere Selbstbild am unteren Ende der Skala befinden (etwa unter 18): Für Sie ist es wichtig, Ihren eigenen Bedürfnissen immer die oberste Priorität einzuräumen. Sie gehen davon aus, daß die anderen Menschen wissen, daß so etwas mitunter notwendig ist, denn Sie wären nicht in der Lage, ihnen zu helfen, wenn Sie nicht zuerst sich selbst helfen würden. Gelegentlich erreichen Leute diese Punktzahl, die mit der Zeit unter einer Art »Mitleidsmüdigkeit« leiden, weil sie immer nur gegeben haben. Andere befinden sich in diesem Bereich, weil ihnen die ständigen Klagen und Hilferufe bestimmter Menschen auf die Nerven gehen, die nicht bereit sind, sich selbst zu helfen.

Wenn sowohl die Punktzahl des inneren als auch die des äußeren Selbstbildes im Mittelfeld der Skala liegen (zwischen 19 und 22): Sie glauben, daß es Ihnen gelungen ist, zwischen Ihren eigenen Bedürfnissen und denen anderer Menschen einen Ausgleich zu schaffen. Ihnen ist klar, daß Sie sich hin und wieder auch um sich selbst kümmern müssen, um die Kraft und die Möglichkeiten zu haben, anderen Leuten helfen zu können. Bei bestimmten wichtigen Anlässen sind Sie jedoch genauso schnell bereit, alle persönlichen Dinge zurückzustellen, um einem Freund oder einem anderen Familienmitglied in einer kritischen Situation zu helfen.

Wenn sowohl die Punktzahl für das innere als auch die für das äußere Selbstbild am oberen Ende der Skala liegen (etwa über 23): In der Regel steht bei Ihnen das Mitgefühl mit anderen an erster Stelle, erst dann kommen Ihre eigenen Interessen. Es fällt Ihnen schwer, zuerst an Ihre eigenen Bedürfnisse zu denken, selbst wenn das »logisch« wäre. Sie glauben, daß die meisten Leute, die Sie kennen, Ihr liebevolles und nicht nachtragendes Wesen für einen Ihrer besten Züge halten.

- *3 bis 6 Punkte:* Sie glauben, daß zwischen dem Bild, das Sie sich über Ihre Reaktionen auf die Bedürfnisse und Gefühle anderer Menschen von sich selbst machen, und wie Sie von den anderen gesehen werden, eine kleine bis mittlere Diskrepanz besteht. *Im einzelnen:*

Wenn Sie die Punktzahl für Ihr inneres Selbstbild mit einem Sternchen markiert haben: Ihrer Meinung nach sind Sie liebevoller, mitfühlender und hilfsbereiter, als Sie von anderen Menschen beurteilt werden. Wenn Sie zum Beispiel ein hohes Amt bekleiden, kann es sein, daß Sie glauben, Sie müßten nach außen hin stark und streng auftreten, damit keiner auf den Gedanken kommt, Sie zu übervorteilen, während sich in Wirklichkeit unter Ihrer rauhen Schale ein gutes Herz verbirgt.

Wenn Sie die Punktzahl für das äußere Selbstbild mit einem Sternchen markiert haben: Sie glauben, daß andere Menschen Sie für liebevoller, mitfühlender und selbstloser halten, als Sie es Ihrer Meinung nach sind. Es kann zum Beispiel sein, daß Sie das Gefühl haben, daß vieles von dem, was Sie für andere Leute tun, Spaß macht und Ihnen in gewisser Weise auch Vorteile bringt, was andere Leute womöglich nicht so sehen.

- ***7 oder mehr Punkte:*** Sie haben das Gefühl, daß zwischen der Vorstellung, die andere Leute davon haben, wie Sie auf die Bedürfnisse anderer Menschen reagieren, und Ihrer eigenen eine große Kluft besteht. *Im einzelnen:*

  Wenn Sie die Punktzahl für das innere Selbstbild mit einem Sternchen markiert haben: Sie sind der Meinung, daß Sie sich bedeutend mehr Mühe geben, anderen zu helfen oder ihnen Ihr Mitgefühl zu zeigen, als die anderen Menschen Ihnen zugestehen. Sie halten sich womöglich für einen freundlichen und großzügigen Menschen, der jedem, der wirklich in Not ist, hilft. Gleichzeitig ist Ihnen wahrscheinlich aber auch klar, daß andere Sie möglicherweise für hartherzig halten, weil Sie aus Prinzip etwas dagegen haben, einem Menschen zu helfen, der Ihre Hilfe und Ihr Vertrauen nicht verdient.

Wenn Sie die Punktzahl für das äußere Selbstbild mit einem Sternchen markiert haben: Tief in Ihrem Inneren haben Sie das Gefühl, daß die anderen Sie für bedeutend großzügiger und mitfühlender halten, als Sie es in Wirklichkeit sind. Manche Leute erreichen diese Punktzahl, weil sie unter einer vorübergehenden Depression leiden und aus diesem Grund ihre positiven Eigenschaften leugnen: Sie versuchen, sich selbst einzureden, daß sich alle Menschen irren, die viel von ihnen halten. Die meisten, deren Punktzahl in diesem Bereich liegen, sind jedoch so bescheiden, daß sie tatsächlich glauben, ihre guten Taten seien nichts besonderes, und jeder würde an ihrer Stelle das gleiche tun.

Differenz inneres/äußeres Selbstbild – Arbeitsstil (gelb)

- ***0 bis 2 Punkte:*** Sie glauben, daß man Ihr Verhältnis zur Arbeit im allgemeinen kennt und versteht. *Im einzelnen:*

Wenn sowohl die Punktzahl für das innere als auch die für das äußere Selbstbild am unteren Ende der Skala liegen (unter 18): Sie gehen Ihrer Meinung nach mit Terminen und anderen organisatorischen Dingen ziemlich locker um und lassen sich leicht ablenken. Sie glauben jedoch, daß Sie solche Dinge so offen und ehrlich angehen, daß den anderen Ihr Arbeitsstil bekannt ist. Wenn Sie an einem gemeinschaftlichen Projekt oder in einem Komitee zusammenarbeiten, wissen Ihre Arbeitskollegen zumindest, was Sie von Ihnen erwarten können.

Wenn eine oder beide Punktzahlen für das innere und äußere Selbstbild in der Mitte der Skala liegen (zwischen 19 und 22): Sie sind wahrscheinlich der Meinung, Sie seien bei der Erledigung bestimmter Aufgaben oder in gewissen Leistungssituationen effizienter als die anderen. Wenn Sie einen besonders guten Tag erwischt haben, können Sie tatsächlich sehr systematisch, engagiert und sogar perfektionistisch sein. Bei anderen Gelegenheiten sind Sie allerdings eher sorglos und unaufmerksam und überlassen alles dem Zufall. Sie glauben jedoch, daß Menschen, die Sie gut kennen, Verständnis dafür haben.

Wenn sowohl die Punktzahl für das innere als auch die für das äußere Selbstbild am oberen Ende der Skala liegen (über 23): Sie halten sich für ziemlich diszipliniert, fühlen sich für die Aufgaben, die Sie übernommen haben, verantwortlich und nehmen Ihre Arbeit ernst. Außerdem sind Sie davon überzeugt, daß die anderen wissen, daß man sich auf Sie verlassen kann, weil Sie Ihre Arbeit ordentlich erledigen, Ihre Termine einhalten und für sie durch dick und dünn gehen würden.

- ***3 bis 6 Punkte:*** Sie glauben, daß andere Menschen Ihr Verhältnis zur Arbeit anders beurteilen als Sie selbst. Die Diskrepanz ist klein bis mittel. *Im einzelnen:*

Wenn Sie die Punktzahl für Ihr inneres Selbstbild mit einem Sternchen markiert haben: Sie schätzen Ihre Arbeitsmoral etwas höher ein, als Sie es von anderen Menschen Ihrer Umgebung vermuten. Es ist zum Beispiel möglich, daß Sie selbst das Gefühl haben, bei der Arbeit Ihr Bestes zu geben, daß Ihre Bemühungen jedoch nicht bemerkt werden, weil Sie eng mit anderen Menschen zusammenarbeiten, die einen Teil der Anerkennung beanspruchen, die eigentlich Sie verdient hätten.

Wenn Sie die Punktzahl für Ihr äußeres Selbstbild mit einem Sternchen markiert haben: Sie haben das Gefühl, daß Sie Termine und andere Verpflichtungen nicht ganz so ernst nehmen, wie Sie es nach außen hin zu erkennen geben. Es gibt zum Beispiel Leute, deren Punktzahl in diesem Bereich liegt, die schnell und effizient arbeiten, damit ihnen hinterher noch Zeit für sich bleibt und sie das Leben genießen können. Wenn sie Erfolg haben, glauben sie, sie hätten sich irgendwie »durchgemogelt«, weil die anderen die Zeit und die Mühe, die sie in die Arbeit investieren, überschätzen.

- ***7 oder mehr Punkte:*** Sie haben das Gefühl, daß andere Menschen Ihr Verhältnis zur Arbeit völlig anders beurteilen als Sie selbst. *Im einzelnen:*

  Wenn Sie die Punktzahl für Ihr inneres Selbstbild mit einem Sternchen markiert haben: Sie glauben von sich, Sie seien bedeutend engagierter und verantwortungsbewußter, als die anderen denken. Möglicherweise sind Sie wirklich davon überzeugt, daß Sie sich für Ihre Arbeit engagieren. Da Ihr Chef Ihnen jedoch die Anerkennung versagt, andere die Schwierigkeit Ihrer Arbeit unterschätzen oder jemand anderes die Lorbeeren für Ihre schwere Arbeit erntet, merkt niemand, wie sehr Sie sich bemühen.

  Wenn Sie die Punktzahl für Ihr äußeres Selbstbild mit einem Sternchen markiert haben: Sie selbst sind der Meinung, daß Sie Ihre Arbeit bedeutend weniger ernst nehmen, als die anderen wissen. Sie glauben zum Beispiel, daß ein großer Teil Ihrer Leistungen darauf zurückzuführen ist, daß Sie Glück hatten oder besonders privilegiert waren. Möglicherweise sind Sie auch der Meinung, daß Ihnen die Arbeit leicht fällt und Sie die Anerkennung der anderen in diesem Maße gar nicht verdient haben.

Differenz inneres/äußeres Selbstbild – Emotionaler Stil (rot)

- ***0 bis 2 Punkte:*** Sie haben das Gefühl, daß andere Menschen Ihre Art, mit Problemen und Ängsten umzugehen, im allgemeinen kennen und verstehen. *Im einzelnen:*

  Wenn sowohl die Punktzahl für das innere als auch die für das äußere Selbstbild am unteren Ende der Skala liegen (etwa unter 18): Sie haben das Gefühl, daß Sie sich gut beherrschen können, in Streßsituationen in der Regel ruhig und besonnen bleiben und einen kühlen Kopf behalten. Sie glauben darüber hinaus, daß andere Leute diese Eigenschaft an Ihnen schätzen.

  Wenn eine oder beide Punktzahlen für das innere und äußere Selbst in der Mitte der Skala liegen (zwischen 19 und 22): Sie halten Ihre emotionalen Reaktionen für im allgemeinen nicht übertrieben intensiv. Sie sind zwar bei bestimmten Gelegenheiten ein wenig irritiert und besorgt, es kommt jedoch selten vor, daß Sie nervös, aufgeregt oder gar außer sich sind. Sie glauben, daß die Menschen in Ihrer Umgebung Sie auch so beurteilen.

  Wenn sowohl die Punktzahl für das innere als auch die für das äußere Selbstbild am oberen Ende der Skala liegen (etwa über 23): Sie haben von Zeit zu Zeit das Bedürfnis, sich Probleme von der Seele zu schaffen. Wenn Sie unter Streß stehen, erleben Sie Ängste und Frustrationen, die Sie dann auch ausdrücken. Sie glauben, daß den Menschen in Ihrer Umgebung diese emotionale Seite Ihres Wesens bekannt ist.

- ***3 bis 6 Punkte:*** Sie glauben, daß Ihr Umgang mit Ihren Problemen und Ängsten von den Menschen in Ihrer Umgebung anders gesehen wird als von Ihnen selbst. Die Diskrepanz ist jedoch nicht sehr groß. *Im einzelnen:*

Wenn Sie die Punktzahl für Ihr inneres Selbstbild mit einem Sternchen markiert haben: Sie glauben, daß Sie intensiver reagieren, als es Ihre Umwelt wahrnimmt. So sind Sie zum Beispiel manchmal innerlich aufgewühlt und machen sich Sorgen, geben sich jedoch große Mühe, das wahre Ausmaß Ihrer Gefühle vor den anderen zu verbergen.

Wenn Sie die Punktzahl für Ihr äußeres Selbstbild mit einem Sternchen markiert haben: Sie schätzen sich selbst als weniger emotional ein, als die Menschen in Ihrer Umgebung. Vielleicht interpretieren andere das, was Sie sagen oder tun, häufig falsch und glauben, Sie seien frustrierter oder ängstlicher, als Sie es selbst empfinden.

- ***7 oder mehr Punkte:*** Sie haben das Gefühl, daß andere Menschen Ihren Umgang mit Problemen und Ängsten völlig anders beurteilen als Sie selbst. *Im einzelnen:*

  Wenn Sie die Punktzahl für Ihr inneres Selbstbild mit einem Sternchen markiert haben: Sie halten sich selbst für bedeutend emotionaler, als den anderen bewußt ist. Es ist zum Beispiel möglich, daß Sie im Laufe der Jahre gelernt haben, Ihr Temperament zu zügeln. Oder Sie haben sich zwar oft Sorgen gemacht und waren bei der Arbeit, in der Familie oder in gesellschaftlichen Situationen unsicher, hatten aber gleichzeitig das Gefühl, diese Sorgen erfolgreich verbergen zu können.

  Wenn Sie die Punktzahl für Ihr äußeres Selbstbild mit einem Sternchen markiert haben: Sie haben das Gefühl, daß andere Menschen Sie für bedeutend emotionaler halten, als Sie es Ihrer Meinung nach sind. Möglicherweise glauben Sie, daß sich die anderen unnötige Sorgen um Sie machen, weil sie Ihr Verhalten falsch interpretieren und glauben, Sie seien frustriert und hätten Kummer, obwohl das gar nicht der Fall ist.

Manche Leute erreichen eine solche Punktzahl, weil sie bewußt versuchen, anderen Menschen gegenüber als bedeutend temperamentvoller zu erscheinen, als sie es in Wirklichkeit sind. Sie tun das, weil sie glauben, die anderen hätten dann Angst vor ihren Reaktionen und würden sie dann eher in Ruhe lassen.

Differenz inneres/äußeres Selbstbild – Intellektueller Stil (blau)

- ***0 bis 2 Punkte:*** Sie haben das Gefühl, daß andere Menschen verstehen, wie Sie mit neuen Ideen und Erfahrungen umgehen. *Im einzelnen:*

Wenn sowohl die Punktzahl für das innere als auch die für das äußere Selbstbild am unteren Ende der Skala liegen (etwa unter 18): Sie halten sich für einen Menschen, der neuen Ideen und Erfahrungen mit Vorsicht begegnet, und so stellen Sie sich auch anderen Menschen dar. Sie wissen Schönheit und Einfachheit zu schätzen und halten sich lieber so lange an das Traditionelle, bis eine neue Methode ihre Bewährungsprobe bestanden hat.

Wenn eine oder beide Punktzahlen für das innere und äußere Selbstbild in der Mitte der Skala liegen (zwischen 19 und 22): Sie halten sich für einen Menschen, der zwar traditionelle Ideen und Erfahrungen schätzt, jedoch auch bereit ist, etwas Neues auszuprobieren. Und Sie glauben, daß auch die anderen Sie in dieser Beziehung als einen ausgeglichenen Menschen betrachten.

Wenn sowohl die Punktzahl für das innere als auch die für das äußere Selbstbild am oberen Ende der Skala liegen (etwa über 23): Sie halten sich für einen Menschen, der neuen Ideen und Methoden gegenüber aufgeschlossen ist und abstrakte Aufgaben, beispielsweise auf dem Gebiet der Ästhetik, Philosophie und dem analytischen Denken, mit Begeisterung verfolgt.

- *3 bis 6 Punkte:* Sie haben das Gefühl, daß andere Menschen Sie im Hinblick auf die Einstellung, die Sie neuen Ideen und Erfahrungen gegenüber haben, etwas anders beurteilen als Sie sich selbst. Die Diskrepanz ist klein bis mittelgroß. *Im einzelnen:*

  Wenn Sie die Punktzahl für Ihr inneres Selbstbild mit einem Sternchen markiert haben: Wenn es darum geht, etwas Neues auszuprobieren oder sich mit abstrakten Ideen oder Prinzipien zu beschäftigen, also zum Beispiel mit Philosophie, Ästhetik oder Mathematik, halten Sie sich für etwas aufgeschlossener, als die anderen Menschen in Ihrer Umgebung zu glauben scheinen. Sie haben möglicherweise einen Beruf, in dem es vor allem um Routinearbeiten geht, oder führen ein ziemlich konventionelles Leben. Trotzdem interessieren Sie sich in Ihrer Freizeit für die neuesten wissenschaftlichen Entdeckungen, für aktuelle Diskussionen über Sozialpolitik, zeitgenössische Malerei oder Musik.

  Wenn Sie die Punktzahl für Ihr äußeres Selbstbild mit einem Sternchen markiert haben: Sie schätzen sich selbst für etwas konventioneller ein, als die anderen dies tun. Sie führen womöglich ein hektisches Leben und fühlen sich dabei in der Regel auch wohl, wünschen sich aber trotzdem hin und wieder, daß Sie ein einfacheres Leben führen könnten, so wie es vielleicht früher einmal war.

- *7 oder mehr Punkte:* Sie halten sich für neuen Ideen gegenüber bedeutend aufgeschlossener, als die anderen glauben. Es besteht eine erhebliche Diskrepanz zwischen Ihrer Meinung und dem Urteil anderer. *Im einzelnen:*

Wenn Sie die Punktzahl für Ihr inneres Selbstbild mit einem Sternchen markiert haben: Sie haben das Gefühl, daß Ihr Interesse an abstrakten Ideen, an Kunst, das heißt, an allem, bei dem die Phantasie eine wichtige Rolle spielt, sowie an den letzten technischen Errungenschaften weitaus größer ist, als die anderen Menschen annehmen. Möglicherweise vermuten Sie, daß Ihre Kreativität in Ihrem gegenwärtigen Beruf nicht gefragt ist und von Ihren Freunden und von Ihrer Familie unterschätzt wird.

Wenn Sie die Punktzahl für Ihr äußeres Selbstbild mit einem Sternchen markiert haben: Wenn es um abstrakte Ideen oder die Akzeptanz neuer Technologien geht, durch die Ihr Leben drastisch verändert werden könnte, halten Sie sich selbst für bedeutend vorsichtiger, als den anderen Menschen in Ihrer Umgebung bewußt ist. Sie haben womöglich einen sehr interessanten Beruf, in dem Sie auf Ihrem Fachgebiet gewissermaßen ständig an vorderster Front kämpfen, aber richtig entspannen können Sie sich erst in der konventionellen Atmosphäre zu Hause.

Ihr privates Selbst und Ihr öffentliches Image

Haben Sie bemerkt, daß Ihnen ein Teil des Tests – entweder der, bei dem es um das innere oder der, bei dem es um das äußere Selbstbild ging – leichter gefallen ist als der andere? Wenn Ihnen das Nachdenken über Ihr inneres Selbst leicht gefallen ist und ganz natürlich vorkam, haben Sie wahrscheinlich ein stark ausgeprägtes *privates Bewußtsein Ihrer selbst,* wie die Psychologen das nennen.

Forschungsergebnissen zufolge neigen Menschen mit einem

stark entwickelten privaten Bewußtsein ihrer selbst dazu, ihre Gefühle und privaten Erlebnisse sorgfältig zu kontrollieren und sind daher weniger leicht zu beeinflussen als andere Menschen. Sie lassen sich bei ihren Entscheidungen und in ihrem Verhalten von ihren Gefühlen und Einstellungen leiten und fallen nicht so leicht äußerem Druck oder äußeren Zwängen zum Opfer.

Wenn es Ihnen jedoch leichter gefallen ist und natürlicher erschien, über Ihr äußeres Selbstbild nachzudenken, haben Sie wahrscheinlich ein stark ausgeprägtes *öffentliches Bewußtsein Ihrer selbst*. Solche Menschen achten stärker auf die äußeren Merkmale ihrer Persönlichkeit, so zum Beispiel auf Gesten, Eigenarten, Manierismen und ihr allgemeines Äußeres. Es dürfte daher nicht überraschen, daß sie jederzeit bedeutend besser wissen, welchen Eindruck sie auf andere Leute machen, als die Menschen mit dem schwach ausgeprägten öffentlichen Bewußtsein ihrer selbst.

Wenn Ihnen beide Teile des Tests unkompliziert erschienen, ist bei Ihnen vermutlich sowohl das öffentliche als auch das private Bewußtsein Ihrer selbst stark ausgeprägt, was bedeutet, daß Sie wahrscheinlich schon oft über diese beiden Aspekte nachgedacht haben. In diesem Fall finden sich bei Ihnen die Merkmale beider Denkweisen. Sie können sich zum Beispiel an Ihren inneren Gefühlen orientieren und merken trotzdem genau, welchen Eindruck Ihr Verhalten auf die anderen Menschen macht. Es kommt natürlich auch vor, daß beide Faktoren nur schwach ausgeprägt sind. Solche Leute denken nur dann über ihr inneres oder äußeres Selbstbild nach, wenn sie entsprechend provoziert werden.[2]

Als wir diesen Teil des Tests den Lesern der Zeitschrift *Omni* vorlegten, entdeckten praktisch alle, die an unserer Umfrage teilnahmen, erhebliche Differenzen zwischen dem inneren und dem äußeren Selbstbild. Ungefähr 95 Prozent der 1300 Teilnehmer berichteten, daß die Differenz zwischen ihrem inneren und äußeren Selbstbild in einer oder in mehreren Dimensionen der

Großen Fünf mindestens 3 Punkte betrug. Drei Viertel der Teilnehmer gaben an, ihr inneres und äußeres Selbstbild sei in zwei oder mehr Dimensionen erheblich voneinander abgewichen, während die Hälfte sogar von Differenzen in drei oder mehr Persönlichkeitsstilen berichtete.

Wenn Sie wissen wollen, inwieweit Ihre eigenen Differenzen zwischen innerem und äußerem Selbstbild mit denen übereinstimmen, die wir bei den *Omni*-Lesern beobachten konnten, können Sie Ihre Ergebnisse mit denen der Tabelle vergleichen (S. 57).

Auf der Tabelle können Sie zum Beispiel sehen, daß beim Ausdrucksstil 10 Prozent der Probanden eine höhere Punktzahl für das innere Selbstbild hatten als für das äußere. Die Differenz liegt bei drei Punkten oder darüber und weist darauf hin, daß sie sich für erheblich selbstsicherer und extravertierter hielten, als die anderen Menschen anzunehmen schienen. Andererseits hatten beim Ausdrucksstil 40 Prozent bei der Beurteilung des äußeren Selbst ein um mindestens drei Punkte höheres Ergebnis als beim inneren Selbst, ein Hinweis darauf, daß sie glaubten, die anderen Menschen hielten sie für extravertierter und selbstbewußter, als sie sich insgeheim selbst einschätzten. Die Hälfte (50 Prozent) unserer Teilnehmer hatte – was den Ausdrucksstil betrifft – beim inneren und äußeren Selbstbild in etwa das gleiche Ergebnis (Abweichung von zwei Punkten); sie fühlten sich von den anderen Menschen in dieser Hinsicht also richtig beurteilt. Die Tabelle zeigt auch die am häufigsten wie auch die am seltensten auftretenden Differenzen, die wir bei den verbleibenden Dimensionen der Großen Fünf gefunden haben.

Ihr äußeres Selbstbild gibt natürlich nur das wieder, was die anderen Menschen Ihrer Meinung nach von Ihnen halten. Ihre Vermutungen sind möglicherweise korrekt, können andererseits aber auch durch gewisse Vorurteile beeinflußt werden. Es ist zum Beispiel möglich, daß Sie auf andere Menschen einen bedeutend positiveren – oder negativeren – Eindruck machen, als

Häufige Differenzen zwischen innerem und äußerem Selbstbild[3]

	Ausdrucksstil (orange)	
Inneres Selbst extravertierter und selbstbewußter 10 Prozent	Inneres und äußeres Selbst gleich extravertiert und selbstbewußt 50 Prozent	Äußeres Selbst extravertierter und selbstbewußter 40 Prozent
	Interpersoneller Stil (grün)	
Inneres Selbst warmherziger und mitfühlender 20 Prozent	Inneres und äußeres Selbst gleich warmherzig und mitfühlend 50 Prozent	Äußeres Selbst warmherziger und mitfühlender 25 Prozent
	Arbeitsstil (gelb)	
Inneres Selbst verantwortungs-bewußter 20 Prozent	Inneres und äußeres Selbst gleich verantwortungsbewußt 55 Prozent	Äußeres Selbst verantwortungs-bewußter 25 Prozent
	Emotionaler Stil (rot)	
Inneres Selbst angespannter, emotionaler 40 Prozent	Inneres und äußeres Selbst gleich angespannt und emotional 40 Prozent	Äußeres Selbst angespannter, emotionaler 20 Prozent
	Intellektueller Stil (blau)	
Inneres Selbst aufgeschlossener, einfallsreicher 30 Prozent	Inneres und äußeres Selbst gleich aufgeschlossen und einfallsreich 60 Prozent	Äußeres Selbst aufgeschlossener und einfallsreicher 10 Prozent

Ihnen bewußt ist. Wir haben die Punktzahlen für das äußere Selbstbild der *Omni*-Leser mit den Punktzahlen verglichen, die ihnen von Freunden, Familienmitgliedern und Arbeitskollegen gegeben worden sind. Das Ergebnis war für das Gros der Teilnehmer positiv. Die meisten von ihnen waren von den Leuten, die sie gut kannten, als extravertierter, kontaktfreudiger und verantwortungsbewußter eingeschätzt worden, als sie es ihrer eigenen Meinung nach waren. Nicht jeder hatte allerdings bei seinen Bekannten eine so gute Presse.

Wenn man bei anderen Menschen gut ankommen möchte, muß man offenbar vor allem bescheiden sein: Diejenigen, die zugaben, ein paar Fehler zu haben, die die anderen womöglich noch gar nicht bemerkt hatten, wurden als besonders warmherzig, liebevoll und verantwortungsbewußt eingeschätzt. Weniger bescheidene Personen, die darauf bestanden, ihr inneres Selbst sei besser, als es von den anderen eingeschätzt worden war, wurden in der Regel von ihren Bekannten als etwas egozentrischer und verantwortungsloser bezeichnet.

Selbstdarstellung

Worin liegt die Ursache für die Unterschiede zwischen dem inneren und äußeren Selbstbild? Ihr äußeres Selbstbild wird zum Teil durch Ihren Wunsch beeinflußt, wie die anderen Sie sehen sollen, zum Teil durch das Feedback, das Sie im Umgang mit diesen Menschen bekommen. Es wird jedoch auch durch Ihre *Selbstdarstellung* beeinflußt, das heißt, dadurch, daß Sie bei anderen Menschen einen bestimmten Eindruck hinterlassen möchten.

Wenn Sie daran denken, wie Ihr äußeres Selbst sich von Ihrem inneren Selbst unterscheidet, werden Sie möglicherweise feststellen, daß es verschiedene Gründe gibt, warum Sie sich in einer bestimmten Weise darstellen. Es gibt Menschen, die aus *strategischen* Gründen einen bestimmten Eindruck erwecken wollen, zum Beispiel, um ihre Macht zu vergrößern oder um ihren Status anderen Menschen gegenüber zu erhöhen. Eine solche strategische Selbstdarstellung erscheint zwar zunächst selbstsüchtig und unredlich, kann jedoch für Menschen in manchen Berufen sehr wichtig sein. Ärzte, Pastoren und Politiker zeigen zum Beispiel bewußt nur die absolut professionelle und respektable Seite ihrer Persönlichkeit und verbergen ihre privaten Zweifel, Ängste und Meinungen. Sie wollen auf diese Weise in der Öffentlichkeit einen bestimmten Eindruck erwecken, ohne den sie ihren Beruf nicht effektiv ausüben könnten.[4]

Sie kennen vielleicht Menschen, die sich selbst immer so darstellen, als ginge es ihnen gut, weil sie nicht möchten, daß andere sich Sorgen um sie machen. Andere verbergen sich hinter ihrer Selbstdarstellung, weil sie glauben, sich schützen zu müssen, und befürchten, die anderen würden sie nicht akzeptieren, wenn sie sich öffneten. Manche haben auch Angst, daß man sie verletzen könnte, wenn sie sich anderen Menschen anvertrauen würden.

Bis zu welchem Grad ist die Selbstdarstellung normal, gesund oder angemessen? Das hängt von Ihrer Persönlichkeit, den Lebensumständen und Ihren Beziehungen ab. Obwohl jeder seinem jeweiligen Gesprächspartner immer nur eine bestimmte Seite seiner selbst offenbart, bestehen doch große Unterschiede zwischen den einzelnen Menschen, wie einseitig oder gar unredlich das Bild ist, das sie von sich geben. Andererseits gibt es keine ideale Art der Selbstdarstellung, die für uns alle erstrebenswert wäre. Jeder muß *selbst* entscheiden, welches Maß an Selbstdarstellung gut *für ihn* ist – und *wann* er wie darauf zurückgreifen sollte. Wenn Sie in Ihrem Leben Intimität vermissen und glauben, niemand würde Ihr »wahres Ich« kennen, oder wenn Sie sich Gedanken darüber machen, ob andere Menschen Sie so akzeptieren würden, wie Sie wirklich sind, kann das damit zusammenhängen, daß Sie zu häufig zum Mittel übersteigerter Selbstdarstellung greifen. Sie sollten versuchen, sich so zu zeigen, wie Sie wirklich sind, und zwar zunächst Menschen gegenüber, denen Sie vertrauen können. Mit der Zeit können Sie sich dann einer immer größeren Zahl von Menschen, mit denen Sie zu tun haben, so zeigen, wie Sie wirklich sind. Das wird dazu führen, daß sich Ihr inneres und Ihr äußeres Selbst immer mehr aneinander angleichen. Wenn Sie jedoch das Gefühl haben, daß die anderen Ihre Schwächen und Ängste, zu denen Sie sich offen bekannt haben, ausnützen oder Sie nicht ernst nehmen, weil sie Sie zu gut kennen, sollten Sie Ihr Verhalten besser steuern und auf eine Form der strategischen Selbstdarstellung zurückgreifen, wie Sie es früher in solchen Situationen getan haben.

Kultur, Vorurteile und das äußere Selbst

An der Selbstdarstellung sind Elemente Ihres äußeren Selbst beteiligt, die Sie bis zu einem gewissen Grad beeinflussen können. Andere sind dagegen nicht so leicht in den Griff zu bekommen. Wie andere Ihr Verhalten interpretieren, kann sehr stark durch kulturelle Faktoren beeinflußt sein. Wenn sich zum Beispiel zwei Kinder in der gleichen Situation gleich verhalten, kann das in Japan als ungezogen oder undiszipliniert gelten, in den Vereinigten Staaten dagegen als altklug angesehen werden – oder umgekehrt.

Hinzu kommt, daß manche Menschen Ihrer Herkunft, Ihrem Alter, Ihrem Geschlecht oder Ihrem kulturellen oder beruflichen Werdegang mit Klischeevorstellungen begegnen. Oder sie haben ein Vorurteil Leuten gegenüber, die sich so anziehen oder so reden wie Sie oder Ihnen irgendwie ähnlich sind. Solche Klischees und Vorurteile können deren Interpretation Ihres Verhaltens drastisch beeinflussen. Wenn man Sie zum Beispiel von oben herab behandelt und Sie nur aufgrund Ihres Äußeren für emotional schwach und kindlich hält, könnte das zu einem Teil Ihres äußeren Selbstbildes werden – weil Sie *glauben,* daß andere Menschen Sie so sehen –, auch wenn Sie im Grunde Ihres Herzens genau wissen, daß diese Leute sich irren. Die Wertvorstellungen und Erwartungen unserer Gesellschaft und ihrer Subkulturen beeinflussen die Art und Weise, wie andere Menschen uns sehen und auf uns reagieren, und das wiederum hat Auswirkungen auf die Entwicklung unseres äußeren Selbstbildes.

Worüber Sie nachdenken sollten

Nach dieser Übung werden Sie Ihr äußeres Selbstbild wahrscheinlich in ein oder zwei Punkten verändern wollen. Vielleicht gibt es auch bei Ihrem inneren Selbstbild einiges, an dem Sie gern arbeiten würden. Die folgenden Punkte zum Nachdenken sollen Ihnen bei der Klärung dieser Fragen helfen. Versuchen Sie einmal, die Ergebnisse des ersten Testabschnitts des Berkeley-Persönlichkeitsprofils in Ihrem täglichen Leben anzuwenden.

Bevor Sie sich jedoch den folgenden Fragen zuwenden, sollten Sie sich einen Augenblick Zeit nehmen und das Profil Ihres Innen-/Außen-Selbstbildes betrachten. Konzentrieren Sie sich vor allem auf die Dimensionen Ihrer Persönlichkeit, bei denen sich die Werte für das innere und das äußere Selbstbild am stärksten voneinander unterscheiden. Dafür sollten Sie sich zuvor noch einmal die Interpretationsanleitung anschauen, nach der Sie Ihre Punktzahlen auswerten können.

1. Glauben Sie, daß Ihr inneres oder Ihr äußeres Selbstbild näher an Ihrem »wahren Ich« liegt? Haben Sie das Gefühl, daß womöglich Elemente der Selbsttäuschung, Eigenlob oder Selbstkritik ins Spiel gekommen sind, oder sind Sie mit Ihrer eigenen Bewertung zufrieden und glauben, daß Ihre Beurteilung aus allen Perspektiven ziemlich realistisch ist?
2. Konzentrieren Sie sich vor allem auf die Bereiche, in denen Ihr inneres Selbstbild von Ihrem äußeren um 3 oder mehr Punkte abweicht, und fragen Sie sich, ob diese Unterschiede irgendwie beabsichtigt sind. Denken Sie einen Augenblick lang darüber nach, welche Gründe Sie veranlassen könnten, eine bestimmte Facette Ihrer Persönlichkeit vor anderen zu verbergen.

   Haben Sie das Gefühl, daß bestimmte Dinge absolut privat sind und daß niemand außer einem engen Freund oder Ihrem Intimpartner etwas davon wissen darf? Glauben Sie, daß Ihre spezielle Situation, Ihre allgemeine Lebenssituation oder andere Faktoren es Ihnen nicht erlauben, wirklich offen zu sein? Befürchten Sie manchmal, daß andere Menschen die subtileren Aspekte Ihres Wesens nicht würdigen könnten? Haben Sie Angst, man würde Sie zurückweisen, wenn Sie ganz offen sind? Wenn das der Fall ist, sollten Sie sich fragen, ob Ihre Ängste begründet sind, oder ob sich Ihre Beziehungen so verändern lassen, daß Sie es sich in Zukunft leisten können, offener zu sein.

3. Wenn der Unterschied zwischen Ihrem inneren und äußeren Selbstbild sehr groß ist, sollten Sie einmal darüber nachdenken, wie Ihr Leben dadurch beeinflußt wird, daß die Art und Weise, wie Sie sich ausdrücken und handeln, nicht mit Ihrem inneren Selbstbild übereinstimmt. Die Auswirkungen können positiv oder negativ sein. Manche sind womöglich völlig unbeabsichtigt und können Sie unwillkürlich von anderen Menschen isolieren. Es gibt jedoch auch Situationen, in denen Sie sich wünschen, Sie hätten nicht so viel von sich preisgegeben, weil Sie dann nicht so leicht zu verletzen wären.
4. Es mag zwar viele Situationen geben, in denen Sie Ihr inneres Selbst bewußt verbergen, es gibt jedoch auch Gelegenheiten, bei denen Sie das Gefühl haben, daß die anderen Ihr »wahres Ich« nicht wahrnehmen, obwohl Sie sich die größte Mühe geben, offen zu sein. In solchen Fällen ist es möglich, daß die Wahrnehmung der anderen durch generalisierte *Einstellungen* beeinflußt wird, zum Beispiel durch Vorurteile gegenüber Menschen bestimmter ethnischer oder rassischer Herkunft oder religiöser Überzeugung. Die Vorurteile können sich auch auf Menschen beziehen, die sich auf eine bestimmte Art ausdrücken oder kleiden. Es kann auch sein, daß jemand Ihnen mit einer vorgefaßten Meinung begegnet, weil Sie ihn an einen Menschen erinnern, den er kennt, zum Beispiel an einen Elternteil, an ein Geschwister, einen Arbeitskollegen

oder einen ehemaligen Liebhaber. Denken Sie einmal darüber nach, auf welche Weise Ihr äußeres Selbstbild durch Vorurteile und vorgefaßte Meinungen anderer Leute beeinflußt wird. Überlegen Sie auch, ob diese Vorurteile womöglich sogar Ihr innerstes Bild von sich selbst beeinflussen – weil man Sie dazu gebracht hat, sie zu verinnerlichen. Möglicherweise haben Sie solche Klischees, mit denen Sie gegen Ihren Willen konfrontiert werden, dazu gebracht, darauf in bestimmter Weise zu reagieren. Gibt es andere Möglichkeiten, wie Sie sich gegen solche Klischeevorstellungen wehren könnten, ohne die vorgefaßte Meinung der anderen zu verinnerlichen oder Ihr Selbstbild als Reaktion auf deren vorgefaßte Wahrnehmung Ihrer Person zu definieren?

5. Überlegen Sie einmal, ob auch die *Aktionen* anderer Leute dazu beitragen, daß Sie solche falschen Vorstellungen von sich haben. Gibt es in Ihrem Leben zum Beispiel einen Menschen, der Sie ständig unterbricht, Ihnen nie zuhört oder Ihnen nie die Gelegenheit bietet, sich zu beweisen? Oder gibt es jemanden, der Sie auf einen Sockel stellt, Ihnen ständig nach dem Mund redet oder einen guten Eindruck machen will, statt zu versuchen, Sie wirklich kennenzulernen? Gibt es eine Möglichkeit, wie Sie die Aufmerksamkeit solcher Leute lange genug fesseln könnten, damit sie Sie besser kennenlernen können? Wäre es zur Zeit angemessen und könnte es von Nutzen sein, wenn Sie diese Schritte jetzt unternehmen würden, oder nicht?
6. Obwohl Sie wahrscheinlich manchmal unter den falschen Vorstellungen leiden, die andere Leute von Ihrer Persönlichkeit haben, ist es durchaus auch möglich, daß Sie selbst zur Entstehung dieser Vorurteile beitragen. Zum Beispiel, daß Sie sich gezwungen sehen, einen bestimmten ethischen Standpunkt aus Prinzip zu vertreten, daß Ihr Verhalten jedoch von anderen als Rechthaberei ausgelegt wird oder daß man Sie für einen unverträglichen Menschen hält. Es kann auch sein,

daß der Druck, den Sie in Ihrem Alltag erleben, Ihr Verhalten anderen gegenüber beeinflußt, zum Beispiel gegenüber Ihren Verwandten.

Überlegen Sie einmal, in welcher Weise Ihr eigenes Verhalten dazu beiträgt, daß die Leute Ihre Persönlichkeit so wahrnehmen, wie Sie annehmen. Wäre es nicht vielleicht vernünftig und angebracht, wenn Sie diesen Menschen gegenüber die Gefühle und Absichten, die Ihr Verhalten motivieren, klar zu erkennen geben würden, damit sie lernen können, Sie besser zu verstehen? Oder ist es möglich, daß Ihr äußeres Selbstbild im Gegensatz zu Ihrem inneren idealisierten, dramatisierten oder sogar überholten Selbstbild ehrlicher und genauer ist.

Anmerkungen

1. Für die Leser, die ein professionelles Interesse an der Testkonstruktion des Berkeley-Persönlichkeitsprofils haben: Die Kategorien für die Differenz zwischen dem inneren und äußeren Selbstbild wurden so gewählt, daß bei jeder einzelnen Dimension der Großen Fünf die beiden Kategorien, die die stark ausgeprägten Differenzen zwischen innerem und äußerem Selbstbild repräsentieren (7 Punkte oder mehr) ein Maximum von fünfzehn Prozent unserer *Omni*-Probanden erfassen, während die Kategorie, die keine Differenz zwischen innerem und äußerem Selbstbild repräsentiert, sich auf ungefähr vierzig bis sechzig Prozent der Probanden bezieht. Der tatsächliche Prozentsatz der Probanden in den einzelnen Kategorien unterscheidet sich von Dimension zu Dimension der Großen Fünf. Weitere Einzelheiten auf Anfrage.
2. Weitere Informationen über das private und öffentliche Selbstbewußtsein siehe A. H.. Buss: *Selfconsciousness and Social Anxiety* (San Francisco: Freeman, 1980); M. F. Scheier and S. C. Carver: »Two Sides of the Self: One for You and One for Me« in J. Suls and A.G. Greenwald (Hg.): *Psychological Perspectives on the Self*,

Band 2 (Hillsdale, NJ: Erlbaum, 1983), S. 123–157. Eine abweichende Meinung siehe R. A. Wicklund und P. M. Gollwitzer: »The Fallacy of the Private-Public Self Focus Distinction« in *Journal of Personality 55* (1987), S. 491–523.

3. Erst wenn die Punktzahl eines Probanden für das innere und äußere Selbstbild in einer bestimmten Dimension der Großen Fünf um mindestens drei Punkte differiert, kann sie als unterschiedlich angesehen werden. Aus Gründen der Vereinfachung wurden die Prozentsätze auf das nächste Vielfache von fünf aufgerundet.
4. Weitere Informationen über strategische Selbstdarstellung siehe E. E. Jones und T. S. Pittman: »Toward a General Theory of Strategic Self-Presentation« in J. Suls (Hg.): *Psychological Perspectives on the Self*, Band 1 (Hillsdale, NJ: Erlbaum, 1982), S. 231–262.

3.
Wie Sie wirklich sind: das vereinte Selbst

Ihr inneres Selbstbild stellt Ihre ganz persönliche Sicht Ihres Selbst dar, die sowohl Ihre Gefühle in den verschiedenen Situationen als auch die Motive und Absichten einbezieht – auch wenn diese Aspekte in Ihrem Verhalten selbst nicht klar zum Ausdruck kommen. Ihr äußeres Selbstbild spiegelt eine Art Durchschnittswert Ihrer Beobachtungen wider – sozusagen Ihr Resumee aus dem Verhalten anderer Menschen Ihnen gegenüber. Während Ihr Blick in Ihr Inneres seine eigene Gültigkeit hat, kann das äußere Selbstbild wahre Elemente enthalten, die Sie innerlich bewußt vernachlässigt oder bei der Bildung Ihres inneren Selbstbildes nicht für wichtig gehalten haben.

Einige Wissenschaftler behaupten, daß die Vorstellung, die ein Mensch von sich selbst hat, im wesentlichen davon abhängt, wie die anderen ihn seiner Meinung nach sehen. Der Philosoph George Herbert Mead glaubt zum Beispiel, daß Kinder eine Vorstellung von sich selbst entwickeln, indem sie beobachten, wie die Erwachsenen sie behandeln, mit ihnen reden oder auf ihr Verhalten reagieren. Mead zufolge entwickeln Kinder ein allgemeines Gefühl dafür, wie andere sie wahrnehmen, indem sie beobachten, wie sich diese Menschen ihnen gegenüber verhalten. Mit der Zeit verinnerlichen sie diese Eindrücke und entwickeln daraus ihr Selbstbild.

Anderen Theorien zufolge ist das innere Selbstbild ein besseres Maß für das »wahre Ich«. Der Psychologe Carl Rogers hat beispielsweise auf die große Bedeutung der »Erfahrung des Organismus« oder die subtilen physiologischen Reaktionen hingewiesen, die zeigen, welche Gefühle jemand im Hinblick auf sich selbst und die Menschen und Situationen in seiner Umgebung hat. Andere betonen die wichtige Rolle, die spirituelle Erfahrungen bei der Bildung der persönlichen Identität spielen. Weil es sich dabei um Ereignisse handelt, zu denen nur Sie allein Zugang haben, kann man sagen, daß nur das innere Selbstbild diesen Aspekt Ihres Selbst widerspiegeln kann.

Welche Sichtweise repräsentiert denn dann Ihr »wahres Ich«? Wir glauben, daß die Antwort auf diese Frage irgendwo in der Mitte liegt, das heißt, daß Ihre wahre Persönlichkeit durch ein vereintes Bild repräsentiert wird, das am Schnittpunkt Ihres inneren und äußeren Selbstbildes in Erscheinung tritt. Im 2. Kapitel hatten Sie im Abschnitt »Punkte zum Nachdenken« Gelegenheit, die Gültigkeit Ihres inneren und äußeren Selbstbildes für jede einzelne Dimension der Großen Fünf getrennt zu betrachten. Dieses Kapitel soll Ihnen helfen, im Sinne einer Synthese eine Lösung zu finden, die Ihnen in jeder der einzelnen Dimensionen den Blick dafür öffnet, wer Sie wirklich sind.

Wenn Sie den Abschnitt des Berkeley-Persönlichkeitsprofils bearbeiten, bei dem es um das vereinte Selbstbild geht, empfehlen wir Ihnen, sich besondere Mühe zu geben, eine möglichst ehrliche Einschätzung Ihrer wahren Persönlichkeit vorzunehmen. Seien Sie nicht zu selbstkritisch, widerstehen Sie jedoch auch der Versuchung, die Eindrücke als unwichtig abzutun, die andere Menschen Ihrer Meinung nach von Ihnen haben. Wenn Sie wollen, können Sie zur Unterstützung Ihre Testbögen für das innere und äußere Selbstbild zu Rate ziehen und sich noch einmal die einzelnen Testfragen ansehen, bei denen Sie unterschiedliche Antworten gegeben haben.

Der Test

Wenn Sie glauben, daß es Ihnen gelungen ist, zwischen Ihrem inneren und äußeren Selbstbild einen Ausgleich zu schaffen, können Sie diese neue Sichtweise dazu benützen, um den Testbogen für das vereinte Selbstbild (Bogen 3 auf der Rückseite des Bogens 2) auszufüllen. Orientieren Sie sich dabei an den Testanweisungen, die sich in den schwarz-weiß gedruckten, perforierten Abschnitten befinden. Nehmen Sie das Profil für das vereinte Selbstbild (das Sie ebenfalls in dem perforierten Abschnitt finden), tragen Sie Ihre Punktzahlen in das Profil ein und schauen Sie sich dann Ihre jeweilige Punktzahl für das vereinte Selbstbild für jeden einzelnen Persönlichkeitsstil ein in der Interpretationsanleitung an. Nehmen Sie sich beim Ausfüllen der verschiedenen Bögen und Profile ruhig Zeit. Sie sollten versuchen, Ihren eigenen Rhythmus zu finden.

Interpretationsanleitung: Vereintes Selbstbild

Vergessen Sie nicht, daß Sie sich selbst besser kennen als wir. Die folgenden Interpretationen basieren ausschließlich darauf, wie *Sie* sich im Abschnitt über das vereinte Selbstbild beschrieben haben. Wenn Sie das Gefühl haben, daß die Interpretation einer bestimmten Persönlichkeitsdimension in Ihrem Fall nicht ganz zutrifft, kann das einfach damit zusammenhängen, daß Sie die Testfragen im farbigen Teil etwas anders interpretiert haben als die meisten anderen Leute. Es kann auch sein, daß Sie an dem Tag, an dem Sie diesen Teil des Tests gemacht haben, etwas deprimiert waren oder sich nicht wohlgefühlt haben. Wenn das der Fall ist, sollten Sie den Test an einem anderen Tag wiederholen. Wenn die folgenden Interpretationen sich jedoch extrem davon unterscheiden, wie Sie sich selbst sehen, sollten Sie Ihre Testbögen noch einmal überprüfen. Möglicherweise haben Sie beim Ausfüllen oder bei der Auswertung Fehler gemacht.[1]

Testergebnisse vereintes Selbstbild – Ausdrucksstil (orange)

Der Ausdrucksstil, der erste Faktor der Großen Fünf, ist eine breit angelegte Dimension, die eine Reihe von eng miteinander verbundenen Persönlichkeitsmerkmalen umfaßt.

- ***7 bis 15 Punkte:*** Sie neigen dazu, sich in sozialen Situationen von den anderen abzusondern. Sie legen vermutlich großen Wert auf Ihre Privatsphäre, sind womöglich schüchtern oder haben ganz einfach das Gefühl, daß es sich nicht gehört, anderen seine Ansichten und Meinungen mitzuteilen, wenn man nicht danach gefragt worden ist. Sie halten es vermutlich für unklug, zu optimistisch zu sein, weil Sie befürchten, sich lächerlich zu machen oder hinterher enttäuscht zu werden. Viele Menschen, deren Punktzahl beim Ausdrucksstil in diesem Bereich liegt, leiden vorübergehend unter einem Mangel an Energie und Begeisterungsfähigkeit, während andere stärker an geistigen als an körperlichen Dingen interessiert sind.

- ***16 bis 21 Punkte:*** Sie fühlen sich zwar in der Gesellschaft anderer Menschen nicht unwohl, stehen jedoch auf Partys und bei anderen geselligen Anlässen nicht gern im Rampenlicht. Fremden gegenüber sind Sie wahrscheinlich eher ruhig und reserviert und werden erst richtig warm, wenn der andere den ersten Schritt getan hat. Selbst wenn Sie sich wohlfühlen, lassen Sie sich das nicht anmerken und sind kein Mensch, der sich einfach gehenläßt. Viele Leute, deren Testergebnis beim Ausdrucksstil in diesem Bereich liegt, teilen ihre Kräfte für die alltäglichen Verrichtungen sehr sorgfältig ein.

- ***22 bis 29 Punkte:*** Es macht Ihnen Freude, aktiv zu sein, sei es auf Partys oder bei anderen geselligen Anlässen, möglicherweise jedoch auch beim Sport oder bei anderen körperlich anspruchsvollen Aktivitäten. Anderen Menschen gegenüber sind Sie vermutlich ziemlich direkt und haben in der Regel keine Angst, Ihrer Begeisterung Ausdruck zu verleihen oder das zu sagen, was Sie gerade denken. Viele Menschen, deren Testergebnis für den Ausdrucksstil in diesem Bereich liegt, fühlen sich die meiste Zeit sehr vital, obwohl ihnen bewußt ist, daß ihre Energiereserven nicht unerschöpflich sind.

- ***30 bis 35 Punkte:*** Sie gehen in geselligen Situationen gern aus sich heraus und sind ein lebhafter Mensch. Wahrscheinlich macht es Ihnen nichts aus, im Mittelpunkt der Aufmerksamkeit zu stehen. Während andere sich durch gesellschaftliche Traditionen oder Tabus eingeengt fühlen, fällt es Ihnen leicht, auch mit einem völlig fremden Menschen ins Gespräch zu kommen. Ihre positiven Emotionen äußern Sie manchmal auf eine gewagte Weise. Viele Menschen, deren Testergebnis für den Ausdrucksstil in diesem Bereich liegt, haben das Gefühl, über schier grenzenlose Energien zu verfügen, sie wünschen sich jedoch, sie hätten mehr Zeit, das Leben richtig genießen zu können.

Testergebnisse vereintes Selbstbild – Interpersoneller Stil (grün)

Der interpersonelle Stil, der zweite Faktor der Großen Fünf, bezieht sich auf den Grad der Intimität Ihrer persönlichen Beziehungen. Er bezieht sich sowohl darauf, wie Sie anderen Menschen begegnen oder welche Gefühle Sie ihnen entgegenbringen, als auch darauf, wie Sie sich ihnen gegenüber verhalten. Sie könnten sich zum Beispiel einmal fragen, ob Sie anderen Menschen vertrauensvoll begegnen und sie so akzeptieren, wie Sie sind, oder ob Sie dazu neigen, ihnen eher kritisch und unpersönlich entgegenzutreten. Sind Sie eher großzügig, kooperativ und unproblematisch oder mitunter streitsüchtig oder egozentrisch?

- *7 bis 18 Punkte:* Dem Testergebnis zufolge fällt es Ihnen schwer, anderen Menschen zu trauen. Sie wenden vermutlich viel Zeit auf sicherzustellen, daß Ihre eigenen Bedürfnisse befriedigt werden, bevor Sie sich die Mühe machen, anderen Menschen zu helfen. Dieses Verhalten hat verschiedene Gründe. Manche würden anderen gern vertrauen, haben aber Angst, verletzt oder ausgenützt zu werden. Anderen fällt es schwer, ihren Mitmenschen zu vertrauen, so lange die sich das Vertrauen nicht verdient haben.

- *19 bis 21 Punkte:* Ihr Ergebnis weist darauf hin, daß Sie in der Regel zwar mit anderen Leuten zusammenarbeiten, daß Sie jedoch auch egoistisch, unpersönlich oder in Ihren Beziehungen mitunter sogar aggressiv sein können. Hin und wieder stellen Sie vermutlich fest, daß Sie Ihre eigenen Interessen auf Kosten anderer Leute wahrnehmen, und sich später selbst fragen müssen, warum Sie nicht verständnisvoller und mitfühlender waren. Menschen, die sich so verhalten, sind nicht unbedingt gefühlskalt oder lieblos, sondern sie stehen unter großem Druck, weil sie glauben, zuerst ihre eigenen Bedürfnisse befriedigen zu müssen. Vielleicht haben Sie das Gefühl, einfach nicht genug Kraft und Zeit zu haben, um sich um die Bedürfnisse aller möglichen anderen Menschen kümmern zu können, solange Sie Ihre eigenen drängenden Probleme nicht gelöst haben.

- *22 bis 29 Punkte:* Ihr Testergebnis weist darauf hin, daß Ihnen wirklich etwas an anderen Menschen liegt. Es fällt Ihnen wahrscheinlich nicht schwer, Leuten zu vertrauen und sie so zu nehmen, wie sie sind. Aus diesem Grund kommen Sie auch in Ihren persönlichen Beziehungen gut zurecht. Die meisten Leute, deren Testergebnis in diesem Bereich liegt, sind bereit, mit anderen zusammenzuarbeiten, um die Bedürfnisse der gesamten sozialen Gruppe zu befriedigen. Sie können sich für das Wohl der Gruppe einsetzen, ohne ihre Individualität aufzugeben oder ihre persönlichen Bedürfnisse opfern zu müssen.

- ***30 bis 35 Punkte:*** Ihr Testergebnis weist darauf hin, daß Sie sich außerordentlich stark auf das Wohl anderer Menschen konzentrieren. Es kann zum Beispiel vorkommen, daß Sie so intensiv mit anderen Menschen mitfühlen, daß es Sie schwer mitnimmt, wenn Sie mit ansehen müssen, wie jemand leidet oder unglücklich ist. Das bedeutet, daß Sie manchmal sehr hart arbeiten müssen, um anderen Menschen helfen zu können. Nur um andere glücklich machen zu können, müssen Sie dabei unter Umständen Ihre eigenen Wünsche hintanstellen. Manche Menschen erreichen diese Punktzahl, weil sie sich bestimmten sozialen und ethischen Prinzipien verpflichtet fühlen. Indem sie etwas von sich selbst geben, um anderen zu helfen, begegnen sie allen anderen Menschen so, wie es ihrer Überzeugung nach alle Menschen tun sollten – mit Liebe, Mitgefühl und Respekt.

Testergebnisse vereintes Selbstbild – Arbeitsstil (gelb)

Der Arbeitsstil, der dritte Faktor der Großen Fünf, umfaßt weit mehr als nur die Art und Weise, wie Sie sich mit Ihren Aufgaben am Arbeitsplatz auseinandersetzen. Er umfaßt Ihre Einstellung zum Begriff Arbeit und Ihr Engagement im Beruf, zu Hause, ja sogar bei Freizeitbeschäftigungen. Der Arbeitsstil bezieht sich zum Beispiel auch auf Ihre Bereitschaft, sich anzustrengen, um Ihr Ziel zu erreichen, außerdem auf Ihre Effizienz. Auch Zuverlässigkeit und Verantwortungsbewußtsein im Beruf, im gesellschaftlichen Umfeld und in der Familie fallen unter diesen Begriff.

- ***7 bis 18 Punkte:*** Sie scheinen sich nicht gerne durch Planungen, Termine oder andere Verpflichtungen binden zu lassen. Sie schieben Dinge auf oder müssen feststellen, daß Sie sich leicht ablenken lassen und daß es Ihnen mitunter schwerfällt, eine Sache zu Ende zu bringen. Manche Menschen, deren Ergebnisse in diesem Bereich liegen, haben das Gefühl, faul zu sein oder in ihrem Leben keine rechte Linie gefunden zu haben. Andere wiederum sind zwar bereit, hart zu arbeiten, wenn es wirklich nötig sein sollte, glauben aber, daß die Arbeit nur ein Mittel zum Zweck ist, und nicht von sich aus schon Spaß machen kann.

- ***19 bis 21 Punkte:*** Ihrem Testergebnis zufolge fällt es Ihnen mitunter schwer, Verantwortung zu übernehmen oder einen bestimmten Plan bis zum Ende zu verfolgen. Vielleicht haben Sie auch das Gefühl, durch die bis ins kleinste geplanten täglichen Arbeiten zu sehr eingeengt zu werden. Sie arbeiten wahrscheinlich hart, um das zu bekommen, was Sie wirklich haben wollen, aber Sie neigen immer wieder dazu, Dinge auf die lange Bank zu schieben. Das kann vorkommen, wenn Sie sich über Ihre Ziele nicht richtig im klaren sind, weil Sie von etwas abgelenkt werden, das Sie mehr interessiert, oder weil Sie von einer tiefsitzenden Angst vor dem Versagen gequält werden. Einige Leute, deren Ergebnis in diesem Bereich liegt, ruhen sich selten aus, sondern übernehmen zu viele Aufgaben gleichzeitig. Die Folge ist, daß sie sich häufig völlig desorganisiert und ineffizient vorkommen.

- ***22 bis 29 Punkte:*** Ihr Arbeitsstil läßt erkennen, daß Sie im allgemeinen leistungsorientiert sind und eine Arbeit, die Sie einmal begonnen haben, auch zu Ende führen. Sie nehmen

Ihre Aufgaben wahrscheinlich ziemlich ernst und sind sehr verantwortungsbewußt, achten jedoch darauf, daß Ihr Leben nicht nur aus Arbeit besteht. Bevor Sie ein Projekt übernehmen, prüfen Sie es eingehend, um sicherzugehen, daß Sie es auch sorgfältig und effizient zu Ende bringen können. Wenn Sie allerdings der Meinung sind, daß Sie eine Pause verdient haben, nehmen Sie sich die notwendige Zeit und spannen aus. Auch wenn Sie zu den Leuten gehören, die zu viele Projekte gleichzeitig in Angriff nehmen, sind Sie letzten Endes davon überzeugt, daß Sie im großen und ganzen alles schaffen, was Sie sich vorgenommen haben, auch wenn Sie dabei hin und wieder in Ihrem Zeitplan etwas zurückliegen.

- *30 bis 35 Punkte:* Sie räumen einmal übernommenen Aufgaben und Verpflichtungen einen hohen Stellenwert ein und lassen sich selten von der Realisierung Ihrer Pläne abbringen. Sie nehmen Ihre Verpflichtungen – sich selbst und anderen gegenüber – sehr ernst. Sie geben sich die größte Mühe, weil Sie die Menschen, die sich auf Sie verlassen, also Freunde, Familienmitglieder und Arbeitskollegen, nicht enttäuschen wollen. Mitunter können Leute mit diesem Testergebnis ihre Ziele nur erreichen, indem sie unermüdlich arbeiten, bis alles fertig ist. Andere wählen sich ihre Projekte sorgfältig aus. Wieder andere erreichen ihr Ziel, indem sie so systematisch, konzentriert und effizient vorgehen, daß sie in verhältnismäßig kurzer Zeit viele verschiedene Aufgaben erledigen können.

Testergebnisse vereintes Selbstbild – Emotionaler Stil (rot)

Der emotionale Stil ist der vierte Faktor der Großen Fünf. Er bezieht sich darauf, wie Sie innere Spannungen, Frustrationen oder Selbstzweifel erleben und zum Ausdruck bringen oder ob

Sie selbst unter extremem Streß noch ruhig und selbstbewußt sind.

- *7 bis 14 Punkte:* Ihr Testergebnis zeigt, daß Sie ruhig und gelassen bleiben und stets einen kühlen Kopf bewahren. Sie sind vermutlich nicht leicht zu frustrieren und kaum nachtragend. Wahrscheinlich sind Sie in den meisten Situationen selbstbewußt und selbstsicher. Möglicherweise hängt das damit zusammen, daß Sie in Ihrem Leben immer nur mit kleineren Spannungen konfrontiert werden. Wahrscheinlich führen Sie jedoch ein genauso hektisches Leben wie die meisten anderen Menschen, nur sorgen Sie dafür, daß Ihnen der Streß nicht unter die Haut geht. Vermutlich sind Sie aus diesen Gründen ein Mensch, an den sich andere wenden, wenn sie nicht mehr weiter wissen.

- *15 bis 21 Punkte:* Sie sind im Grunde ein ausgeglichener Mensch, können jedoch auch emotional werden. Es kann zum Beispiel vorkommen, daß Sie auf Streß und negative Ereignisse mäßig bis stark reagieren. Sie achten jedoch immer darauf, daß Sie solche Gefühle in Anwesenheit anderer Menschen nicht zum Ausdruck bringen, sondern beherrschen sich. Vielleicht erleben Sie negative Gefühle wie Frustrationen oder Ängste tatsächlich relativ selten. Wenn Sie allerdings der Meinung sind, daß es gerechtfertigt ist, solchen Gefühlen Ausdruck zu verleihen, zögern Sie nicht, damit die anderen wissen, wie Sie sich wirklich fühlen.

- *22 bis 27 Punkte:* Das Testergebnis weist darauf hin, daß Sie es sich nicht in jedem Fall anmerken lassen, wenn Sie starke Gefühle haben. Mitunter sind Menschen, die sich in dieser Kategorie befinden, nervös oder angespannt. Andere leiden gelegentlich unter Selbstzweifeln oder können bei bestimmten Anlässen überempfindlich reagieren. Aber selbst wenn

Sie unter Streß das Gefühl haben, launisch oder reizbar zu sein, oder zu Temperamentsausbrüchen neigen, können Sie diese Gefühle wahrscheinlich in den meisten Fällen unter Kontrolle behalten.

- *28 bis 35 Punkte:* Ihr Testergebnis läßt darauf schließen, daß Sie sehr starke, leidenschaftliche Gefühle haben, die Sie auch zum Ausdruck bringen. Mitunter sind Menschen mit einer solchen Punktzahl jähzornig und neigen zu leidenschaftlichen Gefühlsausbrüchen. Andere leiden dagegen häufig unter einem Mangel an Selbstsicherheit und weniger unter der Situation und den Menschen in ihrer Umgebung. Wieder andere erreichen diese Punktzahl, weil sie besonders empfindlich auf Streß in ihrer Umgebung reagieren und meistens ziemlich reizbar sind.

Testergebnisse vereintes Selbstbild – Intellektueller Stil (blau)

Der intellektuelle Stil, der fünfte Faktor der Großen Fünf, bezieht sich darauf, wie Sie sich mit neuen Ideen, Aktivitäten und innovativen Denkansätzen in der Kunst, Philosophie und Wissenschaft auseinandersetzen. Manche Menschen sind auf der Suche nach neuen, originellen Ideen, nur um ihnen auf den Grund zu gehen und sie zu überprüfen, während andere radikalen Konzepten und Modeerscheinungen gegenüber eher konservativ eingestellt sind.

- *7 bis 18 Punkte:* Die Punktzahl weist darauf hin, daß Ihnen die einfachen Dinge im Leben wichtig sind. Traditionelle Ansichten und Wertvorstellungen liegen Ihnen wahrscheinlich eher als überspannte Ideen und Ansätze in Kunst, Kultur und auch im alltäglichen Leben. Sie bevorzugen wahrscheinlich das Erdverbundene, Konventionelle und Erprobte und wollen nicht in einem Wolkenkuckucksheim wohnen. Sie bemühen sich darüber hinaus vermutlich, das Leben so zu nehmen, wie es ist, und suchen nicht ständig nach verborgenen Bedeutungen.

- *19 bis 21 Punkte:* Ihr Testergebnis zeigt, daß Sie zwar im allgemeinen das einfache Leben vorziehen, daß Sie jedoch unter bestimmten Umständen auch bereit sind, sich mit weniger konventionellen Ideen und Wertvorstellungen auseinanderzusetzen. Sie werden vielleicht hin und wieder feststellen, daß Sie der Tradition nachgegeben haben, und sich womöglich später fragen, warum Sie nicht bereit gewesen sind, sich in progressiverer Weise mit neuen Ideen und Möglichkeiten auseinanderzusetzen. Leute, die sich in dieser Kategorie befinden, würden das traditionelle System gern in Frage stellen – zumindest ein bißchen –, schätzen aber auf der anderen Seite die Bequemlichkeit und die Stabilität, die mit einem erprobten traditionellen Lebensstil einhergehen.

- *22 bis 29 Punkte:* Obwohl Sie nicht viel von hochgestochenen Dingen halten, sind Sie neuen Ansätzen auf dem Gebiet der Kultur, Kunst und Philosophie gegenüber aufgeschlossen. Sie sind unter Umständen bereit, neue Lösungen für jahrhundertealte Probleme zu akzeptieren, vorausgesetzt sie konnten ihren Wert unter Beweis stellen. Sie betrachten sich selbst als einen Menschen, der sich gern von neuen Ideen herausfordern läßt, solange man Ihnen nicht den Boden unter den Füßen wegzieht. Sie halten sich zwar für fortschrittlich, aber nicht für radikal, und es macht Ihnen Freude, wenn es Ihnen gelingt, eine einfache Lösung für ein kompliziertes Problem zu finden.

- *30 bis 35 Punkte:* Ihre Punktzahl weist darauf hin, daß Sie am liebsten Neuland betreten und keine Gelegenheit versäumen, die alten Traditionen in Frage zu stellen. Sie halten nicht viel von Konventionen und benehmen sich immer anders, als man es von Ihnen erwartet. Sie halten sich selbst für einen scharfsinnigen, aufgeschlossenen Menschen mit vielfältigen Interessen, und sind immer bereit, alle Seiten eines noch so komplizierten und widersprüchlichen Problems zu beleuchten. Darüber hinaus haben Sie wahrscheinlich auch eine sehr rege Phantasie, sind außerordentlich neugierig und wollen wissen, was in der Welt um Sie herum vorgeht.

Welche Rolle spielt Ihre Persönlichkeit in Ihrem Leben?

Die zahllosen Facetten Ihrer Persönlichkeit stehen in ständiger Interaktion miteinander und reagieren auf die kleinste Veränderung in Ihrer Umgebung. Ihre Persönlichkeit bildet zusammen mit Ihrer Umwelt ein komplexes System, das eine genaue Voraussage Ihres Verhaltens in einer gegebenen Situation ziemlich schwierig macht. Aber gerade diese Unberechenbarkeit der menschlichen Persönlichkeit macht ihren besonderen Reiz aus. Auf der anderen Seite steht dagegen die Kohärenz, will sagen das bekannte Verhaltensmuster Ihres persönlichen Stils, das Sie für Ihre Familie und für Ihre Freunde und guten Bekannten zu einer vertrauten, »angenehmen« Person macht.

Wenn Sie Ihre Persönlichkeit in dem Abschnitt über das vereinte Selbstbild des Berkeley-Persönlichkeitsprofils einmal aus der Distanz betrachtet haben, sind Ihnen sicher ein paar Abweichungen aufgefallen – die Verhaltensmuster bei den verschiedenen Arten der Aktivitäten, die Sie bevorzugen, die Wertvorstellungen, an denen Sie sich bei Ihren Entscheidungen orientieren und die Ihre Gefühle beeinflussen, die Art und Weise, wie Sie Ihren Zielen näherkommen und so weiter. Wahrscheinlich sind es eben diese Verhaltensmuster, die bei den einzelnen Stationen Ihres Lebenslaufs eine entscheidende Rolle gespielt haben und noch spielen – von den großen Leistungen bis zu den kleineren traumatischen Erlebnissen, von den Krisen bis zur Bewältigung und Lösung der Probleme, von kompliziert ineinander verwobenen Nebenhandlungen bis zu der Besetzung der Nebendarsteller, die den Hintergrund Ihres Lebens bilden. Ihre Persönlichkeit ist vermutlich dafür verantwortlich, daß Sie sich immer mit der gleichen Art von Herausforderung konfrontieren, daß Sie Beziehungen zu Menschen anknüpfen, von denen Sie immer wieder in der gleichen Weise behandelt werden, daß Sie sich immer wieder für die gleiche Art von Aufgaben engagieren, und letzten Endes in Ihrem Leben immer wieder die gleichen Sorgen, Freuden oder Frustrationen erleben.

Aber Ihre Persönlichkeit hat den endgültigen Ablauf Ihrer Lebensgeschichte noch nicht bestimmt. Immer, wenn Ihr Leben an einem Wendepunkt angelangt ist, stehen Ihnen gewöhnlich mehrere Möglichkeiten zur Verfügung, die zu Ihrem individuellen Lebensstil passen. Sie folgen Ihrem Kopf, Ihrem Herzen oder Ihren alten Gewohnheiten und wählen eine dieser Möglichkeiten.

Wenn Sie dabei Ihrem Kopf und Ihrem Herzen folgen, machen Sie sich die Erfahrungen der Vergangenheit zunutze und suchen sich die Situationen und die Umgebung aus, von denen Sie annehmen, daß Sie Ihnen guttun und Ihnen Zufriedenheit bringen werden. Wenn Sie sich jedoch von Ihren alten Gewohnheiten leiten lassen, nur weil sie Ihnen das Gefühl der Sicherheit vermitteln, können Sie in Situationen geraten, deren negative Folgen Sie sich eigentlich schon vorher hätten ausmalen können. In solchen Fällen sollten Sie erst einmal darüber nachdenken, ob Ihre gewohnten Verhaltensmuster wirklich gut für Sie sind und Ihre Entwicklung auch langfristig fördern können. In dem Abschnitt über das vereinte Selbstbild werden vor allem die Faktoren Ihres Persönlichkeitsstils behandelt, die es Ihnen möglich machen, immer wiederkehrende Verhaltensmuster in Ihrem Leben zu erkennen und wenn nötig zu kontrollieren.

Bei unseren eigenen Untersuchungen haben wir die Profile der Großen Fünf und die Lebensentscheidungen von 1.300 Lesern der Zeitschrift *Omni* untersucht, die an unserer Umfrage teilgenommen haben. Wir fanden zahlreiche auffallende Verbindungen zwischen der jeweiligen Persönlichkeit und dem Lebensstil, von denen viele auch auf Sie zutreffen dürften.

Die Mehrzahl der Leute, die wir untersucht haben, lebte ziemlich gesund, trieb Sport, rauchte nicht und trank entweder gar keinen Alkohol oder nur gelegentlich. Trotzdem zeigten sich hinsichtlich ihrer Gesundheit Unterschiede, die in eindeutigem Zusammenhang mit den verschiedenen Persönlichkeitsstilen standen. Die Teilnehmer, deren Ausdrucksstil sie als extravertiert und begeisterungsfähig auswies, trieben mehr Sport und machten sich weniger Gedanken über ihre Gesundheit als die mit einem eher reservierten Ausdrucksstil. Sie tranken allerdings auch häufiger Kaffee und Alkohol. Wenn Sie ein extravertierter, begeisterungsfähiger Mensch sind, sollten Sie einmal überlegen, ob Sie auf diese Weise nicht Ihrer Gesundheit schaden, und ob es nicht eine Möglichkeit gibt, wie Sie Ihr hohes Energiepotential voll ausnützen könnten, ohne den Versuchungen zu erliegen, die mit Ihrer geselligen Art verbunden sind. Wenn Ihr Ausdrucksstil ruhig und reserviert ist, und Sie das Gefühl haben, daß Sie sich nicht genügend bewegen, sollten Sie sich einfach dazu zwingen, Ihre Abneigungen überwinden und etwas daran tun.

Der emotionale Stil war die Persönlichkeitsdimension, die für das Verständnis der Gesundheitsprobleme und Sorgen der Teilnehmer bei weitem die größte Bedeutung hatte. Ein stark ausgeprägter, leidenschaftlicher emotionaler Stil kann sowohl positive als auch negative Folgen haben, aber seine negative Seite – der Nihilismus, die ständigen Sorgen und unnötigen Ängste, unter denen manche Leute mit einem intensiven emotionalen Stil leiden – kann mitunter zu Gesundheitsstörungen führen.

Nachdem wir das Alter der Probanden und verschiedene andere Faktoren statistisch berücksichtigt hatten, stellten wir fest, daß Menschen mit einem intensiven emotionalen Stil weniger Sport trieben, mehr rauchten und häufiger Schlafmittel nahmen, oft über Schmerzen klagten und sich Sorgen wegen ihrer Gesundheit machten, als die entspannteren Probanden, die alles nicht so schwer nahmen. Möglicherweise hängt das damit zusammen, daß intensive negative Gefühle von bestimmten physiologischen Reaktionen des Körpers begleitet werden, zum Beispiel von einer gesteigerten Schweißabsonderung, einer Erhöhung der Atemfrequenz und des Pulses, sogar einer Erhöhung der Muskelspannung, was ein Gefühl von Nervosität auslöst und Schmerzen und Schlaflosigkeit zur Folge haben kann.

Wenn Sie selbst sehr emotional sind, brauchen Sie sich trotzdem keine Sorgen über Ihre langfristige Prognose zu machen. Zahlreiche Forscher sind zu dem Ergebnis gekommen, daß viele Menschen, die sehr emotional sind, zwar ein ausgeprägtes Bewußtsein für Schmerzen und andere Gesundheitsstörungen haben, jedoch nicht häufiger unter lebensbedrohlichen Krankheiten leiden (Krebs, Herzinfarkt usw.), als die mit einem entspannteren emotionalen Stil.

Ihr intellektueller Stil hat vermutlich Ihre Zielsetzungen und Ihre Aktivitäten beeinflußt. Wenn Sie Gelegenheit hatten, ein College zu besuchen und sich auch bewußt dafür entschieden haben, so war vermutlich Ihr intellektueller Stil für diese Entscheidung verantwortlich. Nachdem wir das Alter und andere Faktoren statistisch berücksichtigt hatten, konnten wir feststellen, daß Menschen, deren intellektueller Stil durch eine gewisse Vorliebe für unkonventionelle Ideen und Erfahrungen geprägt sind, doppelt so oft einen Collegeabschluß gemacht hatten als diejenigen, deren intellektueller Stil auf eine Bevorzugung traditioneller Werte und Lebensstile hinwies.

Ihr Arbeitsstil ist möglicherweise eng mit Ihrer Lebenssituation verbunden. Wir haben festgestellt, daß ältere Leute, vor allem solche, die einen Ehepartner und Kinder zu versorgen hatten, sich selbst für fleißiger, konzentrierter und verantwortungsbewußter hielten und auch von anderen so beurteilt wurden, als jüngere Leute, die ein sorgloseres Leben führten. Außerdem zeigte sich, daß alte Arbeitsgewohnheiten sich nur sehr schwer ablegen lassen. Die Probanden, die bereits in Pension gegangen waren, wurden in die Gruppe der fleißigsten und verantwortungsvollsten Teilnehmer unserer Untersuchung eingestuft.

Worüber Sie nachdenken sollten

Wenn Sie diese Übung beendet haben, sollten Sie einmal darüber nachdenken, in welcher Weise Ihre Persönlichkeit Ihr Erleben und die Art, wie Sie auf bestimmte Ereignisse reagiert haben, beeinflußt hat, und welchen Einfluß sie überhaupt auf Ihr ganzes Leben gehabt hat. Vielleicht kommen Sie dann sogar zu dem Schluß, daß Sie einige Merkmale Ihrer Persönlichkeit ändern sollten.

Die folgenden Punkte zum Nachdenken sollen Ihnen helfen, sich über diese Gefühle klarzuwerden und die verschiedenen Möglichkeiten zu untersuchen, die sich ergeben, wenn Sie die Ergebnisse dieses zweiten Abschnitts des Berkeley-Persönlichkeitsprofils auf Ihr praktisches Leben anwenden. Es geht dabei vor allem auch um drei wichtige Prozesse, bei denen bestimmte Eigenschaften Ihrer Persönlichkeit und Ihrer Umwelt in einer Wechselwirkung stehen, um Ihrem Leben Stimmigkeit, Berechenbarkeit und Stabilität zu verleihen.[2]

Bevor Sie über die folgenden Fragen nachdenken, sollten Sie sich ein paar Minuten lang mit dem Profil Ihres vereinten Selbstbildes beschäftigen. Außerdem sollten Sie sich auch noch einmal die fünf Abschnitte der Interpretationsanleitung ansehen, die Ihren Punktzahlen entsprechen.

1. Wenn Sie auf eine bestimmte Situation anders reagieren und sie anders interpretieren als eine andere Person in der gleichen Situation, bezeichnen die Psychologen Ihr Verhalten als

eine *reaktive Interaktion* zwischen Ihrer Persönlichkeit und der Situation, in der Sie sich befinden. Wenn jemand zum Beispiel von einem ehrenamtlichen Sammler gebeten wird, etwas für die Obdachlosen zu spenden, ist er womöglich bereit, für einen solchen guten Zweck Zeit und Geld aufzuwenden, während eine andere Person dem Sammler mißtraut, ihn für einen Schwindler hält und ihn bei der Polizei als Betrüger anzeigt. Denken Sie einmal darüber nach, wie Ihre Gesamtpersönlichkeit Sie in einer der folgenden Situationen reagieren lassen würde. Würden Sie Ihrer Meinung nach ähnlich reagieren wie die meisten Menschen oder ganz anders? Nehmen Sie sich für jede der folgenden Situationen mindestens fünf Minuten Zeit, bevor Sie zur nächsten übergehen.

A) Sie haben soeben erfahren, daß Sie in der Staatlichen Lotterie gewonnen haben, und für den Rest Ihres Lebens 5 Millionen Mark pro Jahr bekommen.

B) Sie haben soeben erfahren, daß Sie an einer unheilbaren Krankheit leiden und nur noch ein knappes Jahr zu leben haben.

C) Sie haben soeben erfahren, daß Ihr Intimpartner fremdgeht, obwohl Sie sich beide zur Monogamie bekannt hatten.

D) Sie haben soeben erfahren, daß jemand an Ihrem Arbeitsplatz sich einem Ihrer Arbeitskollegen gegenüber über ein gemeinsames Projekt geäußert und dabei gelogen hat. Als Sie das Ihren anderen Kollegen erzählen, raten die Ihnen, das Ganze für sich zu behalten, weil sonst das Bild Ihres Berufszweiges in der Öffentlichkeit Schaden nehmen würde.

2. Ihre Persönlichkeit kann Sie (bewußt oder unbewußt) immer in die gleiche Situation bringen. Psychologen bezeichnen dieses Verhalten und seine Folgen als *proaktive Interaktion*. Eltern, die in einen anderen Schulbezirk umziehen, weil ihr Kind immer wieder Umgang mit Gleichaltrigen hat, durch die es in Schwierigkeiten gerät, werden eines Tages vermut-

lich feststellen, daß ihr Kind sich immer wieder problematische Freunde sucht, ganz gleich, wohin die Eltern ziehen.

Versuchen Sie, sich an positive und negative Situationen zu erinnern, die Ihnen irgendwie vertraut vorkommen, weil sie sich offenbar ständig wiederholen. Vielleicht besitzen Sie irgendeine Eigenheit, die Sie immer wieder in solche Situationen geraten läßt. Ist es möglich, daß Sie sich selbst immer wieder in Situationen bringen, in denen Sie zwangsläufig enttäuscht oder frustriert werden, weil Sie bestimmte destruktive Verhaltensmuster ständig wiederholen? Wenn das zutrifft, glauben Sie, daß Sie lernen könnten, die ersten Anzeichen einer solchen Entwicklung zu erkennen, um Ihr Verhalten so zu ändern, daß Sie solche Situationen in Zukunft vermeiden können?

Gibt es in Ihrem Leben andere Bereiche, in denen Sie sich fast immer wohlfühlen und Erfolg haben? Sie sollten nicht immer sagen, Sie hätten einfach nur »Glück gehabt«. In Wirklichkeit besitzen Sie nämlich vermutlich eine Eigenschaft, die Ihnen hilft, die Bereiche zu finden, in denen Sie erfolgreich sein können. Wissen Sie genau, was Sie tun, um in solchen Situationen Erfolg zu haben, und können Sie dieses Wissen einsetzen, um auch in anderen Lebensbereichen mehr »Glück« zu haben?

3. Wenn Sie aufgrund Ihrer Persönlichkeit bei anderen Leuten immer wieder bestimmte Reaktionen auslösen, bezeichnen die Psychologen dieses Verhalten und seine Folgen als *evokative Interaktion.* Glückliche, optimistische Menschen, die stets lächeln, stellen zum Beispiel fest, daß sie häufig von anderen Menschen angelächelt werden. Das wiederum kann sie zu dem Schluß bringen, daß die Welt eigentlich doch ganz in Ordnung ist und die Menschen im Grunde anständig sind. Mürrische, mißtrauische Leute lösen dagegen bei anderen möglicherweise ständig negative Reaktionen aus, was zur

Folge hat, daß sie ein völlig anderes Bild von der Welt und den Menschen haben. Genauso ist es, wenn Sie dazu neigen, albern zu sein, denn dann werden die meisten Menschen Sie so behandeln, als seien Sie tatsächlich ein Clown. Wenn Sie sich immer kühl und reserviert geben, wird Sie auf der Straße kaum jemand nach dem Weg fragen. Wenn Ihr Verhalten und Ihr Gesichtsausdruck dagegen Mitgefühl ausdrücken, werden andere Menschen Ihnen sehr wahrscheinlich oft ihr Herz ausschütten.

Was können Sie nun tun, damit andere Menschen nicht auf eine bestimmte, Ihnen unangemessen erscheinende Weise auf Sie reagieren? Sind Sie mit der augenblicklichen Situation völlig zufrieden oder gibt es Reaktionen, die Sie bei anderen in Zukunft nicht mehr so gern auslösen würden? Welche Schritte müssen Sie unternehmen, damit Ihre Umgebung auf Ihre Persönlichkeit positiver reagiert?

4. Haben Sie bestimmte negative Meinungen über Ihre Persönlichkeit, die nur deshalb wahr zu sein scheinen, weil Sie nie versucht haben, Ihren Horizont zu erweitern? Wenn Sie zum Beispiel glauben, Sie seien ein schüchterner Mensch, haben Sie dann jemals versucht, vor einer größeren Gruppe zu reden, um Ihre Schüchternheit zu überwinden? Ihr Wissen hängt immer davon ab, welche persönlichen Erfahrungen Sie gemacht haben. Wenn Sie zum Beispiel bereits einmal von einem betrügerischen Gebrauchtwagenhändler übers Ohr gehauen worden sind, wird Ihnen das ein zweites Mal wahrscheinlich nicht mehr passieren. Oder positiv ausgedrückt, wenn Sie erst einmal erlebt haben, welche Erfüllung die Arbeit, die Liebe oder persönliche Freundschaften bringen können, werden Sie sich nicht mehr mit weniger zufriedengeben. Wenn Sie erst einmal erkannt haben, wie groß Ihr positives Potential ist, kann sich Ihre Persönlichkeit auf dramatische Weise in positiver Richtung verändern. Machen Sie sich ein-

mal Gedanken darüber, wie Sie Ihre Grenzen erweitern können, damit Ihr latentes Potential aktiv werden kann.

5. Betrachten Sie einmal Ihre gesamte Lebenssituation und überlegen Sie, welche Rolle Sie selbst bei der Schaffung der Situation gespielt haben, in der Sie sich zur Zeit befinden. Sind Sie mit Ihrem gegenwärtigen Leben völlig zufrieden? Wenn nicht, neigen Sie dazu, äußere Umstände und andere Menschen für Ihr Unglück verantwortlich zu machen? Glauben Sie zum Beispiel, daß eine unglückliche Kindheit Sie zwangsläufig im Erwachsenenalter auf die Verliererstraße bringt oder daß andere Ereignisse, bei denen Sie »Pech« hatten und auf die Sie absolut keinen Einfluß hatten, Ihre Persönlichkeit auf Dauer verändert hat? Ist es nicht vielmehr möglich, daß Sie diesen Ereignissen gar nicht so hilflos ausgeliefert waren, sondern daß Sie sich immer wieder bewußt auf die negativen Auswirkungen berufen haben, anstatt positive Schritte zu unternehmen und sich weiterzuentwickeln?

   Denken Sie einmal darüber nach, auf welche Weise Sie bewußt auf bestimmte Ereignisse und Lebensumstände wie zum Beispiel den Verlust Ihres Arbeitsplatzes oder die Geburt eines Kindes reagiert haben. Wie haben Ihre Aktionen und Gefühle den Lauf der nachfolgenden Ereignisse – im Guten wie im Bösen – beeinflußt? Haben Sie die Möglichkeit, in Zukunft anders zu reagieren, um die positiven Veränderungen zu bewirken, die Sie sich wünschen?

Das Bittere und das Süße

Während Sie sich auf die Beschreibung Ihres inneren, äußeren und des vereinten Selbstbildes konzentrierten, haben Sie wahrscheinlich auch festgestellt – oder zumindest das Gefühl gehabt –, daß es bestimmte Persönlichkeitsmerkmale gibt, die Sie zwar gerne besäßen, die Sie aber Ihrer Meinung nach bisher nicht erreicht haben. Und es gibt darüber hinaus mit Sicherheit auch Persönlichkeitsmerkmale, die Sie im Laufe Ihrer persönlichen Entwicklung am liebsten tilgen würden. Wenn Sie sich mehr auf Ihre »möglichen Selbste« konzentrieren – sowohl auf die idealen als auch die, vor denen Sie Angst haben –, können Sie wichtige Erkenntnisse gewinnen, die Sie zur Weiterentwicklung Ihrer Persönlichkeit und Ihres Verhaltens nutzen können. Im folgenden Kapitel werden Sie Ihr ideales und Ihr gefürchtetes Selbstbild untersuchen.

Anmerkungen

1. Für die Leser, die ein professionelles Interesse an der Konstruktion des Berkeley-Persönlichkeitsprofils haben: Die einzelnen Bewertungskategorien in diesem Teil des Tests wurden so eingeteilt, daß die mittleren beiden Kategorien in der Mitte der Dimension geteilt wurden, das heißt, bei einem Punktwert von 21 für jede einzelne Dimension der Großen Fünf. Die beiden Extremkategorien einer jeden Dimension wurden so konstruiert, daß die Punktzahlen von 5 bis 10 Prozent unserer Forschungsprobanden der Extremkategorie auf der *ungewöhnlicheren* Seite einer jeden Dimension zugeordnet wurden (das heißt, die höchste Punktzahlkategorie für den emotionalen Stil und die niedrigste Kategorie für alle anderen Persönlichkeitsstile), während die Testergebnisse von 20 bis 25 Prozent der Teilnehmer in die Extremkategorie für die *gewöhnlichere* Seite einer jeden Dimension fallen (das heißt, die niedrigste Punktkategorie für den emotionalen Stil und die höchste für alle anderen Persönlichkeitsstile).
2. Weitere Einzelheiten über die Wechselwirkung zwischen Persönlichkeit und Umwelt siehe A. Caspi und D. J. Bem: »Personality Continuity and Change Across the Life Course« in L. A. Pervin (Hg.): *Handbook of Personality Theory and Research* (New York: Guilford, 1990), S. 549–575.

4.
Ihre Ideale und Ängste

Eines der wichtigsten Merkmale, das uns Menschen von den anderen Säugetieren unterscheidet, ist unser unstillbares Verlangen nach persönlicher Erfüllung und unser Leistungswille. Denken Sie nur an den großen Mut der Leute, die nach dem Erdbeben in San Francisco spontan auf die doppelstöckige Autobahn geklettert sind, um den eingeklemmten Opfern zu helfen, oder an die Tapferkeit der Demonstranten, die sich in Peking 1989 auf dem »Platz des Himmlischen Friedens« den Panzern in den Weg gestellt haben. Und auch wenn es oft unbemerkt bleibt, leisten Menschen Erstaunliches, indem sie sich selbstlos für einen minimalen Lohn abmühen, um ihrem Sohn oder ihrer Tochter den Besuch des Colleges zu ermöglichen. Viele arbeiten freiwillig in Krisenzentren oder Suppenküchen, um den weniger Glücklichen zu helfen, oder kümmern sich um alle möglichen anderen Dinge, weil sie hoffen, die Lebensbedingungen auf dieser Welt dadurch ein wenig verbessern zu können.

Wo finden diese Menschen die Kraft und den Ehrgeiz, um solche enormen Widerstände zu überwinden und Hindernisse zu beseitigen, nur um ein weit entferntes Ziel zu erreichen? Wie schaffen sie es, sich immer wieder für neue Ziele zu engagieren, und warum versuchen sie immer wieder, ihre eigenen Leistungen zu übertreffen?

Möglicherweise liegt das Geheimnis ihrer außergewöhnlichen Motivation in ihrer Phantasie. Viele Psychologen, darunter namhafte Persönlichkeitstheoretiker und Kliniker wie Carl Rogers und Karen Horney, und zahlreiche bekannte Forscher aus unserer Zeit wie zum Beispiel Hazel Markus von der University of Michigan und E. Tory Higgins von der New York University, sind der Auffassung, daß der Mensch nach persönlicher Entfaltung strebt, weil er eine bestimmte Idealvorstellung von sich hat und sich bemüht, diesem Bild gerecht zu werden. So wie das innere und das äußere Selbstbild, die Sie bereits in den vorherigen Kapiteln erforscht haben, hat auch Ihr *ideales Selbstbild* eine lebenswichtige psychologische Bedeutung.

Ihr ideales Selbstbild hilft Ihnen, die persönlichen Ziele, die Sie anstreben, genau zu bestimmen. Es versetzt Sie in die Lage, sich vorzustellen, wie Sie sich fühlen würden, wenn Sie Ihre Ziele erreicht hätten, und wie Ihr Leben, Ihr Verhalten oder sogar Ihre Persönlichkeit dadurch verändert werden würde. Wenn Sie sich zum Beispiel vorstellen, Sie wären ein Oscarpreisträger, ein Spitzenmanager, ein Topverkäufer oder was Sie sonst gern wären, und diese Phantasievorstellung mit Ihrem gegenwärtigen Selbstbild vergleichen, können Sie sich in Ihrer Phantasie die Verhaltensveränderungen und die neuen Perspektiven vorstellen, die für die Erreichung Ihres Ziels entscheidend sind. Wenn Sie sich Ihr ideales Selbst vorstellen, erscheinen Ihnen Ihre Träume realer und erreichbarer, so daß es Ihnen leichter fallen wird, an sich selbst zu glauben, und das ist der erste Schritt zum Erfolg.

Aber kaum jemand denkt immer nur an Erfolg. Einige Forscher sind zu der Auffassung gelangt, daß unsere tiefsitzenden Ängste eine genauso wichtige Motivationsquelle sind wie unsere hohen Ansprüche. Das ideale Selbstbild repräsentiert die Person, die Sie am liebsten wären, wenn alles in Ihrem Leben gut klappen würde. Das *befürchtete Selbstbild* zeigt Ihnen dagegen, was aus Ihnen werden könnte, wenn alles extrem schief laufen würde. So entwickeln Menschen zum Beispiel in wirtschaftlich schweren Zeiten das ideale Selbstbild von einer Person, die sie gern wären, wenn sie nicht ständig mit finanziellen Problemen zu kämpfen hätten. Gleichzeitig zeigt ihnen ihr befürchtetes Selbstbild einen Menschen, der arbeitslos und nicht krankenversichert ist und der kein Dach mehr über dem Kopf hat.

Obwohl Ihre *möglichen Selbste* mitunter ziemlich unwahrscheinlich erscheinen, spielen sie doch eine entscheidende psychologische Rolle, denn sie haben einerseits eine wichtige Bedeutung und sind andererseits auch potentiell real. Sie helfen Ihnen, sich alle positiven und negativen Möglichkeiten vorzustellen, mit denen Sie konfrontiert sind, so daß Sie psychisch besser auf alle Eventualitäten vorbereitet sind. Diese *möglichen Selbste* befreien Sie außerdem von den Zwängen Ihrer gegenwärtigen Lebensumstände und von den mitunter belastenden Erwartungen der anderen. Da Ihrer Phantasie keine Grenzen gesetzt sind, können Sie selbst entscheiden, was für Sie das Beste ist, und etwas unternehmen, um Ihre Situation zu ändern. Da kein anderer Mensch Ihre verborgenen Ängste und Phantasievorstellungen kennt, kann Ihnen auch keiner vorschreiben, wie Ihr ideales Selbstbild auszusehen hat oder welches befürchtete Selbstbild Sie vermeiden sollten.[1]

Jeder von uns hat eine andere Vorstellung von seinem Leben. Der eine träumt davon, ein Weltstar zu werden und so zu leben wie die »Rich and Famous«. Ein anderer wäre dagegen am glücklichsten, wenn er anonym bliebe und die Ruhe und den Frieden einer eher provinziellen Existenz genießen könnte. Manche Leute wünschen sich eine schnelle Karriere, andere ziehen eine weniger anspruchsvolle Tätigkeit vor und möchten abends unbelastet nach Hause gehen, um sich in Ruhe ihrem Hobby widmen zu können.

Die Menschen lassen sich jedoch nicht nur durch Ziele und Ideale motivieren, sondern auch durch ganz bestimmte persönliche Ängste. Wenn jemand zum Beispiel ständig mit anderen konkurrieren muß, hat er möglicherweise Angst, eines Tages seinen Biß zu verlieren. Ein anderer, der eine ähnliche Position hat, befürchtet vielleicht, er würde zu hart arbeiten und darüber vergessen, wie man das Leben genießt. Ein Student, der aufs College geht, hat womöglich Angst, er könne wegen des Leistungsdrucks in eine gewisse Isolation geraten. Ein anderer befürchtet vielleicht, ihm könne wegen der vielen Freizeitaktivitäten schließlich nicht mehr genügend Zeit für das Studium, die Familie oder seine Freunde bleiben. Welche Ängste Sie entwickeln, hängt von Ihren persönlichen Lebenserfahrungen ab. Ihre Ängste erinnern Sie an die Schwierigkeiten, die Sie selbst oder eine Person, mit der Sie sich identifizieren, in der Vergangenheit gehabt haben.

Ihr befürchtetes Selbstbild kann sowohl Ihr Verhalten als auch Ihre Gefühle sowie Ihre Motivation positiv oder negativ beeinflussen. Wenn Sie Angst haben, daß man Sie bei der nächsten Beförderung übergehen wird, wenn Sie sich bei der Arbeit nicht mehr so sehr anstrengen, werden Sie sich diesen Aspekt Ihres befürchteten Selbstbildes ins Gedächtnis zurückrufen. Wenn Sie merken, daß Ihre Motivation nachläßt, können Sie auf diese Weise Ihre Batterien wieder aufladen. Ihre Angst hilft Ihnen dann, Ihre Produktivität auf dem alten Niveau zu halten. Wenn Sie befürchten, daß Ihr Arbeitsplatz durch Sparmaßnahmen Ihrer Firma bedroht ist, obwohl Sie sich bei der Arbeit die größte Mühe geben, kann Ihre Angst es Ihnen noch schwerer machen, produktiv zu sein. Wenn Ihre Ängste eine positive Wirkung haben sollen, müssen Sie davon überzeugt sein, daß Ihr Schicksal in Ihrer Hand liegt, und daß Sie nur die entsprechenden positiven Schritte unternehmen müssen, um das zu vermeiden, wovor Sie Angst haben.

Was müssen Sie tun, damit sowohl das ideale als auch das befürchtete Selbstbild für Sie arbeiten? Der erste Schritt besteht darin, daß Sie lernen, Ihr Ideal und Ihre Angst besser zu verstehen. Sie haben wahrscheinlich oft nur eine verschwommene Vorstellung davon, welche Erwartungen Sie mit der einen oder anderen Möglichkeit verbinden, oder welche Ängste Sie veranlassen, bestimmte Möglichkeiten schon vorab auszuschließen, ohne sie überhaupt in Betracht zu ziehen. Wenn diese Hoffnungen und Ängste unvernünftig und unrealistisch sind, kann das dazu führen, daß Sie sich nicht nur falsch, sondern sogar selbstzerstörerisch verhalten. Wenn Ihnen dagegen Ihre Hoffnungen und Ängste bewußt sind, und Sie in der Lage sind, unrealistische Ängste und Phobien von vernünftigen Befürchtungen, die Sie ernst nehmen sollten, zu unterscheiden, können Sie den besten Kurs für Ihr Leben bestimmen.

Viele der Träume und Alpträume, die Ihnen hin und wieder durch den Kopf gehen, beziehen sich vermutlich auf Ihre allgemeine Lebenssituation und Ihren materiellen Besitz. Sie wären wahrscheinlich am liebsten »reich und glücklich« und haben große Angst davor, ein »Versager« zu sein und ein »bedeutungsloses Leben« führen zu müssen. Die intensiven Gefühle, die Sie im Zusammenhang mit Ihren Idealen und Ängsten empfinden, haben jedoch oft nichts mit einer Veränderung Ihres Lebens zu tun, sondern beziehen sich auf eine Veränderung Ihrer *Persönlichkeit.* Viele Menschen haben zum Beispiel Angst vor Erfolg, wissen aber nicht genau, warum. Andere träumen davon, körperlich fit zu sein, wissen aber nicht, warum sie sich das so sehr wünschen. Mit Hilfe des Berkeley-Persönlichkeitsprofils können Sie dahinterkommen, in welcher Weise sich Ihre Persönlichkeit und Ihre Beziehungen zu anderen Menschen verändern würden, wenn Ihre Hoffnungen und Ängste wahr würden. Mit seiner Hilfe können Sie die intensiven Gefühle besser verstehen, die auf eine geheimnisvolle Weise mit den möglichen Selbsten verknüpft sind. Wenn Sie zum Beispiel Angst vor Erfolg haben, kann das damit zusammenhängen, daß Sie glauben, der Erfolg würde aus Ihnen einen kalten, unduldsamen Menschen machen oder Sie könnten sich von den Menschen, die Sie lieben, entfremden. Wenn Sie sich nichts sehnlicher wünschen, als schlank zu sein, kann das damit zusammenhängen, daß Sie glauben, wenn Sie schlank wären, wären Sie auch selbstbewußter.

Ein Rezept, wie Sie die möglichen Selbste in den Dienst Ihrer Sache stellen können, besteht darin, ideale und befürchtete Selbstbilder aufzubauen, die realistisch sind und vor allem Ihrem latenten Potential, Ihrer Begabung, Ihren Fertigkeiten, Ihrer gegenwärtigen Lebenssituation und Ihrer Persönlichkeit gerecht werden. In diesem Abschnitt des Berkeley-Persönlichkeitsprofils werden wir Ihnen die Möglichkeit bieten, einmal bewußt über Ihre *spezifischen* und *persönlichkeitsrelevanten* Hoffnungen und Ängste nachzudenken, weil wir hoffen, daß Sie sie dann besser verstehen können. Wir werden uns dabei jedoch nicht mit Faktoren beschäftigen, so zum Beispiel mit der Möglichkeit, daß Sie eines Tages reich werden oder in Not geraten könnten, sondern uns auf Ihre geheimsten Wünsche und Sorgen konzentrieren, die sich auf Ihre zukünftige Entwicklung beziehen. Vor allem wollen wir untersuchen, auf welche Weise diese Wünsche und Sorgen die damit verbundenen Motive, Aktionen und Ihren gesamten Lebensstil beeinflussen.

In den Punkten zum Nachdenken werden wir Ihnen dann die Möglichkeit bieten, potentielle Problemsituationen zu erkennen. So können Sie sowohl auf Ereignisse, deren Eintreten eher unwahrscheinlich ist, als auch auf realistische Möglichkeiten reagieren. Wenn Sie gelernt haben, solche Situationen zu erkennen, können Sie solche ineffektiven und unangemessenen Reaktionen wahrscheinlich vermeiden und Ihre Aufmerksamkeit und Kraft in produktivere Bahnen lenken.

Der Test

Um in diesem Testabschnitt verwertbare Ergebnisse zu erzielen, müssen Sie bei der Beurteilung Ihres idealen und befürchteten Selbstbildes darauf achten, daß Sie an die besten und schlimmsten Seiten Ihrer Persönlichkeit denken, die Sie *unter bestimmten Umständen entwickeln könnten*. Stellen Sie sich nicht *irgendeine* beste oder schlimmste Möglichkeit vor, wie sich irgendeine Persönlichkeit entwickeln könnte, sondern was aus Ihnen selbst werden könnte, wenn Ihre Zukunft sich zum Besseren oder Schlechteren wenden würde.

Schauen Sie sich das Testmaterial in den perforierten Abschnitten am Ende dieses Buches an. Sie finden den Testbogen 4 auf der Rückseite des Bogens 1, den Sie bereits ausgefüllt haben. Zusätzlich sollten Sie auch den Bogen 5 herausnehmen, falls Sie das nicht schon getan haben. Legen Sie dann den Testbogen 4 neben die fünfunddreißig Aussagen des Berkeley-Persönlichkeitsprofils. Achten Sie darauf, daß die farbigen Reihen der Testfragen mit den farbigen Reihen des Testbogens übereinstimmen.

Zuerst sollten Sie einen Augenblick lang über Ihr ideales Selbstbild nachdenken, das heißt darüber, wie Sie am liebsten wären und wie Sie Ihrer Meinung nach *möglicherweise auch sein könnten,* wenn Ihr Leben sich positiv entwickeln würde. Antworten Sie möglichst ehrlich, ob die einzelnen Aussagen mit Ihrem idealen Selbstbild übereinstimmen oder nicht.

Wenn Sie Bogen 4 ausgefüllt haben, legen Sie ihn beiseite und machen fünf bis zehn Minuten Pause. Dann nehmen Sie den Bogen 5 und nehmen zu den gleichen fünfunddreißig Aussagen Stellung, die sich dieses Mal jedoch auf Ihr befürchtetes Selbstbild beziehen. Überlegen Sie einmal, was aus Ihnen im schlimmsten Fall werden könnte, wenn Ihr Leben sich nicht so entwickeln würde, wie Sie es sich wünschen. Antworten Sie dann so ehrlich wie möglich, bis zu welchem Grad Sie mit den fünfunddreißig Aussagen über Ihr befürchtetes Selbst übereinstimmen oder nicht. Wenn Sie Wert auf ein genaues Bild Ihrer Persönlichkeit legen, sollten Sie Ihre Antworten nach dem Ausfüllen des Testbogens nicht mehr verändern. Schauen Sie beim Ausfüllen der Bögen 4 und 5 vor allen Dingen nicht in den vorangegangenen Testbögen nach.

Wenn Sie beide Bögen ausgefüllt haben, nehmen Sie das Profil für das mögliche Selbstbild aus dem perforierten Abschnitt zur Hand, werten Ihr Ergebnis aus und übertragen es so auf den

Profilbogen, wie es in der Testanweisung steht. Ihr Profil für das mögliche Selbstbild gibt Ihnen auf einem praktischen farbigen Bogen einen Überblick über die Werte für das ideale und das befürchtete Selbstbild sowie über die Werte für das vereinte Selbstbild aus dem 3. Kapitel. Sie können dann auf einen Blick die Dimensionen erkennen, in denen sich Ihr ideales und Ihr befürchtetes Selbstbild dramatisch von Ihrem vereinten Selbstbild unterscheiden, und auch die Dimensionen, bei der womöglich alle drei auffallend ähnlich sind.

Auf Ihrem Profil der möglichen Selbstbilder deckt jede der fünf verschiedenfarbigen Dimensionen einen Punktzahlbereich ab, wobei sich an den entgegengesetzten Enden auch die entsprechend entgegengesetzten Interessen und Aktivitäten befinden. Sie haben in jeder Dimension drei verschiedene Punktzahlen: eine für das vereinte Selbstbild, eine für das ideale Selbstbild und eine für das befürchtete Selbstbild. Die Werte können an jeder Stelle der Skala liegen. So kann zum Beispiel jemand beim Ausdrucksstil eine sehr hohe Punktzahl für das ideale Selbstbild haben, während die für das vereinte Selbstbild etwas niedriger und die für das befürchtete Selbstbild extrem niedrig ist. Ein solches Ergebnis weist darauf hin, daß der Betroffene am liebsten sehr gesellig, aktiv und begeisterungsfähig wäre, zur Zeit jedoch das Gefühl hat, in den meisten Situationen ziemlich ruhig und reserviert zu sein. Und er hat Angst davor, in sozialen Situationen noch schüchterner und reservierter zu werden, falls in seinem Leben nicht alles nach Wunsch laufen sollte. Ein anderer erreicht beim Ausdrucksstil unter Umständen Punktzahlen, die bei allen drei Arten der Selbstbetrachtung im Mittelbereich liegen. Das würde bedeuten, daß er an sich ziemlich gesellig ist, sich aber auch gern einmal zurückzieht. Er hat das Gefühl, daß dies das ideale Niveau seines Ausdrucksstils ist und er macht sich keine besonderen Sorgen, daß etwas in seinem Leben passieren könnte, wodurch sich sein Ausdrucksstil dramatisch verschlechtern würde.

Um die Beziehung zwischen den Testwerten Ihres eigenen möglichen Selbstbildes in den einzelnen Dimensionen der Großen Fünf besser verstehen zu können, sollten Sie die Erläuterungen unter den Punktzahlen, die Sie auf dem Profil markiert haben, in der folgenden Interpretationsanleitung nachlesen.

Interpretationsanleitung: Formen des möglichen Selbst

Schauen Sie zunächst bei den Differenzen zwischen dem vereinten und dem idealen Selbst und dem vereinten und dem befürchteten Selbst in der *vierten* und *fünften* Reihe der Kästchen auf Ihrem Profilbogen für das mögliche Selbstbild nach. Achten Sie darauf, daß Sie in jeder farbigen Spalte des Profilbogens entweder die Punktzahl für das ideale Selbstbild oder die für das vereinte Selbstbild mit einem Sternchen markiert haben, je nachdem welche höher ist. Außerdem sollten Sie jede farbige Spalte mit *zwei Sternchen* markieren, um anzuzeigen, welcher Wert höher war, der für Ihr befürchtetes oder der für Ihr vereintes Selbstbild.

Weiter unten finden Sie einen separaten Abschnitt für jede einzelne Persönlichkeitsdimension der Großen Fünf. Sehen Sie sich zuerst die farbigen Kästchen mit der Bezeichnung *Differenz zwischen vereintem und idealem Selbstbild* und dann die mit der Bezeichnung *Differenz zwischen vereintem und befürchtetem Selbstbild* an, und zwar für jeden einzelnen Stil – orange für den Ausdrucksstil, grün für den interpersonellen Stil usw. Wenn Sie wollen, können Sie auch die Abschnitte der Interpretationsanleitung einkreisen, in denen Ihr jeweiliger Testwert besprochen wird, denn dann werden Sie Ihre Testergebnisse später auf einen Blick erkennen können.

Sie dürfen auch in diesem Fall nicht vergessen, daß Sie sich selbst besser kennen als wir. Die Interpretationen Ihres vereinten, Ihres idealen und Ihres befürchteten Selbstbildes beruhen ausschließlich darauf, wie Sie sich selbst in dem jeweiligen Abschnitt des Berkeley-Persönlichkeitsprofils beschrieben haben. Wenn Sie das Gefühl haben, daß eine Interpretation nicht auf Sie zutrifft, kann das damit zusammenhängen, daß Sie die Testfragen etwas anders verstanden haben als die meisten anderen Menschen oder an dem Tag, an dem Sie den Fragebogen ausgefüllt haben, etwas deprimiert waren oder sich nicht wohl gefühlt haben. Wenn die Interpretationen, die Ihnen im folgenden angeboten werden, sehr davon abweichen, wie Sie sich selbst sehen, sollten Sie sämtliche Ergebnisse und die jeweiligen Punkte noch einmal überprüfen. Um sicherzugehen, sollten Sie darüber hinaus einmal prüfen, ob Sie auch in jedem Abschnitt die Punktzahlen in der richtigen Spalte des Profils für jeden Abschnitt der Interpretationsanleitung nachgesehen haben.

Wichtig ist auch, daß Sie nicht vergessen, daß sich jede einzelne Persönlichkeitsdimension der Großen Fünf auf einen persönlichen *Stil* bezieht, und daß eine hohe Punktzahl nicht unbedingt »besser« oder »schlechter« ist als eine niedrige. Welcher Wert in jeder Dimension am besten zu Ihnen paßt, hängt davon ab, wie Sie am liebsten wären, oder welche Eigenschaften Sie am meisten fürchten, weil sie sich mit Ihren Wertvorstellungen und Ihrem Selbstgefühl überhaupt nicht vertragen würden.

Differenz vereintes/ideales Selbstbild – Ausdrucksstil (orange)

Um mehr über Ihre Testergebnisse zu erfahren, müssen Sie zuerst Ihre Punktzahl für die Differenz zwischen dem vereinten und dem idealen Selbstbild in der *vierten* Reihe der Kästchen auf Ihrem Profil nachschauen.

- ***0 bis 3 Punkte***: Sie sind zur Zeit mit Ihrem Ausdrucksstil ziemlich zufrieden. Sie haben das Gefühl, daß Sie sowohl im privaten wie auch im gesellschaftlichen Bereich ein ausgeglichenes Leben führen. Sie haben weder zu viele noch zu wenige Freunde. Sie leiden selten unter einem Mangel an Energie oder Selbstsicherheit, haben aber auch nicht so viel überschüssige Kraft, daß Sie ständig zum Handeln gezwungen werden, bevor Sie in Ruhe über alle Möglichkeiten nachdenken können. Außerdem halten Sie sich vermutlich mit Ihren Begeisterungsäußerungen etwas zurück und sind in Situationen, in denen Diskretion gefordert ist, reservierter.

- ***4 bis 7 Punkte (und Sie haben die Punktzahl für das ideale Selbstbild mit einem Sternchen markiert):*** Sie sind mit der Art und Weise, wie Sie sich ausdrücken, an sich zufrieden. Noch lieber wäre Ihnen jedoch, wenn Sie bei gesellschaftlichen Anlässen und anderen Aktivitäten eine leichtere Hand hätten und leichter zu begeistern wären. Sie halten sich selbst wahrscheinlich nicht für sehr gesellig und fühlen sich in Gegenwart von Fremden auch nicht so wohl, wie Sie es gern möchten. Oder Sie sind zwar zufrieden mit der Art und Weise, wie Sie sich in sozialen Situationen verhalten, wünschen sich aber, Sie wären im normalen Alltag etwas optimistischer und vitaler.

- ***4 bis 7 Punkte (und Sie haben die Punktzahl für das vereinte Selbstbild mit einem Sternchen markiert):*** Sie sind im allgemeinen zufrieden mit der Art und Weise, wie Sie sich ausdrücken, würden aber dennoch gern mindestens einen Aspekt Ihres Ausdrucksstils ändern. Sie haben möglicherweise das Gefühl, daß Sie etwas zu direkt oder zu selbstsicher sind, als Sie es im Idealfall sein möchten, oder daß Sie dazu neigen, etwas zu laut zu werden, wenn Sie aufgeregt sind. Oder Ihnen gefällt zwar in den meisten Fällen das Bild, das Sie nach außen abgeben, Sie wünschen sich aber, Sie wären ein wenig ruhiger und es fiele Ihnen leichter, sich am Ende eines langen, harten Arbeitstages zu entspannen.

- ***8 bis 28 Punkte (und Sie haben die Punktzahl für das ideale Selbstbild mit einem Sternchen markiert):*** Sie würden im Hinblick auf Ihren Ausdrucksstil gern ein paar wichtige Dinge ändern. Sie würden sich zum Beispiel gern von den beengenden Einflüssen und Zwängen der gesellschaftlichen Konventionen befreien, weil Sie glauben, dann spielerischer, lebhafter und spontaner sein zu können. Vielleicht möchten Sie ja auch häufiger eine Führungsrolle übernehmen, weil Sie glauben, daß Sie sich dann etwas dynamischer und vitaler fühlen würden, als es normalerweise der Fall ist.

  Wenn Ihre Punktzahl extrem hoch ist (17 oder darüber): Sie würden Ihren Ausdrucksstil vermutlich am liebsten völlig verändern oder haben die Hoffnung bereits aufgegeben, Ihre tatsächliche Persönlichkeit jemals Ihren hohen Idealen annähern zu können. Es ist jedoch auch möglich, daß Sie das Leben eines Abenteurers, der ständig alle möglichen Partys frequentiert, zu stark idealisieren und dabei den Wert Ihres eigenen, ruhigeren Lebensstils unterschätzen.

- ***8 bis 28 Punkte (und Sie haben die Punktzahl für das vereinte Selbstbild mit einem Sternchen markiert):*** Sie glauben, daß Sie Ihren Ausdrucksstil durch ein paar entscheidende Änderungen Ihres Verhaltens verbessern könnten. Sie haben möglicherweise das Gefühl, daß Sie manchmal ziemlich aggressiv und dominant sein können, und wünschen sich, es fiele Ihnen leichter, sich die Zeit zu nehmen, um sich die Bedürfnisse und Meinungen anderer Menschen in Ruhe anhören zu können. Es wäre Ihnen wahrscheinlich lieber, Sie hätten ein etwas ruhigeres Leben, damit Sie den Augenblick genießen könnten. Sie würden sich lieber mit Dingen beschäftigen, die Ihnen wirklich Spaß machen, und die anderen Aktivitäten, die Ihnen weniger bedeuten, einschränken.

Wenn Ihre Punktzahl extrem hoch ist (17 oder darüber): Sie haben das Gefühl, daß Sie Ihre Persönlichkeit und Ihren Lebensstil drastisch verändern müßten, um ruhiger zu werden und nicht mehr so anmaßend zu sein, wie es zur Zeit der Fall ist. Möglicherweise sind Sie jedoch auch ziemlich mutlos, weil es Ihnen nicht gelingt, Ihre Neigung, andere Menschen zu unterdrücken, besser zu kontrollieren, und weil Sie Ihre Meinung nie für sich behalten können. Es kann jedoch auch sein, daß Sie den Lebensstil der Menschen idealisieren, deren Tagesablauf berechenbarer und ruhiger ist als Ihr eigener, während Sie auf der anderen Seite den Wert Ihres extravertierten und abenteuerlichen Lebens und Ihre Begeisterungsfähigkeit unterschätzen.

Differenz vereintes/befürchtetes Selbstbild – Ausdrucksstil (orange)

Analysieren Sie jetzt Ihre Punktzahlen für die Differenz zwischen dem vereinten und dem befürchteten Selbstbild in der *fünften* Reihe der Kästchen Ihres Profils.

- ***0 bis 3 Punkte:*** Sie befürchten nicht, daß sich Ihr Verhalten anderen Menschen gegenüber negativ verändern könnte. Auch Ihre Art, positive Gefühle auszudrücken, wird sich Ihrer Meinung nach nicht ändern. Das gleiche gilt für das Niveau Ihrer Energie. Um die Bedeutung der großen Ähnlichkeit zwischen vereintem und befürchtetem Selbstbild besser verstehen zu können, sollten Sie bei Ihrem Testwert für die Differenz zwischen dem vereinten und dem *idealen* Selbstbild nachschauen, der sich in der *vierten* Reihe der Kästchen auf Ihrem Profil befindet.

  Wenn die Differenz zwischen dem vereinten und dem idealen Selbstbild ebenfalls ziemlich klein ist (zwischen 0 und 3): Sie sind der Meinung, daß Ihr Ausdrucksstil so eng mit Ihrer Persönlichkeit und Ihren Verhaltensmustern verbunden ist, daß nicht einmal eine größere Veränderung in Ihrem Leben diesen Aspekt Ihrer Persönlichkeit beeinflussen könnte.

Wenn die Differenz zwischen dem vereinten und dem idealen Selbstbild mittel bis groß ist (4 oder mehr Punkte): Sie haben das Gefühl, daß Ihr gegenwärtiges Energieniveau, Ihre Selbstsicherheit und Geselligkeit bereits auf dem Nullpunkt angelangt sind. Dieser Umstand macht Sie zur Zeit womöglich etwas mutlos, Sie dürfen jedoch nicht vergessen, daß Sie immer noch die Kraft und die Möglichkeiten haben, Ihren Ausdrucksstil so zu verändern, daß er Ihrem idealen Selbstbild näherkommt.

- ***4 bis 7 Punkte (und Sie haben die Punktzahl für das befürchtete Selbstbild mit zwei Sternchen markiert):*** Sie haben keine Angst, daß Sie in Zukunft weniger aktiv, selbstsicher oder gesellig sein werden, als Sie es zur Zeit sind. Statt dessen befürchten Sie, daß ein bestimmter Aspekt Ihres Ausdrucksstils zu dominant werden könnte, was negative gesellschaftliche oder persönliche Konsequenzen haben könnte. Sie haben zum Beispiel vielleicht Angst, daß gesellschaftliche Ereignisse Sie so stark in Anspruch nehmen könnten, daß andere Bereiche Ihres Lebens darunter leiden würden. Oder Sie befürchten vielleicht, daß Sie anderen Menschen mit Ihrer Meinung und Ihren Vorschlägen auf die Nerven gehen oder sie mit Ihrem endlosen Geplapper langweilen.

- ***4 bis 7 Punkte (und Sie haben die Punktzahl für das vereinte Selbstbild mit zwei Sternchen markiert):*** Sie machen sich wirklich Sorgen, weil Sie befürchten, daß Sie einen bestimmten Aspekt Ihres Ausdrucksstils verlieren könnten. Möglicherweise haben Sie Angst, daß Sie anderen Menschen erlauben, Sie zu unterdrücken, oder daß Sie gesellige Ereignisse meiden, obwohl sie Ihnen zur Zeit noch Spaß machen. Oder Sie befürchten, Sie könnten müde und erschöpft werden und einen Teil Ihrer Kraft und Ihrer Lebensfreude einbüßen.

- ***8 bis 28 Punkte (und Sie haben die Punktzahl für das befürchtete Selbstbild mit zwei Sternchen markiert):*** Sie machen sich große Sorgen, daß Sie die Kontrolle über bestimmte Aspekte Ihres Ausdrucksstils verlieren könnten, weil Sie Angst haben, daß Sie zu direkt, zu selbstsicher und zu leicht zu begeistern sind. Sie glauben, daß Ihnen diese Eigenschaften im Beruf und in den Beziehungen zu anderen Menschen Schwierigkeiten bereiten und zu einem Bruch in Ihrem Leben führen könnten. Möglicherweise befürchten Sie auch, daß Sie bei der Äußerung Ihrer Ansichten und Wünsche zu unbeherrscht sind, oder daß Ihr unkonzentriertes und unproduktives Verhalten Sie zuviel Kraft kostet.

  Wenn Ihre Punktzahl ungewöhnlich hoch ist (17 Punkte oder mehr): Sie haben außerordentlich große Angst, die wahrscheinlich aber unbegründet ist. Sie sollten sich dadurch nicht daran hindern lassen, die normalen persönlichen Risiken einzugehen, die beim Aufbau einer Beziehung zu einem anderen Menschen nun einmal nicht zu vermeiden sind.

- ***8 bis 28 Punkte (und Sie haben die Punktzahl für das vereinte Selbstbild mit zwei Sternchen markiert):*** Sie machen sich große Sorgen, weil Sie befürchten, Ihr gegenwärtiges Niveau an Begeisterungsfähigkeit, Ausdrucksfähigkeit und Selbstsicherheit nicht halten zu können. Sie haben möglicherweise Angst davor, eine entscheidende Lebensveränderung, zum Beispiel eine längere Krankheit, könnte Ihr Verhalten anderen Menschen gegenüber beeinträchtigen. Sie fürchten, Sie könnten dann Ihre Gefühle, Ansichten und

Ideen nicht mehr wie gewohnt ausdrücken, sondern könnten zu unterwürfig, zögerlich oder passiv werden. Vielleicht haben Sie auch Angst, Sie könnten zu vorsichtig werden, sich immer mehr zurückziehen und nicht mehr die Kraft aufbringen, das Leben wirklich zu genießen.

Wenn Ihre Punktzahl extrem hoch ist (17 Punkte oder darüber): Sie haben außerordentlich große Angst, die aber wahrscheinlich unbegründet ist. Sie sollten sich dadurch nicht daran hindern lassen, Ihr Leben zu genießen, und dazu gehört auch, daß Sie sich mit der ruhigeren und zurückhaltenderen Seite Ihrer Persönlichkeit anfreunden.

Differenz vereintes/ideales Selbstbild – Interpersoneller Stil (grün)

Sehen Sie sich jetzt die Differenz zwischen vereintem und idealem Selbstbild in der *vierten* Reihe der Kästchen Ihres Profils an.

- ***0 bis 3 Punkte:*** Sie haben das Gefühl, daß Ihr interpersoneller Stil oder die Art und Weise, wie Sie sich anderen Menschen gegenüber verhalten, absolut zu Ihnen paßt. Sie sind wahrscheinlich mit dem Maß an Intimität – also Nähe oder Distanz – in Ihren Beziehungen zu anderen Menschen zufrieden. Sie haben nicht das Gefühl, daß Sie von anderen ausgenutzt werden, nur weil Sie nett zu ihnen sind. Sie glauben eher, daß Ihr interpersoneller Stil Sie in die Lage versetzt, gut mit anderen Menschen umgehen zu können, ohne Ihre eigenen Bedürfnisse in gravierender Weise zurückstellen zu müssen.

- ***4 bis 7 Punkte (und Sie haben die Punktzahl für das ideale Selbstbild mit einem Sternchen markiert):*** Im großen und ganzen sind Sie mit Ihrem interpersonellen Stil zufrieden, würden jedoch gern bestimmte Aspekte in Ihren Beziehungen verbessern. Gelegentlich wünschen Sie sich vielleicht, Sie wären etwas geduldiger oder verständnisvoller. Oder Sie haben manchmal das Gefühl, daß Sie etwas egoistischer sind, als Ihnen lieb ist. Darüber hinaus sind manche Menschen, deren Testergebnis in diesem Bereich liegt, der Meinung, daß es ihnen schwerfällt, sich in einer Liebesbeziehung zu öffnen, zu lieben und sich lieben zu lassen.

- ***4 bis 7 Punkte (und Sie haben die Punktzahl für das vereinte Selbstbild mit einem Sternchen markiert):*** Sie haben sich in Ihren Beziehungen ein paar Mal die Finger verbrannt oder zumindest angesengt. Wahrscheinlich haben Sie das Gefühl, daß Sie zu leichtgläubig sind, und daß man Sie nicht so leicht verletzen könnte, wenn Sie etwas mehr an Ihre eigenen Bedürfnisse denken würden. Oder Sie glauben, daß die anderen Menschen, denen Sie helfen, immer nur an sich denken und vergessen, daß auch Sie sich freuen würden, wenn sie Ihnen einmal helfen würden. Häufig erreichen Leute diese Punktzahl, weil sie sich wünschen, es fiele ihnen leichter, anderen ihre eigenen Bedürfnisse mitzuteilen, und weil sie hoffen, auf diese Weise von ihnen mehr Zuwendung und Unterstützung zu bekommen. In keinem Fall hat es etwas damit zu tun, daß ihnen nichts mehr an anderen Menschen liegt.

- ***8 bis 28 Punkte (und Sie haben die Punktzahl für das ideale Selbstbild mit einem Sternchen markiert):*** Sie sind zur Zeit unzufrieden, weil Ihnen nicht behagt, wie Sie mit anderen Menschen umgehen, und Sie würden Ihr Verhalten und Ihre Einstellungen in dieser Beziehung gern ändern. Möglicherweise wünschen Sie sich, es fiele Ihnen leichter, anderen Menschen zu vertrauen und ihnen zu zeigen, daß Sie sie mögen, ohne zu befürchten, verletzt zu werden. Vielleicht wünschen Sie sich auch, es würde Ihnen leichter fallen, die Zuneigung anderer Menschen zu akzeptieren, statt sich zurückzuziehen. Wenn Sie mit den anderen offen über Ihre Gefühle reden und sich auch anhören, was sie empfinden, wird das dazu führen, daß Ihre persönlichen Beziehungen herzlicher und intimer werden. Man darf jedoch nicht vergessen, daß manche, die diesen Punktbereich erreicht haben, in einigen Beziehungen unzufrieden, in anderen dagegen sehr zufrieden sein können. Vielleicht glauben Sie beispielsweise, daß Ihre Intimbeziehung völlig in Ordnung ist, daß sich jedoch Ihr Verhältnis zu dem einen oder anderen Verwandten oder Arbeitskollegen verbessern ließe, wenn Sie etwas geduldiger und rücksichtsvoller wären und besser zuhören könnten.

Wenn Ihre Punktzahl extrem hoch ist (17 Punkte oder darüber): Sie haben Ihr ideales Selbstbild als warmherzig, liebevoll und mitfühlend, Ihr vereintes Selbstbild dagegen als ziemlich kühl und reserviert, womöglich sogar als halsstarrig und schwierig beschrieben. Vielleicht haben Sie Ihre Fähigkeit, mit anderen Menschen auszukommen, unterschätzt. Wie Sie Ihr ideales Selbstbild beschrieben haben, zeigt, daß Ihnen in Wirklichkeit doch etwas an anderen Menschen liegt – und das ist der erste Schritt, Ihre Beziehungen zu den anderen zu verbessern.

- ***8 bis 28 Punkte (und Sie haben die Punktzahl für das vereinte Selbstbild mit einem Sternchen markiert):*** Sie haben das Gefühl, daß Sie zu nachgiebig sind und sich zu oft und zu sehr verletzen lassen. Obwohl Ihnen viel an anderen Menschen liegt, wünschen Sie sich wahrscheinlich, daß Sie mehr Zeit für sich selbst hätten. Sie glauben, daß Sie sich zu viel um andere kümmern, dabei viel zu viel von sich geben und manchmal vergessen, auch an sich zu denken – und daß die anderen Menschen oft vergessen, daß auch Sie Bedürfnisse haben. Sie wünschen sich daher, es fiele Ihnen leichter, hin und wieder Ihre Ansprüche anzumelden. Auf der anderen Seite haben manche Leute mit diesem Testergebnis das Gefühl, daß der größte Teil ihrer derzeitigen Beziehungen in Ordnung ist, sie glauben jedoch, daß sie sich zu schnell auf eine Romanze oder andere intime Beziehungen einlassen, und verletzt sind, wenn ihre Zuneigung nicht sofort erwidert wird.

Wenn Ihre Punktzahl extrem hoch ist (17 Punkte oder darüber): Es kann sein, daß Sie die Vorteile einer nicht so engen Beziehung überbewerten, weil Sie nicht verletzt werden wollen. Sie haben Ihr vereintes Selbstbild zwar als warmherzig, liebevoll und mitfühlend, Ihr ideales Selbstbild jedoch als das Gegenteil beschrieben: kühl und reserviert, vielleicht sogar zynisch und mißtrauisch, was die Motive anderer Menschen anbetrifft. Diese Differenz zwischen dem idealen und dem vereinten Selbstbild zeigt auch, daß Sie womöglich zu hart gegen sich selbst sind. Möglicherweise sind Sie kürzlich in einer Beziehung verletzt worden. Vielleicht sind Sie einem anderen Menschen mit Freundlichkeit und Zuneigung begegnet, der das überhaupt nicht würdigen konnte und Ihre Gefühle nicht erwidert hat. Sie haben daher vermutlich das Gefühl, daß Sie – zumindest in der gegenwärtigen Situation – vorsichtiger im Umgang mit anderen sein müssen. Sie sollten trotzdem den Wert Ihrer warmherzigen und liebevollen Art nicht unterschätzen.

Differenz vereintes/befürchtetes Selbstbild – Interpersoneller Stil (grün)

Sie finden die Differenz zwischen dem vereinten und dem befürchteten Selbstbild in der *fünften* Reihe der Kästchen in Ihrem Profil.

- *0 bis 3 Punkte:* Sie machen sich keine Sorgen, daß die Intensität oder Qualität Ihrer persönlichen Beziehungen durch irgendwelche Probleme beeinträchtigt werden könnte. Sie sind vermutlich fest davon überzeugt, daß Ihre Freunde Ihnen helfen würden, wenn Sie in Not wären, auch wenn Sie sich Ihnen gegenüber ungeduldiger und weniger rücksichtsvoll verhalten würden, als es Ihre Art ist. Um die Bedeutung der großen Ähnlichkeit zwischen dem vereinten und dem idealen Selbstbild besser verstehen zu können, schauen Sie am besten unter der Differenz zwischen dem vereinten und dem idealen Selbstbild nach, die Sie für Ihren interpersonellen Stil ausgemacht haben; Sie finden sie in der *vierten* Reihe der Kästchen auf Ihrem Testprofil.

  Wenn die Differenz zwischen dem vereinten und dem idealen Selbstbild ebenfalls ziemlich niedrig ist (zwischen 0 und 3): Sie sind der Ansicht, daß die Art und Weise, wie Sie über andere Menschen denken und wie Sie sich ihnen gegenüber verhalten, so stark in Ihrer Persönlichkeit verankert ist, daß nicht einmal eine drastische Lebensveränderung Sie daran hindern könnte, zwischen sich und den anderen stets einen Interessenausgleich zu schaffen.

  Wenn die Differenz zwischen dem vereinten und dem idealen Selbstbild im interpersonellen Stil mittel bis hoch ist (4 Punkte oder darüber): Sie haben das Gefühl, daß Ihre Einstellung anderen Menschen gegenüber und Ihre Beziehungen zu ihnen bereits äußerst angespannt sind. Obwohl Sie aus diesem Grund zur Zeit ziemlich mutlos sind, dürfen Sie nie vergessen, daß Sie sowohl Ihre Gefühle als auch Ihr Verhalten wieder so verändern können, daß beide in etwa Ihrem idealen Selbstbild entsprechen.

- ***4 bis 7 Punkte (und Sie haben die Punktzahl für das befürchtete Selbstbild mit zwei Sternchen markiert):*** Sie machen sich im allgemeinen keine Gedanken über die Art Ihrer persönlichen Beziehungen. Hin und wieder denken Sie vielleicht darüber nach, ob Sie sich nicht zu viel um andere Leute kümmern und zu viel Rücksicht nehmen, und ob man Sie aus diesem Grund möglicherweise ausnützt, weil man Sie für sehr nachgiebig hält. Oder Sie glauben vielleicht, Sie würden sich gerade jetzt zu eng an eine bestimmte Person binden, haben jedoch das Gefühl, daß der Rest Ihrer Beziehungen wirklich fest und gesund ist.

- ***4 bis 7 Punkte (und Sie haben die Punktzahl für das vereinte Selbstbild mit zwei Sternchen markiert):*** Im allgemeinen machen Sie sich keine Sorgen, daß irgendwelche Notsituationen die Qualität Ihrer Beziehungen beeinträchtigen könnten. Ihre Testergebnisse weisen jedoch darauf hin, daß Sie sich Sorgen machen, daß zumindest ein Aspekt Ihres interpersonellen Stils in Zukunft in Mitleidenschaft gezogen werden könnte. Vielleicht haben Sie Angst, daß Sie das Vertrauen zu anderen Leuten verlieren oder so egozentrisch werden könnten, daß Sie es nicht verdient hätten, daß andere Ihnen ihr Vertrauen schenken. Oder Sie befürchten vielleicht, es könnte Ihnen egal sein, ob Sie anderen bewußt Schaden zufügen. Vielleicht befürchten Sie, die Bedürfnisse anderer Menschen zu vergessen oder nicht die Zeit zu finden, ihnen zu helfen, weil Sie selbst unter so großem Druck stehen, daß Sie sich zunächst um sich selbst kümmern müssen. Eine andere Möglichkeit wäre, daß eine Beziehung zu einem bestimmten Menschen, der Ihnen viel bedeutet, gefährdet ist, der Rest Ihrer Beziehungen zu anderen jedoch eine solide Grundlage hat.

- *8 bis 28 Punkte (und Sie haben die Punktzahl für das befürchtete Selbstbild mit zwei Sternchen markiert):* Sie machen sich möglicherweise Sorgen, daß sich Ihr interpersoneller Stil ändern könnte. Vielleicht befürchten Sie, daß Sie zu viel Zeit und Energie aufwenden, um sich um die Bedürfnisse und Sorgen anderer Menschen zu kümmern. Nach einer gewissen Zeit betrachten diese Leute Ihre Hilfe als selbstverständlich und wissen sie nicht mehr zu schätzen. Viele Menschen mit dieser Punktzahl sind sehr reserviert, wenn es darum geht, sich auf eine Liebesbeziehung oder eine intime Freundschaft einzulassen, weil sie in der Regel Angst haben, verletzt zu werden, wobei mitunter schmerzliche Erinnerungen an vergangene Beziehungen dafür verantwortlich zu machen sind. In anderen Fällen kann es auch an der Unsicherheit und mangelnden Erfahrungen des Betroffenen liegen.

  Wenn Ihre Punktzahl extrem hoch ist (17 Punkte oder darüber): Ihre Ängste sind ungewöhnlich groß und haben ihren Ursprung wahrscheinlich eher in der Vergangenheit als in der Gegenwart. Wenn Sie das Gefühl haben, daß Ihre Fähigkeit, sich auf andere Menschen einzulassen, durch diese Angst beeinträchtigt wird, sollten Sie besonders darauf achten, daß Sie die Menschen, mit denen Sie zur Zeit verbunden sind, nicht für die Sünden bestrafen, die von anderen, von denen Sie verletzt worden sind, begangen wurden.

- *8 bis 28 Punkte (und Sie haben die Punktzahl für das verneinte Selbstbild mit zwei Sternchen markiert):* Sie sagen sich, daß Sie in einer Notsituation oder durch eine Veränderung in Ihrem Leben Ihre liebevolle, mitfühlende Art verlieren könnten. Sie befürchten, Sie könnten sich so stark auf Ihre eigenen Bedürfnisse und Probleme konzentrieren, daß Sie keine Zeit mehr hätten, anderen Menschen zuzuhören oder ihnen zu helfen, wenn sie in Not wären. Vielleicht bedrückt Sie auch die Sorge, Sie könnten eine Art »Mitgefühlsmüdigkeit« entwickeln oder den Glauben verlieren, daß Ihre Hilfsbereitschaft überhaupt noch dazu beitragen könnte, die Probleme der Welt zu lösen. Oder Sie befürchten, daß Geld, Ruhm oder Erfolg Sie in Versuchung bringen könnten, Ihre eigenen Interessen auf dem Rücken der anderen mit größerer Aggressivität zu verfolgen.

Wenn Ihr Testergebnis extrem hoch liegt (17 Punkte oder darüber): Sie sollten einmal darüber nachdenken, ob Ihre Befürchtungen gerechtfertigt sind. Ihr Testergebnis weist darauf hin, daß Sie zur Zeit großen Wert auf die Beziehungen zu anderen Menschen legen, es ist also unwahrscheinlich, daß Sie irgend etwas über längere Zeit von den anderen trennen könnte.

Differenz vereintes/ideales Selbstbild – Arbeitsstil (gelb)

Die Differenz zwischen dem vereinten und dem idealen Selbstbild (Arbeitsstil) finden Sie in der *vierten* Reihe der Kästchen Ihres Testprofils.

- *0 bis 3 Punkte:* Im Hinblick auf Arbeit, Planung oder Verantwortung haben Sie Ihrer eigenen Meinung nach einen Arbeitsstil, der genau zu Ihnen paßt. Sie sind wahrscheinlich zufrieden, weil Sie glauben, daß Sie genügend Verantwortung übernommen haben und sich in angemessener Weise engagieren, um Ihre Ziele zu erreichen. Bei der Planung Ihrer Aktivitäten achten Sie vermutlich immer darauf, daß Sie sich selbst nicht zu stark einengen. Wahrscheinlich machen Ihnen die meisten Projekte, die Sie übernehmen, Spaß, und Sie genießen Ihre Arbeit und betrachten Sie nicht nur als Mittel zum Zweck.

- *4 bis 7 Punkte (und Sie haben die Punktzahl für das ideale Selbstbild mit einem Sternchen markiert):* Sie sind im allgemeinen mit Ihrem Arbeitsstil zufrieden, würden aber gerne einiges an Ihrer Einstellung zur Arbeit, an Ihren Planungsmöglichkeiten und an dem Umfang Ihrer Verantwortung ändern. Sie haben möglicherweise das Gefühl, daß Sie etwas zu bequem sind. Wahrscheinlich fällt es Ihnen nicht schwer, sich für eine Aufgabe zu engagieren, aber da Sie nicht so diszipliniert und effizient sind, wie Sie es gern wären, haben Sie Probleme mit der pünktlichen Erledigung. Vielleicht haben Sie auch ganz einfach das Gefühl, daß Sie sich übernehmen und daß dadurch in einem bestimmten Lebensbereich, zum Beispiel im Beruf, in der Familie oder im Haushalt, Probleme entstehen. Außerdem fehlt Ihnen die Zeit, um etwas für sich zu tun.

- *4 bis 7 Punkte (und Sie haben die Punktzahl für das vereinte Selbstbild mit einem Sternchen markiert):* Sie sind mit Ihrem Arbeitsstil im allgemeinen ganz zufrieden, wünschen sich aber, Sie wären bei der Planung, bei der Aufgabe selbst und bei den zahllosen Einzelheiten, mit denen Sie sich konfrontiert sehen, etwas entspannter. Sie haben vielleicht auch das Gefühl, sich zu stark in die Arbeit zu vergraben, und wünschen, Sie könnten sich etwas mehr Zeit lassen und hin und wieder eine Pause machen. Vielleicht wäre es Ihnen lieber, wenn nicht so viele Leute von Ihnen abhängig wären, oder Sie einen größeren Teil Ihrer Aufgaben an andere delegieren könnten. Oder Sie vermuten womöglich nur, daß Sie sich zu viele Sorgen über Kleinigkeiten machen, die letzten Endes gar nicht so wichtig sind.

- *8 bis 28 Punkte (und Sie haben die Punktzahl für das ideale Selbstbild mit einem Sternchen markiert):* Sie würden Ihren Arbeitsstil gern ändern, weil Sie dann mehr leisten oder alle

Aufgaben, die Sie übernommen haben, zu Ende bringen könnten. Möglicherweise fällt es Ihnen schwer, Prioritäten zu setzen. Sie wünschen sich, Sie könnten die Aufgaben zu Ende bringen, die Ihnen wichtig erscheinen, ohne sich dabei ständig von anderen, nebensächlichen Projekten ablenken zu lassen. Einigen Leuten mit einem solchen Testergebnis gelingt es häufig erst in letzter Minute, die Aufgaben zu Ende zu bringen, die sie übernommen haben, oft allerdings nur, weil ihnen der Zufall zu Hilfe kommt. Solche Menschen wünschen sich oft, sie könnten ihre Arbeit etwas sorgfältiger planen.

Wenn Ihre Punktzahl extrem hoch ist (17 Punkte oder darüber): Ihrem vereinten Selbstbild zufolge sind Sie ziemlich leichtsinnig oder verantwortungslos. Ihr ideales Selbstbild ist dagegen durch Eigenschaften wie Tüchtigkeit, Verantwortungsbewußtsein und Perfektionismus gekennzeichnet. Die Differenz zeigt, daß Sie Ihrer Meinung nach die vielen Menschen, die aus unterschiedlichen Gründen von Ihnen abhängig sind, oft im Stich lassen. Es kann jedoch sein, daß Sie vergessen, was Sie alles schon geschafft haben, und wie oft sich andere Menschen doch auf Sie verlassen konnten. Sie sollten einmal überlegen, ob Ihr Problem nicht damit zusammenhängt, daß Sie sich für Dinge verantwortlich fühlen, die Sie gar nicht beeinflussen können.

- ***8 bis 28 Punkte (und Sie haben die Punktzahl für das vereinte Selbstbild mit einem Sternchen markiert):*** Sie leiden offenbar unter gesellschaftlichen, finanziellen, beruflichen oder familiären Zwängen. Wahrscheinlich wünschen Sie sich, daß nicht so viele Menschen von Ihnen abhängig wären, damit Sie sich entspannen und der Verantwortung eine Zeitlang entfliehen könnten, ohne Schuldgefühle haben zu müssen. Vermutlich wären Sie lieber kein solcher Perfektionist, würden lieber nicht so viele Projekte übernehmen und sich hin und wieder etwas Ruhe gönnen. Viele Menschen dieser Kategorie haben das Gefühl, ihnen werde zuviel abverlangt und ihnen bleibe kaum Zeit für sich selbst. Die meisten wünschen sich, sie könnten einen Teil der Verantwortung abschieben.

Wenn Ihre Punktzahl extrem hoch ist (17 Punkte oder darüber): Sie sollten einmal darüber nachdenken, ob Sie nicht das sorglose Leben ohne jede Verantwortung zu stark idealisieren. Möglicherweise fühlen Sie sich zur Zeit überfordert und haben ganz vergessen, warum Sie ursprünglich so viele Aufgaben übernommen haben – weil es nämlich auch schön ist, wenn man seine Ziele erreicht und weiß, daß andere Menschen sich auf einen verlassen können.

Differenz vereintes/befürchtetes Selbstbild – Arbeitsstil (gelb)

Sie finden die Punktzahlen für die Differenz zwischen dem vereinten und dem befürchteten Selbstbild in der *fünften* Reihe der Kästchen Ihres Testprofils.

- *0 bis 3 Punkte:* Sie machen sich keine Gedanken darüber, daß sich Ihr Arbeitsstil verschlechtern könnte. Sie befürchten nicht, daß Sie mit der Zeit immer stärker durch Ihre Terminpläne und alle möglichen Aufgaben eingeengt werden könnten. Und Sie machen sich auch keine Sorgen, daß Sie träger und verantwortungsloser werden könnten, oder daß Ihnen die Aufgaben, die Ihnen heute noch leicht von der Hand gehen, mit der Zeit immer schwerer fallen werden. Um die Bedeutung der großen Ähnlichkeit zwischen dem vereinten und dem befürchteten Selbstbild besser verstehen zu können, schauen Sie am besten bei der Differenz zwischen dem vereinten und dem *idealen* Selbstbild (Arbeitsstil) nach, die sich in der *vierten* Reihe der Kästchen Ihres Testprofils befindet.

Wenn die Differenz zwischen dem vereinten und dem idealen Selbstbild ebenfalls ziemlich klein ist (zwischen 0 und 3): Sie glauben, Ihre gegenwärtige Arbeitsmoral sei so tief in Ihrem Charakter verankert, daß sich daran auch in der Zukunft kaum etwas ändern werde.

Wenn die Differenz der Punktzahl zwischen dem vereinten und dem idealen Selbstbild mittel bis groß ist (4 oder darüber): Sie sind zwar der Meinung, daß sich Ihre Arbeitsmoral nicht verschlechtern wird, finden aber, daß sich manches verbessern ließe. Sie könnten zum Beispiel einerseits konzentrierter und produktiver arbeiten oder sich andererseits wünschen, Sie wären nicht so perfektionistisch. In beiden Fällen befürchten Sie jedoch nicht, daß die Impulse, die diese Probleme verursachen, sich verstärken und außer Kontrolle geraten könnten.

- ***4 bis 7 Punkte (und Sie haben die Punktzahl für das befürchtete Selbstbild mit zwei Sternchen markiert):*** Sie machen sich keine übermäßig großen Sorgen über eine mögliche Veränderung Ihres Arbeitsstils, haben jedoch schon einmal darüber nachgedacht, ob eine ernsthaftere Einstellung zur Arbeit Sie nicht stärker behindern würde, statt Ihnen zu helfen. Sie befürchten möglicherweise, daß Sie sich dann zu sehr auf Ihre Karriere und die damit verbundenen Verpflichtungen konzentrieren würden und daß diese Dinge Ihr Leben beherrschen könnten, wenn Sie nichts dagegen unternehmen. Andererseits möchten Sie vielleicht auch vermeiden, ein Perfektionist oder Pedant zu werden, und hoffen, auch in Zukunft nicht die Übersicht zu verlieren.

- ***4 bis 7 Punkte (und Sie haben die Punktzahl für das vereinte Selbstbild mit zwei Sternchen markiert):*** Sie machen sich zwar keine großen Sorgen über eine mögliche Veränderung Ihres Arbeitsstils, fragen sich aber, ob Sie in der Lage sein werden, Ihre derzeitige Effektivität und Produktivität auch in Zukunft zu halten. Vermutlich befürchten Sie, nicht immer den Antrieb und die Motivation aufzubringen, um alle Projekte und Aufgaben, mit denen Sie zur Zeit beschäftigt sind, zu Ende bringen zu können. Vielleicht glauben Sie auch, überfordert zu sein oder zu viele Aufgaben gleichzeitig übernommen zu haben und deshalb nicht mehr effektiv genug arbeiten zu können. Sie sorgen sich womöglich, daß die Qualität Ihrer Arbeit oder Ihr Engagement für die Menschen, die von Ihnen abhängig sind, darunter leiden könnten.

- *8 bis 28 Punkte (und Sie haben die Punktzahl für das befürchtete Selbstbild mit zwei Sternchen markiert):* Sie machen sich große Sorgen, was aus Ihnen werden soll, wenn Sie sich noch stärker auf Ihre Arbeit und die damit verbundenen Verpflichtungen konzentrieren würden. Wahrscheinlich haben Sie Angst, durch die vielen Terminplanungen und sonstigen Aufgaben so eingezwängt zu werden, daß es in Ihrem Leben keine Überraschungen mehr geben kann. Sie befürchten darüber hinaus, daß der Leistungsdruck Ihnen bestimmte kindliche Eigenschaften nehmen könnte, die Sie an Ihrer Persönlichkeit sehr schätzen. Einige Leute, die diese Punktzahl erreichen, scheuen sich davor, Verantwortung zu übernehmen, weil Sie unsicher sind und nicht wissen, ob sie es schaffen würden, während andere mit dieser Punktzahl einfach ein sorgloseres Leben mit einem geringeren Maß an Verantwortung vorziehen.

Wenn Ihre Punktzahl extrem hoch ist (17 Punkte und darüber): Ihre Ängste sind vermutlich übertrieben und nicht realistisch. Sie sollten einmal sorgfältig darüber nachdenken, warum Sie so ungern Verantwortung übernehmen, und sich das Ganze noch einmal gründlich überlegen, bevor Sie Ihr Verhalten von solchen Gefühlen beeinflussen lassen.

- *8 bis 28 Punkte (und Sie haben die Punktzahl für das vereinte Selbstbild mit zwei Sternchen markiert):* Sie sorgen sich, an Ihrer Einstellung zur Arbeit könnte sich aus irgendeinem Grund etwas ändern und Sie würden dann auch die Art, wie Sie sich bisher engagiert haben, nicht mehr so positiv beurteilen. Vielleicht befürchten Sie, irgend etwas könnte passieren, das die angenehme Routine Ihres Lebens stören könnte, und Sie würden dann einen Teil Ihrer augenblicklichen Effektivität einbüßen. Eine solche Unterbrechung der Routine würde Sie von den vielen Aufgaben ablenken, die Sie in Ihrem Beruf und in Ihrem gesellschaftlichen Leben unter einen Hut bringen müssen. Sie befürchten sogar, daß Sie dann gezwungen wären, Aufgaben abzugeben, mit denen Sie zur Zeit beschäftigt sind.

  Wenn Ihre Punktzahl extrem hoch ist (17 Punkte oder darüber): Sie sollten sich einmal überlegen, ob Ihre Befürchtungen nicht übertrieben sind. Wenn Sie sich zum Beispiel bei der Erledigung eines Teils Ihrer Aufgaben helfen ließen, würden Sie sich wahrscheinlich wundern, wie effektiv das Delegieren sein kann. Sie werden wahrscheinlich feststellen, daß eine Delegation bestimmter Aufgaben Sie davor schützt, sich selbst zu überfordern, außerdem brauchten Sie sich dann nicht mehr über ein zu hektisches Arbeitstempo zu beklagen.

Differenz vereintes/ideales Selbstbild – Emotionaler Stil (rot)

Die Punktzahl für die Differenz zwischen dem vereinten und dem idealen Selbst finden Sie in der *vierten* Reihe der Kästchen Ihres Testprofils.

- *0 bis 3 Punkte:* Sie gehen davon aus, daß die Art und Weise, wie Sie Ihre Gefühle ausdrücken, sehr gut zu Ihnen paßt. Sie sind wahrscheinlich überzeugt, Ihre emotionalen Reaktionen in bestimmten Situationen und bestimmten Leuten gegenüber seien weder zu stark noch zu schwach, sondern in aller Regel angemessen. Außerdem sind Sie ziemlich sicher, daß weder Ängstlichkeit noch ein Mangel an Selbstvertrauen Sie hemmen oder daran hindern könnten, das zu tun, was Sie tun wollen.

- ***4 bis 7 Punkte (und Sie haben die Punktzahl für das ideale Selbstbild mit einem Sternchen markiert):*** Sie hätten gern ein etwas intensiveres Gefühlsleben. Vielleicht haben Sie das Gefühl, daß Ihre emotionalen Reaktionen auf Menschen und Ereignisse mitunter etwas gedämpft sind. Sie wünschen sich, es fiele Ihnen leichter, Ihre Sorgen und Frustrationen auszudrücken, weil Sie dann auch Ihre Bedürfnisse und Wünsche anderen besser mitteilen könnten. Vielleicht sind Sie auch ein Mensch, der unter Streß oder Termindruck am besten arbeiten kann. Es ist auch möglich, daß Ihnen Ihrer Meinung nach zur Zeit die Herausforderungen fehlen, die Sie brauchen, um sich engagieren zu können und Ihre Bestform zu erreichen.

- ***4 bis 7 Punkte (und Sie haben die Punktzahl für das vereinte Selbstbild mit einem Sternchen markiert):*** Es wäre Ihnen lieber, wenn Sie einige Aspekte Ihres emotionalen Stils besser unter Kontrolle hätten, weil Sie dann gelassener und ruhiger wären und weniger Sorgen hätten. Sie haben vielleicht das Gefühl, daß Sie zu reizbar sind und sich zu schnell aufregen, oder nervöser und überempfindlicher sind, als Ihnen lieb ist. Es gibt jedoch auch Menschen mit dieser Punktzahl, die ihre Ängste und Frustrationen unter Kontrolle halten können, mitunter jedoch der Meinung sind, ihnen fehle das nötige Selbstbewußtsein und die nötige Selbstsicherheit.

- ***8 bis 28 Punkte (und Sie haben die Punktzahl für das ideale Selbstbild mit einem Sternchen markiert):*** Sie glauben, daß

Sie absolut nicht mehr in der Lage sind, Gefühle zu erleben, vor allem, wenn es um negative Emotionen wie Angst, Frustration oder Anspannung geht. Sie meinen wahrscheinlich, daß die leidenschaftlichen Gefühle, die Sie früher hatten, in der letzten Zeit aus irgendeinem Grund betäubt worden sind, zum Beispiel als Reaktion auf Depressionen oder einen Trauerfall. Es ist jedoch genausogut möglich, daß Sie nichts mehr empfinden, weil Ihr Leben zur Zeit kaum Anregungen bietet, die Ihnen den Eindruck vermitteln könnten, emotional mit Ihrer Welt verbunden zu sein.

Wenn Ihre Punktzahl extrem hoch ist (17 Punkte oder darüber): Ihr Testergebnis zeigt die tiefe Kluft auf zwischen der ruhigen, gelassenen Art, in der Sie zur Zeit reagieren, und der dramatischen Leidenschaft, nach der Sie sich so sehnen. Sie sollten einmal überlegen, ob Ihre übertriebene Idealisierung solcher intensiven Gefühle nicht ausschließlich auf romantische Vorstellungen zurückzuführen ist, die weder realistisch sind noch die ernsten Probleme berücksichtigen, die eine solche Leidenschaft im wirklichen Leben schaffen kann.

- ***8 bis 28 Punkte (und Sie haben die Punktzahl für das vereinte Selbstbild mit einem Sternchen markiert):*** Sie würden sich gern von den intensiven negativen Gefühlen, vor allem von Ängsten, Spannungen oder Selbstzweifeln befreien. Vermutlich haben Sie das Gefühl, sich zu leicht frustrieren zu lassen, und sind es leid, ständig gegen Ihre Veranlagung ankämpfen zu müssen. Oder Sie haben vielleicht das Gefühl, ausgebrannt oder überarbeitet zu sein, und wünschen sich, Sie könnten sich einmal in einer völlig streßfreien Umgebung entspannen. Vielleicht wünschen Sie sich ja auch, Sie könnten die Selbstzweifel überwinden, die Sie daran hindern, Ihrem Leben eine neue Richtung zu geben.

Wenn Ihre Punktzahl extrem hoch ist (17 Punkte oder darüber): Ruhe, Stabilität und Selbstsicherheit werden von Ihnen überschätzt und idealisiert. Ihre Lebenssituation würde sich dadurch nicht so sehr verbessern, wie Sie annehmen. Außerdem unterschätzen Sie, wie interessant und aufregend Ihr tägliches Leben durch ein gewisses Gefühl der Unsicherheit sein kann.

Differenz vereintes/befürchtetes Selbstbild – Emotionaler Stil (rot)

Sie finden Ihre Punktzahl für die Differenz zwischen dem vereinten und dem befürchteten Selbstbild in der *fünften* Reihe der Kästchen Ihres Testprofils.

- ***0 bis 3 Punkte:*** Sie sorgen sich nicht, einmal Ihre Beherrschung zu verlieren, und befürchten auch nicht, daß Ängste oder Selbstzweifel, die Sie zur Zeit gut im Griff haben, Sie in Zukunft überwältigen könnten. Sie glauben auch nicht, daß Sie den Kontakt zu Ihren Gefühlen verlieren könnten und dann nicht mehr in der Lage wären, negative Emotionen wie Angst, Anspannung oder Selbstzweifel zu empfinden. Um die große Ähnlichkeit zwischen Ihrem vereinten und dem befürchteten Selbstbild besser verstehen zu können, sollten Sie bei der Punktzahl für die Differenz zwischen Ihrem vereinten und dem idealen Selbstbild (Emotionaler Stil) in der *vierten* Reihe der Kästchen Ihres Testprofils nachschauen.

Wenn die Differenz zwischen dem vereinten und dem idealen Selbstbild im emotionalen Stil ebenfalls ziemlich niedrig ist (zwischen 0 und 3): Sie sind zur Zeit damit, wie Sie negative Gefühle erleben und äußern, zufrieden. Sie glauben, daß dieser Aspekt Ihrer Persönlichkeit so tief in Ihnen verankert ist, daß er sich mit großer Wahrscheinlichkeit kaum wesentlich verändern wird, ganz gleich, ob sich Ihr Leben positiv oder negativ entwickelt.

Wenn die Differenz zwischen dem vereinten und dem idealen Selbstbild mittel bis groß ist (4 oder darüber): Ihre Unzufriedenheit darüber, wie Sie negative Gefühle erleben – sie kann entweder mit einer Überempfindlichkeit oder mit einem Mangel an Sensibilität für Sorgen, Frustrationen und Selbstzweifeln zusammenhängen – wird etwas gemildert, weil Sie fest davon überzeugt sind, daß Ihre emotionale Situation gar nicht schlimmer werden könnte, als sie es zur Zeit ist.

- ***4 bis 7 Punkte (und Sie haben die Punktzahl für das befürchtete Selbstbild mit zwei Sternchen markiert):*** Sie befürchten, Ihre negativen Gefühle könnten womöglich stärker werden, als Ihnen lieb ist. Sie haben möglicherweise Angst, die Beherrschung zu verlieren und über den nächsten besten herzufallen, der Ihre Geduld auf eine zu harte Probe stellt. Oder Sie möchten vielleicht einiges in Ihrem Leben ändern oder sich eine neue Aufgabe suchen, und machen sich Sorgen, daß Streß oder Selbstzweifel Sie launisch, reizbar oder unduldsam werden lassen könnten.

- ***4 bis 7 Punkte (und Sie haben die Punktzahl für das vereinte Selbstbild mit zwei Sternchen markiert):*** Sie machen sich Sorgen, weil Sie festgestellt haben, daß Ihre emotionalen Reserven etwas abgenommen haben, und befürchten jetzt, Sie könnten dadurch den Kontakt zu Ihren Gefühlen verlieren. Sie haben möglicherweise den Eindruck, daß durch das Leben in einer Welt, die in zunehmendem Maße von Gewalt geprägt ist, ein großer Teil Ihrer elementaren menschlichen Gefühle abstumpfen könnte und Ihnen alle Illusionen geraubt werden. Oder Sie befürchten, daß zu viel Erfolg im Beruf oder eine zu große Stabilität in Ihrem Familienleben Sie dazu verleiten könnte, sich zu sicher zu fühlen, bequem zu werden und die guten Dinge des Lebens als selbstverständlich hinzunehmen.

- *8 bis 28 Punkte (und Sie haben die Punktzahl für das befürchtete Selbstbild mit zwei Sternchen markiert):* Sie befürchten, Sie könnten entweder zu emotional werden oder Ihr Selbstbewußtsein und Ihr Gefühl für Sicherheit verlieren; und daß Sie Ihre Selbstbeherrschung verlieren könnten und Ihren Ängsten ausgeliefert wären, falls Ihr Leben noch problematischer werden sollte. Oder Sie glauben, daß Ihre Fähigkeit, mit allem fertigzuwerden, durch den ständigen intensiven Streß im Beruf oder zu Hause so sehr strapaziert wird, daß Sie sich schließlich völlig erschöpft und ausgebrannt fühlen und Sie sich Ihres Lebens nicht mehr freuen können. Möglicherweise haben Sie auch Angst, die Unsicherheit, die mit einer dramatischen positiven oder negativen Veränderung in Ihrem Leben verbunden ist, könnte Ihr Selbstvertrauen und Ihre Selbstachtung beeinträchtigen.

  Wenn Ihre Punktzahl extrem hoch ist (17 Punkte oder darüber): Möglicherweise haben Sie die unbegründete Angst, Ihre Fähigkeit, mit Frustrationen, Verlusten oder Ängsten in ehrlicher und gesunder Weise umzugehen, könnte beeinträchtigt werden. Wenn Sie sich zur Zeit sehr beherrschen müssen, um sich von solchen negativen Gefühlen nicht unterkriegen zu lassen, sollten Sie einmal versuchen, Ihre Gefühle in einer vertrauten Umgebung und bei Leuten, denen Sie vertrauen können, offener auszudrücken. Sie werden wahrscheinlich feststellen, daß die Folgen weit weniger schlimm sind als Sie glauben.

- *8 bis 28 Punkte (und Sie haben die Punktzahl für das vereinte Selbstbild mit zwei Sternchen markiert):* Sie machen sich große Sorgen, einen Teil Ihrer Emotionalität zu verlieren. Vermutlich fürchten Sie, Sie könnten sich so daran gewöhnen, Ihren Ärger immer zu unterdrücken, daß Sie schließlich den Kontakt zu diesem Gefühl völlig verlieren – und dann nicht mehr in der Lage wären, sich durchzusetzen. Oder Sie haben vielleicht das Gefühl, daß Sie im Alltag immer weniger gefordert werden. Sie meinen, ohne ein gewisses Maß an Streß könnten Sie zu bequem werden und jegliches Interesse an neuen Herausforderungen verlieren, durch die Sie zur Zeit noch motiviert werden und die Ihnen das Gefühl vermitteln, lebendig zu sein. Vielleicht bedeuten Ihnen Ihre starken Gefühle so viel, weil Sie sich dadurch mit den anderen Menschen verbunden fühlen. Die Einbuße an Leidenschaftlichkeit, so befürchten Sie, würde sich auch auf Ihre Beziehungen negativ auswirken.

Wenn Ihre Punktzahl extrem hoch ist (17 Punkte und darüber): Sie sollten einmal darüber nachdenken, ob Ihre Angst, Sie könnten den Kontakt zu Ihren Gefühlen verlieren, nicht übertrieben ist. Ihre Differenz zwischen dem vereinten und dem befürchteten Selbstbild zeigt, daß Ihre Emotionalität zur Zeit eine zentrale Bedeutung für Ihre Identität hat Wie bequem oder langweilig Ihre Lebenssituation auch werden könnte, Sie werden immer wieder neue Herausforderungen und Anregungen suchen, um diesen Aspekt Ihrer Persönlichkeit wiederzubeleben.

Differenz vereintes/ideales Selbstbild – Intellektueller Stil (blau)

Die Punktzahl für die Differenz zwischen Ihrem vereinten und dem idealen Selbstbild (bezogen auf Ihren intellektuellen Stil) finden Sie in der *vierten* Reihe der Kästchen Ihres Testprofils.

- *0 bis 3 Punkte:* Sie haben das Gefühl, daß Ihr intellektueller Stil oder Ihre Ansichten über Kunst, Philosophie und neue Ideen am besten zu Ihnen passen. Wahrscheinlich fühlen Sie sich durch Ihre Bindungen an die Tradition oder die Hauptströmungen der Kultur nicht besonders eingeengt. Gleichzeitig stellen jedoch intellektuelle oder gesellschaftliche Veränderungen für Sie keine Bedrohung dar.

- ***4 bis 7 Punkte (und Sie haben die Punktzahl für das ideale Selbstbild mit einem Sternchen markiert):*** Sie möchten Ihren intellektuellen und ästhetischen Horizont auf irgendeine Weise erweitern. Möglicherweise wünschen Sie sich, Sie verstünden mehr von Malerei, Musik oder Literatur, und Ihre politischen Ansichten wären weniger konventionell oder traditionsgebunden. Manche Menschen, die dieses Testergebnis erreichen, würden gern ihre Interessensphäre erweitern, haben aber das Gefühl, daß sie durch die täglichen Pflichten zu sehr eingeengt werden, um sich den Luxus einer Beschäftigung mit intellektuellen oder ästhetischen Dingen leisten zu können.

- ***4 bis 7 Punkte (und Sie haben die Punktzahl für das vereinte Selbstbild mit einem Sternchen markiert):*** Sie haben häufig das Gefühl, das Leben sei zu kompliziert und unübersichtlich geworden. Sie würden womöglich am liebsten in eine frühere Zeit und in die Welt der traditionellen Werte und Ideologien zurückkehren. Sie sind es leid, daß man Sie ständig zwingen will, sich zu ändern, damit Sie den Anforderungen unserer schnellebigen Zeit und einer häufig an Modeerscheinungen orientierten Gesellschaft gerecht werden. Im Chaos unserer modernen Kultur sehnen Sie sich wahrscheinlich danach, daß wieder ein wenig Frieden und Stabilität in Ihr Leben zurückkehrt.

- ***8 bis 28 Punkte (und Sie haben die Punktzahl für das ideale Selbstbild mit einem Sternchen markiert):*** Sie glauben, Sie seien ein simpler, provinzieller Mensch und leiden darunter, daß Ihnen der Zugang zu all den neuen Ideen, mit denen Sie sich gern beschäftigen würden, verwehrt wird. Darüber hinaus haben Sie möglicherweise das Gefühl, daß Sie durch die konservativen Wertvorstellungen und Erwartungen Ihrer Umwelt eingeengt werden, und wären froh, Sie könnten sich dem Anpassungsdruck besser widersetzen. Vielleicht träumen Sie davon, daß es Ihnen eines Tages gelingen wird, anderen Menschen Ihre kreative Seite zu zeigen oder wenigstens eine Zeitlang ein etwas bohemienhafteres Leben zu führen.

  Wenn Ihre Punktzahl extrem hoch ist (17 Punkte und darüber): Was Sie von sich verlangen, ist unrealistisch, denn Sie können nicht von sich erwarten, daß Sie gleichzeitig in allen möglichen Bereichen neue Ideen entwickeln und verwirklichen – in der Malerei, Musik, Literatur, Philosophie, Soziologie, in den Naturwissenschaften und in der Politik. Sie sollten sich auf die einfachen Dinge konzentrieren, zum Beispiel auf die verborgenen Wunder, die Sie in Ihrer Umwelt entdecken können und normalerweise als selbstverständlich betrachten.

- ***8 bis 28 Punkte (und Sie haben die Punktzahl für das vereinte Selbstbild mit einem Sternchen markiert):*** Sie halten sich für aufgeschlossen und sind stets bereit, Veränderungen zu akzeptieren. Allmählich geht Ihnen das jedoch alles zu schnell. Sie fühlen sich durch die intellektuellen und gesellschaftlichen Entwicklungen überfordert. Obwohl Sie im allgemeinen mit Ihrem Intellekt und Ihrer Fähigkeit, sich rasch auf Veränderungen einzustellen, zufrieden sind, fragen Sie sich vermutlich manchmal, ob es nicht einfacher wäre, wenn Sie Ihre avantgardistischen Ideen gegen ein einfacheres Leben und der damit verbundenen Sicherheit und den traditionellen Werten eintauschen könnten.

Wenn Ihre Punktzahl extrem hoch ist (17 Punkte oder darüber): Sie sollten sich einmal fragen, ob Sie zur Zeit das einfache Leben nicht zu stark idealisieren und dabei vergessen, wie sehr Ihnen Ihre Kreativität und Intellektualität fehlen würden, wenn Sie den Verlockungen der Tradition und eines überschaubaren Lebens erliegen würden.

Differenz vereintes/befürchtetes Selbstbild – Intellektueller Stil (blau)

Sie finden die Punktzahl für die Differenz zwischen Ihrem vereinten und dem befürchteten Selbstbild in der *fünften* Reihe der Kästchen Ihres Testprofils.

- ***0 bis 3 Punkte:*** Sie glauben kaum, daß sich Ihre Ansichten, Wertvorstellungen und Ihre Einstellung kulturellen Dingen und der Tradition gegenüber ändern könnten. Sie bezweifeln außerdem, daß irgend etwas oder irgend jemand, mit dem Sie in der Zukunft möglicherweise konfrontiert werden, Sie so stark beeinflussen könnte, daß Sie Ihre Einstellung neuen Ideen gegenüber ändern würden – ganz gleich, ob sich diese Ideen auf Naturwissenschaften, Kunst, Philosophie oder auf soziale oder politische Probleme beziehen. Um die Bedeutung der großen Ähnlichkeit zwischen dem vereinten und dem befürchteten Selbstbild besser verstehen zu können, sollten Sie bei Ihrer Punktzahl für die Differenz zwischen dem vereinten und dem idealen Selbstbild (Intellektueller Stil) nachschauen. Sie finden sie in der *vierten* Reihe der Kästchen Ihres Testprofils.

  Wenn die Punktzahl für die Differenz zwischen dem vereinten und dem idealen Selbstbild ebenfalls ziemlich niedrig sind (0 bis 3 Punkte): Sie haben zur Zeit das Gefühl, daß Ihr intellektueller Stil so stark in Ihrer Identität verankert ist, daß er durch nichts, was Ihnen im Leben zustoßen könnte, beeinflußt werden kann. Wenn Ihnen ein bestimmter Lebensbereich, zum Beispiel Ihr Beruf oder Ihre Ehe, keine intellektuellen Anregungen mehr bieten würde, würden Sie mit großer Wahrscheinlichkeit etwas unternehmen, um das zu ändern. Wenn Sie jedoch der Meinung wären, daß sich ein Lebensbereich zu rasch verändert, würden Sie auch in diesem Fall sofort etwas unternehmen, um das Gleichgewicht wiederherzustellen.

Wenn die Punktzahl für die Differenz zwischen dem vereinten und dem idealen Selbstbild mittel bis groß ist (4 Punkte und darüber): Sie sind zur Zeit mit der Art und Weise, wie Sie schöpferische und intellektuelle Projekte verfolgen oder mit Ihrer Neigung, etwas Neues anzupacken und ungewöhnliche Erfahrungen zu machen, nicht zufrieden. Das Mißverständnis zwischen Ihrem gegenwärtigen Selbstbild und Ihren Idealen mag Sie zwar entmutigen, aber Sie haben wenigstens keine panische Angst, man könnte Ihnen den Zugang zu neuen Ideen und Erfahrungen noch stärker blockieren, als dies zur Zeit schon der Fall ist.

- ***4 bis 7 Punkte (und Sie haben die Punktzahl für das befürchtete Selbstbild mit zwei Sternchen markiert):*** Sie machen sich verhältnismäßig wenig Gedanken über mögliche Veränderungen Ihrer Weltanschauung oder Ihrer Einstellung zur Kunst, Philosophie oder Naturwissenschaft, die Ihren Blick für die eigenen Lebenserfahrungen einengen könnte. Vielleicht befürchten Sie jedoch, eines Tages im Interesse Ihrer persönlichen Entwicklung eine Idee oder Tradition über Bord werfen zu müssen, an denen Ihnen viel liegt.

- *4 bis 7 Punkte (und Sie haben die Punktzahl für das vereinte Selbstbild mit zwei Sternchen markiert):* Sie machen sich normalerweise keine Sorgen über eine Veränderung Ihrer Weltanschauung oder Ihrer Einstellung zur Kunst, Philosophie oder zu den Naturwissenschaften. Vielleicht haben Sie jedoch den Eindruck, sich möglicherweise zu hartnäckig gegen Veränderungen zu sträuben, selbst wenn dies für Ihre eigene Entwicklung oder den wissenschaftlichen und kulturellen Fortschritt notwendig wäre. Oder Sie begrüßen zwar die *Idee* einer Veränderung, befürchten aber, daß Sie schließlich klein beigeben, wenn es um die Verwirklichung geht.

- *8 bis 28 Punkte (und Sie haben die Punktzahl für das befürchtete Selbstbild mit zwei Sternchen markiert):* Sie schätzen an sich selbst die Fähigkeit, den Ideenreichtum und die Weisheit einer traditionellen Lebensweise zu erkennen, und befürchten, unsere hektische Zeit könnte Sie irgendwann einmal so weit bringen, daß Sie Ihre kulturellen und intellektuellen Wurzeln vergessen. Sie glauben möglicherweise, jede Veränderung würde Sie gleichzeitig auch verletzlicher machen. Außerdem befürchten Sie vielleicht, daß andere Menschen Sie für dumm und überspannt halten könnten, wenn Sie den traditionellen und akzeptierten Werten Ihrer eigenen soziokulturellen Gruppe untreu werden.

  Wenn Ihre Punktzahl extrem hoch ist (17 Punkte oder darüber): Sie unterschätzen womöglich, wie nützlich es sein kann, *ganz allein* über neue Methoden und Ideen nachzudenken, selbst wenn Sie sich zur Zeit in einer Situation befinden, in der Sie gezwungen sind, Ihre Ideen für sich zu behalten.

- *8 bis 28 Punkte (und Sie haben die Punktzahl für das vereinte Selbstbild mit zwei Sternchen markiert):* Sie sorgen sich, Sie könnten zu unbeweglich werden und wären dann

Das Berkeley-Persönlichkeitsprofil Testbögen

Der vorliegende Persönlichkeitstest besteht aus fünfunddreißig Aussagen, durch die eine Persönlichkeit im weitesten Sinne beschrieben werden kann. Sie werden gebeten, auf jedem Testbogen so ehrlich wie möglich zu sagen, ob Sie der Meinung sind, daß die jeweilige Aussage auf Ihre Persönlichkeit oder die Persönlichkeit eines anderen Menschen, den Sie beurteilen sollen, zutrifft oder nicht. Machen Sie bei jeder Aussage einen Kreis um die Zahl in die linke Spalte, wenn Sie überhaupt nicht der Meinung sind, und in die rechte Spalte, wenn Sie voll und ganz mit der Aussage übereinstimmen. Die Zahlen dazwischen bieten Ihnen die Möglichkeit, Ihre Antworten abzustufen. Kreisen Sie einfach nur bei jeder Aussage eine Zahl ein. Markieren Sie aber immer nur eine Zahl pro Aussage.

	Testbogen 1 ***Inneres Selbstbild*** *Wie Sie sich in Ihrem Innersten selbst beurteilen* Haben Sie das Gefühl, jemand zu sein, der:					**Testbogen 2** ***Äußeres Selbstbild*** *Was die anderen Ihrer Meinung nach über Sie denken* Glauben Sie, daß andere Sie für jemanden halten, der:				
	stimmt überhaupt nicht	stimmt nicht ganz	unentschieden	stimmt in etwa	stimmt voll und ganz	stimmt überhaupt nicht	stimmt nicht ganz	unentschieden	stimmt in etwa	stimmt voll und ganz
1. Geht aus sich heraus, ist gesellig	1	2	3	4	5	1	2	3	4	5
2. Neigt dazu, andere zu kritisieren	5	4	3	2	1	5	4	3	2	1
3. Arbeitet zuverlässig und gewissenhaft	1	2	3	4	5	1	2	3	4	5
4. Bleibt ruhig, selbst in Streßsituationen	5	4	3	2	1	5	4	3	2	1
5. Schätzt künstlerische und ästhetische Eindrücke	1	2	3	4	5	1	2	3	4	5
6. Ist eher zurückhaltend, reserviert	5	4	3	2	1	5	4	3	2	1
7. Ist hilfsbereit und selbstlos gegenüber anderen	1	2	3	4	5	1	2	3	4	5
8. Ist manchmal unsorgfältig und schludrig	5	4	3	2	1	5	4	3	2	1
9. Ist entspannt, läßt sich durch Streß nicht aus der Ruhe bringen.	5	4	3	2	1	5	4	3	2	1
10. Mag es, wenn Aufgaben routinemäßig zu erledigen sind	5	4	3	2	1	5	4	3	2	1
11. Ist voller Energie und Tatendrang	1	2	3	4	5	1	2	3	4	5
12. Kann sich kalt und distanziert verhalten	5	4	3	2	1	5	4	3	2	1
13. Ist tüchtig und arbeitet flott	1	2	3	4	5	1	2	3	4	5
14. Wird leicht nervös und unsicher	1	2	3	4	5	1	2	3	4	5
15. Hat eine aktive Vorstellungskraft, ist phantasievoll	1	2	3	4	5	1	2	3	4	5
16. Ist manchmal schüchtern und gehemmt	5	4	3	2	1	5	4	3	2	1
17. Verhält sich kooperativ, zieht Zusammenarbeit dem Wettbewerb vor	1	2	3	4	5	1	2	3	4	5
18. Ist eher unordentlich	5	4	3	2	1	5	4	3	2	1
19. Ist emotional ausgeglichen, nicht leicht aus der Fassung zu bringen	5	4	3	2	1	5	4	3	2	1
20. Hat nur wenig künstlerisches Interesse	5	4	3	2	1	5	4	3	2	1
21. Ist gesprächig, unterhält sich gern	1	2	3	4	5	1	2	3	4	5
22. Kann sich schroff und abweisend anderen gegenüber verhalten	5	4	3	2	1	5	4	3	2	1
23. Erledigt Aufgaben gründlich	1	2	3	4	5	1	2	3	4	5
24. Ist deprimiert, niedergeschlagen	1	2	3	4	5	1	2	3	4	5
25. Kennt sich gut in Musik, Kunst oder Literatur aus	1	2	3	4	5	1	2	3	4	5
26. Ist eher der »stille Typ«, wortkarg	5	4	3	2	1	5	4	3	2	1
27. Schenkt anderen Vertrauen, glaubt an das Gute im Menschen	1	2	3	4	5	1	2	3	4	5
28. Ist bequem, neigt zur Faulheit	5	4	3	2	1	5	4	3	2	1
29. Macht sich viele Sorgen	1	2	3	4	5	1	2	3	4	5
30. Ist tiefsinnig, denkt gerne über Sachen nach	1	2	3	4	5	1	2	3	4	5
31. Ist begeisterungsfähig und kann andere leicht mitreißen	1	2	3	4	5	1	2	3	4	5
32. Ist nicht nachtragend, vergibt anderen leicht	1	2	3	4	5	1	2	3	4	5
33. Ist leicht ablenkbar, bleibt nicht bei der Sache	5	4	3	2	1	5	4	3	2	1
34. Reagiert leicht angespannt	1	2	3	4	5	1	2	3	4	5
35. Ist erfinderisch und einfallsreich	1	2	3	4	5	1	2	3	4	5

Die deutschen Übersetzungen der Items wurden von Beatrice Rammstedt und Oliver P. John vorgenommen.

Testbogen 3
Vereintes Selbstbild
Wie Sie sich insgesamt sehen

Sie sind jemand, der:

stimmt überhaupt nicht	stimmt nicht ganz	unentschieden	stimmt in etwa	stimmt voll und ganz
1	2	3	4	5
5	4	3	2	1
1	2	3	4	5
5	4	3	2	1
1	2	3	4	5
5	4	3	2	1
1	2	3	4	5
5	4	3	2	1
5	4	3	2	1
5	4	3	2	1
1	2	3	4	5
5	4	3	2	1
1	2	3	4	5
1	2	3	4	5
1	2	3	4	5
5	4	3	2	1
1	2	3	4	5
5	4	3	2	1
5	4	3	2	1
5	4	3	2	1
1	2	3	4	5
5	4	3	2	1
1	2	3	4	5
1	2	3	4	5
1	2	3	4	5
5	4	3	2	1
1	2	3	4	5
5	4	3	2	1
1	2	3	4	5
1	2	3	4	5
1	2	3	4	5
1	2	3	4	5
5	4	3	2	1
1	2	3	4	5
1	2	3	4	5

Testbogen 4
Ideales Selbstbild
Wie Sie im Idealfall sein möchten

Im Idealfall möchten Sie jemand sein, der:

stimmt überhaupt nicht	stimmt nicht ganz	unentschieden	stimmt in etwa	stimmt voll und ganz
1	2	3	4	5
5	4	3	2	1
1	2	3	4	5
5	4	3	2	1
1	2	3	4	5
5	4	3	2	1
1	2	3	4	5
5	4	3	2	1
5	4	3	2	1
5	4	3	2	1
1	2	3	4	5
5	4	3	2	1
1	2	3	4	5
1	2	3	4	5
1	2	3	4	5
5	4	3	2	1
1	2	3	4	5
5	4	3	2	1
5	4	3	2	1
5	4	3	2	1
1	2	3	4	5
5	4	3	2	1
1	2	3	4	5
1	2	3	4	5
1	2	3	4	5
5	4	3	2	1
1	2	3	4	5
5	4	3	2	1
1	2	3	4	5
1	2	3	4	5
1	2	3	4	5
1	2	3	4	5
5	4	3	2	1
1	2	3	4	5
1	2	3	4	5

Testbogen 5
Befürchtetes Selbstbild
Ihre Befürchtung

Sie befürchten, jemand zu sein, der:

stimmt überhaupt nicht	stimmt nicht ganz	unentschieden	stimmt in etwa	stimmt voll und ganz
1	2	3	4	5
5	4	3	2	1
1	2	3	4	5
5	4	3	2	1
1	2	3	4	5
5	4	3	2	1
1	2	3	4	5
5	4	3	2	1
5	4	3	2	1
5	4	3	2	1
1	2	3	4	5
5	4	3	2	1
1	2	3	4	5
1	2	3	4	5
1	2	3	4	5
5	4	3	2	1
1	2	3	4	5
5	4	3	2	1
5	4	3	2	1
5	4	3	2	1
1	2	3	4	5
5	4	3	2	1
1	2	3	4	5
1	2	3	4	5
1	2	3	4	5
5	4	3	2	1
1	2	3	4	5
5	4	3	2	1
1	2	3	4	5
1	2	3	4	5
1	2	3	4	5
1	2	3	4	5
5	4	3	2	1
1	2	3	4	5
1	2	3	4	5

Testbogen 6
Rollenidentität Arbeitsbereich
So sehen Sie sich bei der Arbeit

Glauben Sie, daß andere Sie für jemanden halten, der:

stimmt überhaupt nicht	stimmt nicht ganz	unentschieden	stimmt in etwa	stimmt voll und ganz
1	2	3	4	5
5	4	3	2	1
1	2	3	4	5
5	4	3	2	1
1	2	3	4	5
5	4	3	2	1
1	2	3	4	5
5	4	3	2	1
5	4	3	2	1
5	4	3	2	1
1	2	3	4	5
5	4	3	2	1
1	2	3	4	5
1	2	3	4	5
1	2	3	4	5
5	4	3	2	1
1	2	3	4	5
5	4	3	2	1
5	4	3	2	1
5	4	3	2	1
1	2	3	4	5
5	4	3	2	1
1	2	3	4	5
1	2	3	4	5
1	2	3	4	5
5	4	3	2	1
1	2	3	4	5
5	4	3	2	1
1	2	3	4	5
1	2	3	4	5
1	2	3	4	5
1	2	3	4	5
5	4	3	2	1
1	2	3	4	5
1	2	3	4	5

Testbogen 7
Rollenidentität Intimbeziehung
Mit Ihrem Ehepartner oder Intimpartner

Als Intimpartner sind Sie jemand, der:

stimmt überhaupt nicht	stimmt nicht ganz	unentschieden	stimmt in etwa	stimmt voll und ganz
1	2	3	4	5
5	4	3	2	1
1	2	3	4	5
5	4	3	2	1
1	2	3	4	5
5	4	3	2	1
1	2	3	4	5
5	4	3	2	1
5	4	3	2	1
5	4	3	2	1
1	2	3	4	5
5	4	3	2	1
1	2	3	4	5
1	2	3	4	5
1	2	3	4	5
5	4	3	2	1
1	2	3	4	5
5	4	3	2	1
5	4	3	2	1
5	4	3	2	1
1	2	3	4	5
5	4	3	2	1
1	2	3	4	5
1	2	3	4	5
1	2	3	4	5
5	4	3	2	1
1	2	3	4	5
5	4	3	2	1
1	2	3	4	5
1	2	3	4	5
1	2	3	4	5
1	2	3	4	5
5	4	3	2	1
1	2	3	4	5
1	2	3	4	5

Testbogen 8
Rollenidentität Freundschaft
Mit Ihren Freunden

Als Freund sind Sie jemand, der:

stimmt überhaupt nicht	stimmt nicht ganz	unentschieden	stimmt in etwa	stimmt voll und ganz
1	2	3	4	5
5	4	3	2	1
1	2	3	4	5
5	4	3	2	1
1	2	3	4	5
5	4	3	2	1
1	2	3	4	5
5	4	3	2	1
5	4	3	2	1
5	4	3	2	1
1	2	3	4	5
5	4	3	2	1
1	2	3	4	5
1	2	3	4	5
1	2	3	4	5
5	4	3	2	1
1	2	3	4	5
5	4	3	2	1
5	4	3	2	1
5	4	3	2	1
1	2	3	4	5
5	4	3	2	1
1	2	3	4	5
1	2	3	4	5
1	2	3	4	5
5	4	3	2	1
1	2	3	4	5
5	4	3	2	1
1	2	3	4	5
1	2	3	4	5
1	2	3	4	5
1	2	3	4	5
5	4	3	2	1
1	2	3	4	5
1	2	3	4	5

Testbogen 9
Weitere Rollenidentität
Tragen Sie die Rolle ein

In dieser Rolle sind Sie jemand, der:

stimmt überhaupt nicht	stimmt nicht ganz	unentschieden	stimmt in etwa	stimmt voll und ganz
1	2	3	4	5
5	4	3	2	1
1	2	3	4	5
5	4	3	2	1
1	2	3	4	5
5	4	3	2	1
1	2	3	4	5
5	4	3	2	1
5	4	3	2	1
5	4	3	2	1
1	2	3	4	5
5	4	3	2	1
1	2	3	4	5
1	2	3	4	5
1	2	3	4	5
5	4	3	2	1
1	2	3	4	5
5	4	3	2	1
5	4	3	2	1
5	4	3	2	1
1	2	3	4	5
5	4	3	2	1
1	2	3	4	5
1	2	3	4	5
1	2	3	4	5
5	4	3	2	1
1	2	3	4	5
5	4	3	2	1
1	2	3	4	5
1	2	3	4	5
1	2	3	4	5
1	2	3	4	5
5	4	3	2	1
1	2	3	4	5
1	2	3	4	5

Testbogen 10
Partner A: Partnerbild
Wie Partner A von Partner B gesehen wird

Ihr Partner ist jemand, der:

stimmt überhaupt nicht	stimmt nicht ganz	unentschieden	stimmt in etwa	stimmt voll und ganz
1	2	3	4	5
5	4	3	2	1
1	2	3	4	5
5	4	3	2	1
1	2	3	4	5
5	4	3	2	1
1	2	3	4	5
5	4	3	2	1
5	4	3	2	1
5	4	3	2	1
1	2	3	4	5
5	4	3	2	1
1	2	3	4	5
1	2	3	4	5
1	2	3	4	5
5	4	3	2	1
1	2	3	4	5
5	4	3	2	1
5	4	3	2	1
5	4	3	2	1
1	2	3	4	5
5	4	3	2	1
1	2	3	4	5
1	2	3	4	5
1	2	3	4	5
5	4	3	2	1
1	2	3	4	5
5	4	3	2	1
1	2	3	4	5
1	2	3	4	5
1	2	3	4	5
1	2	3	4	5
5	4	3	2	1
1	2	3	4	5
1	2	3	4	5

Testbogen 11
Partner B: Partnerbild
Wie Partner B sich selbst sieht

Sie sind jemand, der:

stimmt überhaupt nicht	stimmt nicht ganz	unentschieden	stimmt in etwa	stimmt voll und ganz
1	2	3	4	5
5	4	3	2	1
1	2	3	4	5
5	4	3	2	1
1	2	3	4	5
5	4	3	2	1
1	2	3	4	5
5	4	3	2	1
5	4	3	2	1
5	4	3	2	1
1	2	3	4	5
5	4	3	2	1
1	2	3	4	5
1	2	3	4	5
1	2	3	4	5
5	4	3	2	1
1	2	3	4	5
5	4	3	2	1
5	4	3	2	1
5	4	3	2	1
1	2	3	4	5
5	4	3	2	1
1	2	3	4	5
1	2	3	4	5
1	2	3	4	5
5	4	3	2	1
1	2	3	4	5
5	4	3	2	1
1	2	3	4	5
1	2	3	4	5
1	2	3	4	5
1	2	3	4	5
5	4	3	2	1
1	2	3	4	5
1	2	3	4	5

Testbogen 12
Partner B: Partnerbild
Wie Partner B von Partner A gesehen wird

Ihr Partner ist jemand, der:

stimmt überhaupt nicht	stimmt nicht ganz	unentschieden	stimmt in etwa	stimmt voll und ganz
1	2	3	4	5
5	4	3	2	1
1	2	3	4	5
5	4	3	2	1
1	2	3	4	5
5	4	3	2	1
1	2	3	4	5
5	4	3	2	1
5	4	3	2	1
5	4	3	2	1
1	2	3	4	5
5	4	3	2	1
1	2	3	4	5
1	2	3	4	5
1	2	3	4	5
5	4	3	2	1
1	2	3	4	5
5	4	3	2	1
5	4	3	2	1
5	4	3	2	1
1	2	3	4	5
5	4	3	2	1
1	2	3	4	5
1	2	3	4	5
1	2	3	4	5
5	4	3	2	1
1	2	3	4	5
5	4	3	2	1
1	2	3	4	5
1	2	3	4	5
1	2	3	4	5
1	2	3	4	5
5	4	3	2	1
1	2	3	4	5
1	2	3	4	5

Testbogen 13
Reflektiertes Bild
Beurteilung durch den Arbeitskollegen 1

Die Person, die Sie beschreiben, ist jemand, der:

stimmt überhaupt nicht	stimmt nicht ganz	unentschieden	stimmt in etwa	stimmt voll und ganz
1	2	3	4	5
5	4	3	2	1
1	2	3	4	5
5	4	3	2	1
1	2	3	4	5
5	4	3	2	1
1	2	3	4	5
5	4	3	2	1
5	4	3	2	1
5	4	3	2	1
1	2	3	4	5
5	4	3	2	1
1	2	3	4	5
1	2	3	4	5
1	2	3	4	5
5	4	3	2	1
1	2	3	4	5
5	4	3	2	1
5	4	3	2	1
5	4	3	2	1
1	2	3	4	5
5	4	3	2	1
1	2	3	4	5
1	2	3	4	5
1	2	3	4	5
5	4	3	2	1
1	2	3	4	5
5	4	3	2	1
1	2	3	4	5
1	2	3	4	5
1	2	3	4	5
1	2	3	4	5
5	4	3	2	1
1	2	3	4	5
1	2	3	4	5

Testbogen 14
Reflektiertes Bild
Beurteilung durch den Arbeitskollegen 2

Die Person, die Sie beschreiben, ist jemand, der:

stimmt überhaupt nicht	stimmt nicht ganz	unentschieden	stimmt in etwa	stimmt voll und ganz
1	2	3	4	5
5	4	3	2	1
1	2	3	4	5
5	4	3	2	1
1	2	3	4	5
5	4	3	2	1
1	2	3	4	5
5	4	3	2	1
5	4	3	2	1
5	4	3	2	1
1	2	3	4	5
5	4	3	2	1
1	2	3	4	5
1	2	3	4	5
1	2	3	4	5
5	4	3	2	1
1	2	3	4	5
5	4	3	2	1
5	4	3	2	1
5	4	3	2	1
1	2	3	4	5
5	4	3	2	1
1	2	3	4	5
1	2	3	4	5
1	2	3	4	5
5	4	3	2	1
1	2	3	4	5
5	4	3	2	1
1	2	3	4	5
1	2	3	4	5
1	2	3	4	5
1	2	3	4	5
5	4	3	2	1
1	2	3	4	5
1	2	3	4	5

Testbogen 15
Reflektiertes Bild
Beurteilung durch Freund 1

Die Person, die Sie beschreiben, ist jemand, der:

stimmt überhaupt nicht	stimmt nicht ganz	unentschieden	stimmt in etwa	stimmt voll und ganz
1	2	3	4	5
5	4	3	2	1
1	2	3	4	5
5	4	3	2	1
1	2	3	4	5
5	4	3	2	1
1	2	3	4	5
5	4	3	2	1
5	4	3	2	1
5	4	3	2	1
1	2	3	4	5
5	4	3	2	1
1	2	3	4	5
1	2	3	4	5
1	2	3	4	5
5	4	3	2	1
1	2	3	4	5
5	4	3	2	1
5	4	3	2	1
5	4	3	2	1
1	2	3	4	5
5	4	3	2	1
1	2	3	4	5
1	2	3	4	5
1	2	3	4	5
5	4	3	2	1
1	2	3	4	5
5	4	3	2	1
1	2	3	4	5
1	2	3	4	5
1	2	3	4	5
1	2	3	4	5
5	4	3	2	1
1	2	3	4	5
1	2	3	4	5

Testbogen 16
Reflektiertes Bild
Beurteilung durch Freund 2

Die Person, die Sie beschreiben, ist jemand, der:

stimmt überhaupt nicht	stimmt nicht ganz	unentschieden	stimmt in etwa	stimmt voll und ganz
1	2	3	4	5
5	4	3	2	1
1	2	3	4	5
5	4	3	2	1
1	2	3	4	5
5	4	3	2	1
1	2	3	4	5
5	4	3	2	1
5	4	3	2	1
5	4	3	2	1
1	2	3	4	5
5	4	3	2	1
1	2	3	4	5
1	2	3	4	5
1	2	3	4	5
5	4	3	2	1
1	2	3	4	5
5	4	3	2	1
5	4	3	2	1
5	4	3	2	1
1	2	3	4	5
5	4	3	2	1
1	2	3	4	5
1	2	3	4	5
1	2	3	4	5
5	4	3	2	1
1	2	3	4	5
5	4	3	2	1
1	2	3	4	5
1	2	3	4	5
1	2	3	4	5
1	2	3	4	5
5	4	3	2	1
1	2	3	4	5
1	2	3	4	5

Testbogen 17
Reflektiertes Bild
Familienmitglied 1
Verwandtschaftsgrad:

Die Person, die Sie beschreiben, ist jemand, der:

stimmt überhaupt nicht	stimmt nicht ganz	unentschieden	stimmt in etwa	stimmt voll und ganz
1	2	3	4	5
5	4	3	2	1
1	2	3	4	5
5	4	3	2	1
1	2	3	4	5
5	4	3	2	1
1	2	3	4	5
5	4	3	2	1
5	4	3	2	1
5	4	3	2	1
1	2	3	4	5
5	4	3	2	1
1	2	3	4	5
1	2	3	4	5
1	2	3	4	5
5	4	3	2	1
1	2	3	4	5
5	4	3	2	1
5	4	3	2	1
5	4	3	2	1
1	2	3	4	5
5	4	3	2	1
1	2	3	4	5
1	2	3	4	5
1	2	3	4	5
5	4	3	2	1
1	2	3	4	5
5	4	3	2	1
1	2	3	4	5
1	2	3	4	5
1	2	3	4	5
1	2	3	4	5
5	4	3	2	1
1	2	3	4	5
1	2	3	4	5

Testbogen 18
Reflektiertes Bild
Familienmitglied 2
Verwandtschaftsgrad:

Die Person, die Sie beschreiben, ist jemand, der:

stimmt überhaupt nicht	stimmt nicht ganz	unentschieden	stimmt in etwa	stimmt voll und ganz
1	2	3	4	5
5	4	3	2	1
1	2	3	4	5
5	4	3	2	1
1	2	3	4	5
5	4	3	2	1
1	2	3	4	5
5	4	3	2	1
5	4	3	2	1
5	4	3	2	1
1	2	3	4	5
5	4	3	2	1
1	2	3	4	5
1	2	3	4	5
1	2	3	4	5
5	4	3	2	1
1	2	3	4	5
5	4	3	2	1
5	4	3	2	1
5	4	3	2	1
1	2	3	4	5
5	4	3	2	1
1	2	3	4	5
1	2	3	4	5
1	2	3	4	5
5	4	3	2	1
1	2	3	4	5
5	4	3	2	1
1	2	3	4	5
1	2	3	4	5
1	2	3	4	5
1	2	3	4	5
5	4	3	2	1
1	2	3	4	5
1	2	3	4	5

Testbogen 19
Extra-Test
Tragen Sie die Perspektive ein

Die Person, die Sie beschreiben, ist jemand, der:

stimmt überhaupt nicht	stimmt nicht ganz	unentschieden	stimmt in etwa	stimmt voll und ganz
1	2	3	4	5
5	4	3	2	1
1	2	3	4	5
5	4	3	2	1
1	2	3	4	5
5	4	3	2	1
1	2	3	4	5
5	4	3	2	1
5	4	3	2	1
5	4	3	2	1
1	2	3	4	5
5	4	3	2	1
1	2	3	4	5
1	2	3	4	5
1	2	3	4	5
5	4	3	2	1
1	2	3	4	5
5	4	3	2	1
5	4	3	2	1
5	4	3	2	1
1	2	3	4	5
5	4	3	2	1
1	2	3	4	5
1	2	3	4	5
1	2	3	4	5
5	4	3	2	1
1	2	3	4	5
5	4	3	2	1
1	2	3	4	5
1	2	3	4	5
1	2	3	4	5
1	2	3	4	5
5	4	3	2	1
1	2	3	4	5
1	2	3	4	5

Testbogen 20
Extra-Test

Tragen Sie die Perspektive ein

Die Person, die Sie beschreiben, ist jemand, der:

stimmt überhaupt nicht	stimmt nicht ganz	unentschieden	stimmt in etwa	stimmt voll und ganz
1	2	3	4	5
5	4	3	2	1
1	2	3	4	5
5	4	3	2	1
1	2	3	4	5
5	4	3	2	1
1	2	3	4	5
5	4	3	2	1
5	4	3	2	1
5	4	3	2	1
1	2	3	4	5
5	4	3	2	1
1	2	3	4	5
1	2	3	4	5
1	2	3	4	5
5	4	3	2	1
1	2	3	4	5
5	4	3	2	1
5	4	3	2	1
5	4	3	2	1
1	2	3	4	5
5	4	3	2	1
1	2	3	4	5
1	2	3	4	5
1	2	3	4	5
5	4	3	2	1
1	2	3	4	5
5	4	3	2	1
1	2	3	4	5
1	2	3	4	5
1	2	3	4	5
1	2	3	4	5
5	4	3	2	1
1	2	3	4	5
1	2	3	4	5

Testbogen 21
Extra-Test

Tragen Sie die Person ein

Die Person, die Sie beschreiben, ist jemand, der:

stimmt überhaupt nicht	stimmt nicht ganz	unentschieden	stimmt in etwa	stimmt voll und ganz
1	2	3	4	5
5	4	3	2	1
1	2	3	4	5
5	4	3	2	1
1	2	3	4	5
5	4	3	2	1
1	2	3	4	5
5	4	3	2	1
5	4	3	2	1
5	4	3	2	1
1	2	3	4	5
5	4	3	2	1
1	2	3	4	5
1	2	3	4	5
1	2	3	4	5
5	4	3	2	1
1	2	3	4	5
5	4	3	2	1
5	4	3	2	1
5	4	3	2	1
1	2	3	4	5
5	4	3	2	1
1	2	3	4	5
1	2	3	4	5
1	2	3	4	5
5	4	3	2	1
1	2	3	4	5
5	4	3	2	1
1	2	3	4	5
1	2	3	4	5
1	2	3	4	5
1	2	3	4	5
5	4	3	2	1
1	2	3	4	5
1	2	3	4	5

Testbogen 22
Extra-Test

Tragen Sie die Person ein

Die Person, die Sie beschreiben, ist jemand, der:

stimmt überhaupt nicht	stimmt nicht ganz	unentschieden	stimmt in etwa	stimmt voll und ganz
1	2	3	4	5
5	4	3	2	1
1	2	3	4	5
5	4	3	2	1
1	2	3	4	5
5	4	3	2	1
1	2	3	4	5
5	4	3	2	1
5	4	3	2	1
5	4	3	2	1
1	2	3	4	5
5	4	3	2	1
1	2	3	4	5
1	2	3	4	5
1	2	3	4	5
5	4	3	2	1
1	2	3	4	5
5	4	3	2	1
5	4	3	2	1
5	4	3	2	1
1	2	3	4	5
5	4	3	2	1
1	2	3	4	5
1	2	3	4	5
1	2	3	4	5
5	4	3	2	1
1	2	3	4	5
5	4	3	2	1
1	2	3	4	5
1	2	3	4	5
1	2	3	4	5
1	2	3	4	5
5	4	3	2	1
1	2	3	4	5
1	2	3	4	5

Testbogen 23
Extra-Test

Tragen Sie hier die Person ein

Die Person, die Sie beschreiben, ist jemand, der:

stimmt überhaupt nicht	stimmt nicht ganz	unentschieden	stimmt in etwa	stimmt voll und ganz
1	2	3	4	5
5	4	3	2	1
1	2	3	4	5
5	4	3	2	1
1	2	3	4	5
5	4	3	2	1
1	2	3	4	5
5	4	3	2	1
5	4	3	2	1
5	4	3	2	1
1	2	3	4	5
5	4	3	2	1
1	2	3	4	5
1	2	3	4	5
1	2	3	4	5
5	4	3	2	1
1	2	3	4	5
5	4	3	2	1
5	4	3	2	1
5	4	3	2	1
1	2	3	4	5
5	4	3	2	1
1	2	3	4	5
1	2	3	4	5
1	2	3	4	5
5	4	3	2	1
1	2	3	4	5
5	4	3	2	1
1	2	3	4	5
1	2	3	4	5
1	2	3	4	5
1	2	3	4	5
5	4	3	2	1
1	2	3	4	5
1	2	3	4	5

Testbogen 24
Extra-Test

Tragen Sie hier die Person ein

Die Person, die Sie beschreiben, ist jemand, der:

stimmt überhaupt nicht	stimmt nicht ganz	unentschieden	stimmt in etwa	stimmt voll und ganz
1	2	3	4	5
5	4	3	2	1
1	2	3	4	5
5	4	3	2	1
1	2	3	4	5
5	4	3	2	1
1	2	3	4	5
5	4	3	2	1
5	4	3	2	1
5	4	3	2	1
1	2	3	4	5
5	4	3	2	1
1	2	3	4	5
1	2	3	4	5
1	2	3	4	5
5	4	3	2	1
1	2	3	4	5
5	4	3	2	1
5	4	3	2	1
5	4	3	2	1
1	2	3	4	5
5	4	3	2	1
1	2	3	4	5
1	2	3	4	5
1	2	3	4	5
5	4	3	2	1
1	2	3	4	5
5	4	3	2	1
1	2	3	4	5
1	2	3	4	5
1	2	3	4	5
1	2	3	4	5
5	4	3	2	1
1	2	3	4	5
1	2	3	4	5

Profil: Inneres/äußeres Selbstbild

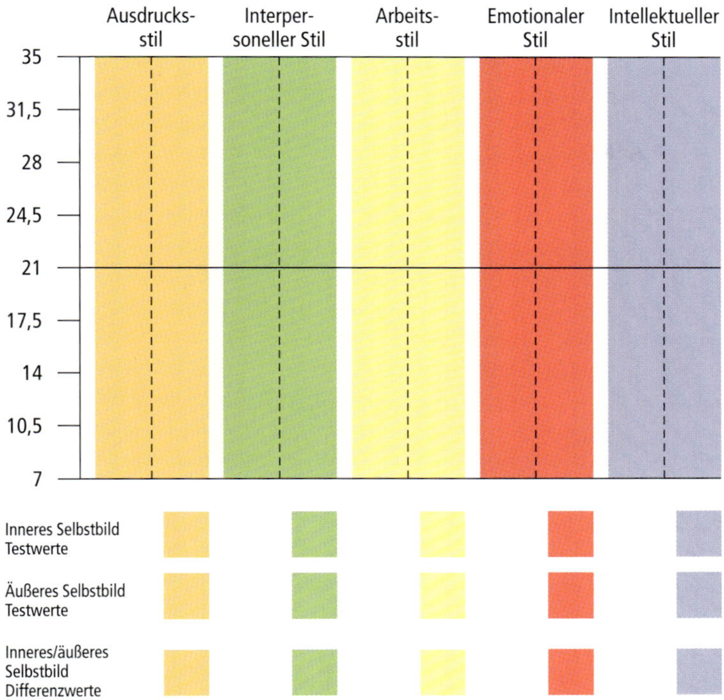

Profil: Vereintes Selbstbild

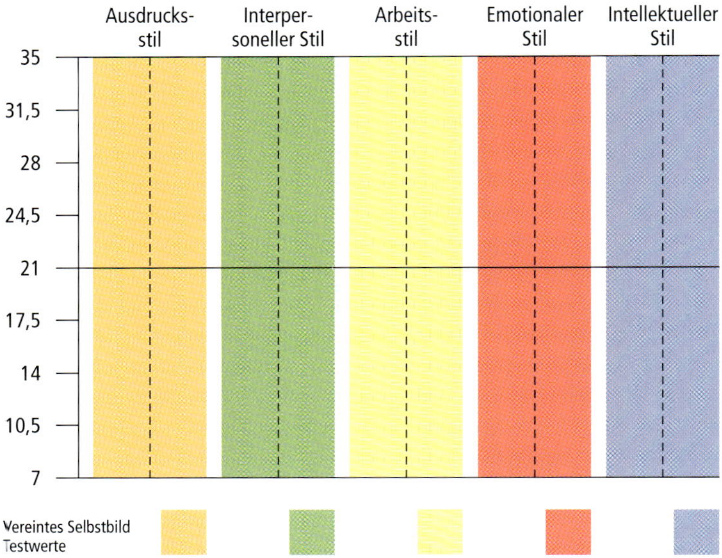

Profil: Mögliches Selbstbild

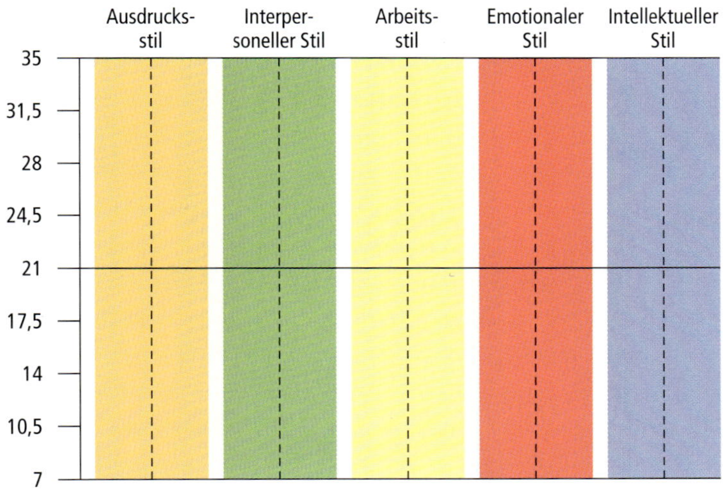

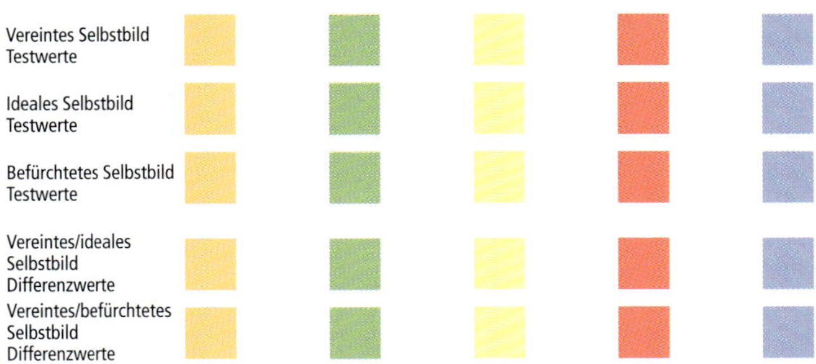

Profil: Rollenidentität

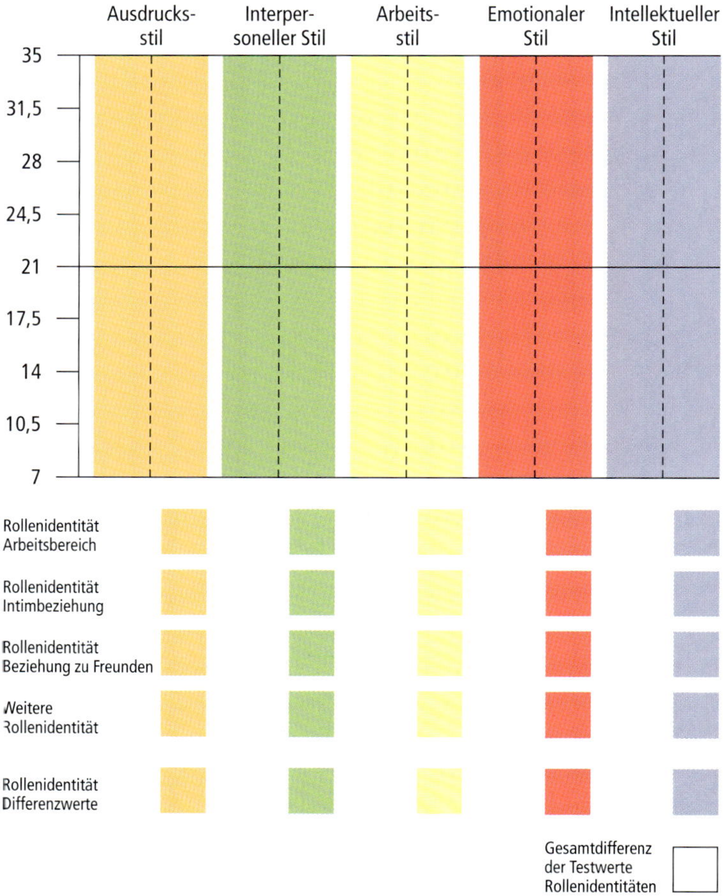

Profil: Selbstbild/Partnerbild

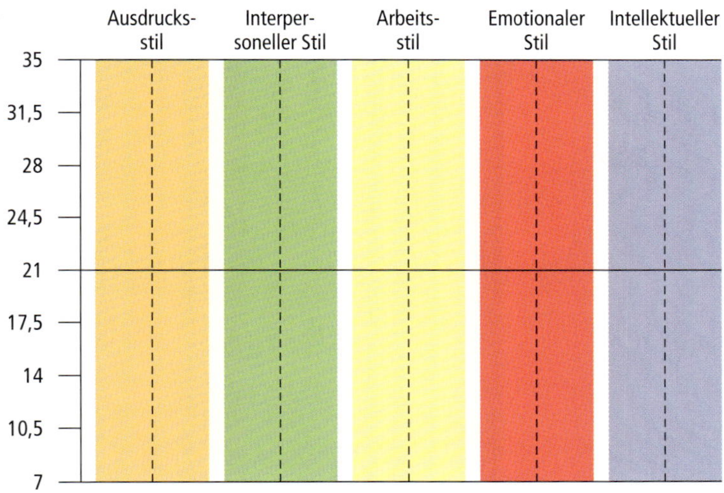

Partner A: Vereintes Selbstbild Testwerte (VA)

Partner A: Partnerbild Testwerte (PA)

Partner A: Partnerdifferenz Testwerte

Partner B: Vereintes Selbstbild (VB) Testwerte

Partner B: Partnerbild (PB) Testwerte

Partner B: Partnerdifferenz Testwerte

Profil 1 – Reflektiertes Bild

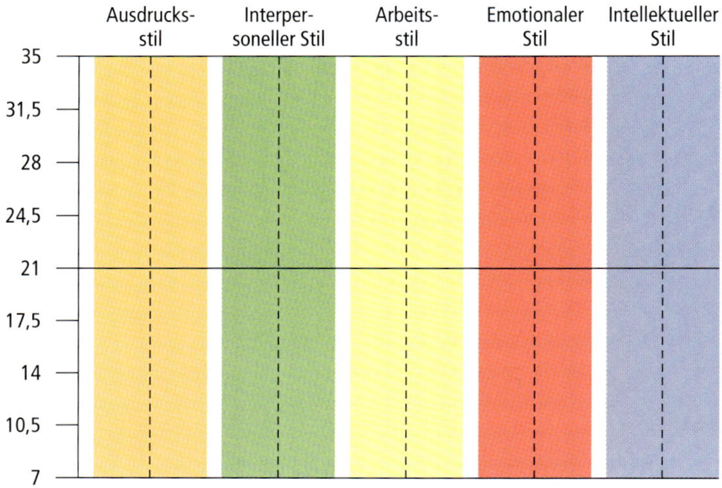

Partner/bester Freund Reflektiertes Bild Testwerte					
Arbeitskollege 1 Reflektiertes Bild Testwerte					
Arbeitskollege 2 Reflektiertes Bild Testwerte					
Freund 1 Reflektiertes Bild Testwerte					
Freund 2 Reflektiertes Bild Testwerte					
Familienmitglied 1 Reflektiertes Bild Testwerte					
Familienmitglied 2 Reflektiertes Bild Testwerte					
Reflektiertes Bild Differenzwerte					

Profil 2 – Reflektiertes Bild

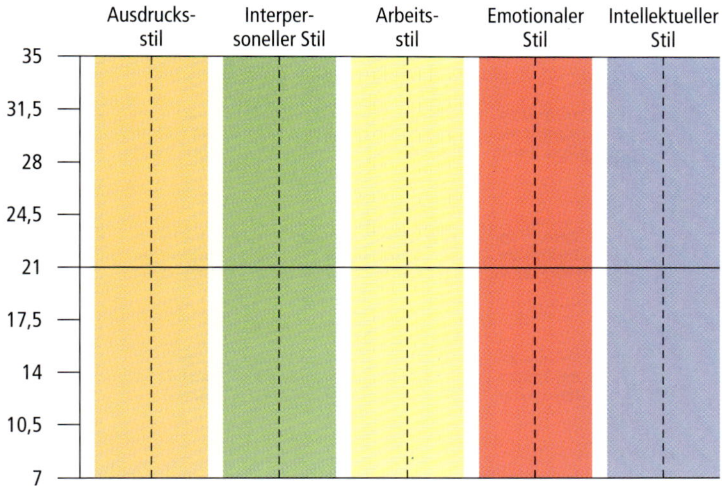

Partner/bester Freund Reflektiertes Bild Testwerte					
Arbeitskollege 1 Reflektiertes Bild Testwerte					
Arbeitskollege 2 Reflektiertes Bild Testwerte					
Freund 1 Reflektiertes Bild Testwerte					
Freund 2 Reflektiertes Bild Testwerte					
Familienmitglied 1 Reflektiertes Bild Testwerte					
Familienmitglied 2 Reflektiertes Bild Testwerte					
Reflektiertes Bild Durchschnittswerte					
Vereintes Selbstbild Testwerte					
Vereintes Selbstbild/ reflektiertes Bild Differenzwerte					

Integrationsmatrix

	Ausdrucksstil	Interpersoneller Stil	Arbeitsstil	Emotionaler Stil	Intellektueller Stil
Inneres / Äußeres Differenzwerte 3 Punkte oder mehr?	Kreisen Sie den Begriff mit dem höheren Wert ein:	Kreisen Sie den Begriff mit dem höheren Wert ein:	Kreisen Sie den Begriff mit dem höheren Wert ein:	Kreisen Sie den Begriff mit dem höheren Wert ein:	Kreisen Sie den Begriff mit dem höheren Wert ein:
Vereintes / ideales Selbstbild Differenzwerte 4 Punkte oder mehr?	Kreisen Sie den Begriff mit dem höheren Wert ein:	Kreisen Sie den Begriff mit dem höheren Wert ein:	Kreisen Sie den Begriff mit dem höheren Wert ein:	Kreisen Sie den Begriff mit dem höheren Wert ein:	Kreisen Sie den Begriff mit dem höheren Wert ein:
Vereintes / befürchtetes Selbstbild Differenzwerte 3 Punkte o. weniger?	Kreisen Sie den Begriff mit dem höheren Wert ein:	Kreisen Sie den Begriff mit dem höheren Wert ein:	Kreisen Sie den Begriff mit dem höheren Wert ein:	Kreisen Sie den Begriff mit dem höheren Wert ein:	Kreisen Sie den Begriff mit dem höheren Wert ein:
Rollenidentität Differenzwerte 4 Punkte oder mehr?	Kreisen Sie den Begriff mit dem höheren Wert ein:	Kreisen Sie den Begriff mit dem höheren Wert ein:	Kreisen Sie den Begriff mit dem höheren Wert ein:	Kreisen Sie den Begriff mit dem höheren Wert ein:	Kreisen Sie den Begriff mit dem höheren Wert ein:
Partner (beschreibt Sie) Differenzwerte 3 Punkte oder mehr?	Kreisen Sie den Begriff mit dem höheren Wert ein:	Kreisen Sie den Begriff mit dem höheren Wert ein:	Kreisen Sie den Begriff mit dem höheren Wert ein:	Kreisen Sie den Begriff mit dem höheren Wert ein:	Kreisen Sie den Begriff mit dem höheren Wert ein:
Reflektiertes Bild Differenzwerte 7 Punkte oder mehr?	Kreisen Sie den Begriff mit dem höheren Wert ein:	Kreisen Sie den Begriff mit dem höheren Wert ein:	Kreisen Sie den Begriff mit dem höheren Wert ein:	Kreisen Sie den Begriff mit dem höheren Wert ein:	Kreisen Sie den Begriff mit dem höheren Wert ein:
Vereintes / reflektiertes Bild Differenzwerte 3 Punkte oder mehr?	Kreisen Sie den Begriff mit dem höheren Wert ein:	Kreisen Sie den Begriff mit dem höheren Wert ein:	Kreisen Sie den Begriff mit dem höheren Wert ein:	Kreisen Sie den Begriff mit dem höheren Wert ein:	Kreisen Sie den Begriff mit dem höheren Wert ein:
Vereintes Selbstbild Testwerte Tragen Sie die Werte in die Kästchen ein.					

National Personality Survey

Wir hoffen, die Arbeit mit dem Berkeley-Persönlichkeitsprofil hat Ihnen Freude gemacht und Ihnen wertvolle Erkenntnisse für Ihr tägliches Leben vermittelt. Die Informationen, die Sie beim Ausfüllen der verschiedenen Abschnitte des Tests sammeln konnten, sind auch für unsere Forschungsarbeiten von großem Wert. Wir würden uns freuen, wenn Sie uns Ihre Ergebnisse für unsere zur Zeit noch laufende »National Personality Survey« zur Verfügung stellen könnten, denn Sie würden dadurch dem Fortschritt der Persönlichkeitsforschung dienen. Wenn Sie bereit sind, an unserer Untersuchung teilzunehmen, schicken Sie bitte alle ausgefüllten Testbögen (oder Kopien) zusammen mit dem ausgefüllten Fragebogen an:

The National Personality Survey
Institute for Advanced Psychology
2269 Chestnut Street, Box 875
San Francisco, CA 94123

Die Ergebnisse unserer Umfrage werden auf den letzten Stand gebracht und dann in zukünftigen Auflagen dieses Buches und in wissenschaftlichen Zeitschriften veröffentlicht. Es steht den Teilnehmern offen, auch an weiteren Persönlichkeitsuntersuchungen teilzunehmen, bei denen die reflektive Methode der Persönlichkeitstestung und das Berkeley-Persönlichkeitsprofil angewandt werden.

Geburtsdatum (Monat/Jahr) _____/_____

Geschlecht: ☐ männlich ☐ weiblich

Anstellung: ☐ Vollzeit ☐ Teilzeit ☐ keine Anstellung
☐ pensioniert jährliches Familieneinkommen: _________________

Wie könnte man Ihre Arbeit beschreiben? (Kreuzen Sie bitte alles an, was zutrifft)

☐ Verwaltung ☐ Kunst, Musik, Literatur ☐ Finanzen
☐ Gesundheitswesen ☐ Marketing/Verkauf ☐ Freiberufler
☐ Technik/Reparatur ☐ Dienstleistungsgewerbe ☐ Student
☐ Lehrberuf ☐ Wissenschaftler ☐ Hausfrau/Hausmann
☐ Staatsdiener/Regierungsangestellter

Welche Berufsbezeichnung führen Sie zur Zeit? ____

Auf welcher Stufe befinden Sie sich in Ihrer Firma?

☐ Anfangsgehalt ☐ selbständig ☐ mittleres Gehalt
☐ Stundenlohn ☐ obere Gehaltsklasse

Wie lange arbeiten Sie schon in Ihrem derzeitigen Beruf (Jahre/Monate)? _____/_____

Wie oft haben Sie Ihre Stelle oder Ihren Beruf in den letzten zehn Jahren gewechselt? ___________

Höchster Ausbildungsabschluß: ☐ Abitur ☐ Bakkalaureat
☐ Magister ☐ Doktorgrad

Wie häufig	nie	gelegentlich	häufig
Trinken Sie Kaffee?	☐	☐	☐
Trinken Sie Alkohol?	☐	☐	☐
Essen Sie Süßigkeiten?	☐	☐	☐
Rauchen Sie?	☐	☐	☐
Treiben Sie Sport?	☐	☐	☐
Sind Sie erkältet oder haben eine Grippe?	☐	☐	☐
Leiden Sie unter Schmerzen?	☐	☐	☐
Nehmen Sie Schlafmittel?	☐	☐	☐
Machen Sie sich Sorgen um Ihre Gesundheit?	☐	☐	☐

Waren Sie jemals in psychotherapeutischer Behandlung? Wenn ja, ungefähr wann und wie lange? ______________________

Haben Sie jemals unter einer Herzkrankheit gelitten? Wenn ja, welche Art der Erkrankung und wann? ______________________

Haben Sie jemals Krebs gehabt? Wenn ja, welche Art und wann? ______________________

Familienstand (bitte kreuzen Sie alles an, was zutrifft)

☐ unverheiratet ☐ verheiratet ☐ geschieden
☐ verwitwet ☐ wiederverheiratet ☐ lebe mit Partner zusammen
☐ habe gelegentlich Beziehungen ☐ habe eine feste Beziehung ☐ habe zur Zeit keine Beziehung

Haben Sie Kinder? Wenn ja, Alter der Kinder? ____________

Welche »weitere« Rolle haben Sie auf dem Testbogen 9 eingetragen? ______________________

Wie zufrieden sind Sie?	gar nicht	etwas	ziemlich	sehr
als Partner	☐	☐	☐	☐
bei Ihrer Arbeit	☐	☐	☐	☐
als Freund	☐	☐	☐	☐
in Ihrer »weiteren« Rolle	☐	☐	☐	☐
im allgemeinen	☐	☐	☐	☐
Wie stark engagieren Sie sich?	gar nicht	etwas	ziemlich	sehr
als Partner	☐	☐	☐	☐
bei der Arbeit	☐	☐	☐	☐
als Freund	☐	☐	☐	☐
in Ihrer »weiteren« Rolle	☐	☐	☐	☐
im allgemeinen	☐	☐	☐	☐

Art und Dauer der Beziehung zu Ihrem Intimpartner oder besten Freund, der an der Selbstbild/Partnerbild-Übung im 6. Kapitel teilgenommen hat (bitte alles ankreuzen, was zutrifft)

☐ Wir sind Freunde seit (Monate/Jahre) _____/_____
☐ Wir sind Intimpartner seit (Monate/Jahre) _____/_____
☐ Wir leben zusammen seit (Monate/Jahre) _____/_____
☐ Wir sind verheiratet seit (Monate/Jahre) _____/_____

Wir danken Ihnen, daß Sie an unserer National Personality Survey teilgenommen haben. Wenn Sie an weiteren Untersuchungen teilnehmen wollen, tragen Sie bitte unten Ihren Namen und Ihre Adresse ein. Antworten werden vertraulich behandelt.

Name (fakultativ) ______________________

Adresse (fakultativ) ______________________

Wären Sie an weiteren Informationen über die erweiterte Multimedia-Software-Version des Berkeley-Persönlichkeitsprofils interessiert, sobald es erhältlich ist? ☐ Ja ☐ Nein

Vergessen Sie bitte nicht, diesem Formular Ihre ausgefüllten Testbögen beizulegen.

Wenn Sie die Testbögen von zwei Personen einschicken, vergessen Sie bitte nicht, die Bögen der jeweiligen Person an den Fragebogen anzuheften.

Das Berkeley-Persönlichkeitsprofil Testbögen

Der vorliegende Persönlichkeitstest besteht aus fünfunddreißig Aussagen, durch die eine Persönlichkeit im weitesten Sinne beschrieben werden kann. Sie werden gebeten, auf jedem Testbogen so ehrlich wie möglich zu sagen, ob Sie der Meinung sind, daß die jeweilige Aussage auf Ihre Persönlichkeit oder die Persönlichkeit eines anderen Menschen, den Sie beurteilen sollen, zutrifft oder nicht. Machen Sie bei jeder Aussage einen Kreis um die Zahl in die linke Spalte, wenn Sie überhaupt nicht der Meinung sind, und in die rechte Spalte, wenn Sie voll und ganz mit der Aussage übereinstimmen. Die Zahlen dazwischen bieten Ihnen die Möglichkeit, Ihre Antworten abzustufen. Kreisen Sie einfach nur bei jeder Aussage eine Zahl ein. Markieren Sie aber immer nur eine Zahl pro Aussage.

	Testbogen 1 *Inneres Selbstbild* *Wie Sie sich in Ihrem Innersten selbst beurteilen* Haben Sie das Gefühl, jemand zu sein, der:					**Testbogen 2** *Äußeres Selbstbild* *Was die anderen Ihrer Meinung nach über Sie denken* Glauben Sie, daß andere Sie für jemanden halten, der:				
	stimmt überhaupt nicht	stimmt nicht ganz	unentschieden	stimmt in etwa	stimmt voll und ganz	stimmt überhaupt nicht	stimmt nicht ganz	unentschieden	stimmt in etwa	stimmt voll und ganz
1. Geht aus sich heraus, ist gesellig	1	2	3	4	5	1	2	3	4	5
2. Neigt dazu, andere zu kritisieren	5	4	3	2	1	5	4	3	2	1
3. Arbeitet zuverlässig und gewissenhaft	1	2	3	4	5	1	2	3	4	5
4. Bleibt ruhig, selbst in Streßsituationen	5	4	3	2	1	5	4	3	2	1
5. Schätzt künstlerische und ästhetische Eindrücke	1	2	3	4	5	1	2	3	4	5
6. Ist eher zurückhaltend, reserviert	5	4	3	2	1	5	4	3	2	1
7. Ist hilfsbereit und selbstlos gegenüber anderen	1	2	3	4	5	1	2	3	4	5
8. Ist manchmal unsorgfältig und schludrig	5	4	3	2	1	5	4	3	2	1
9. Ist entspannt, läßt sich durch Streß nicht aus der Ruhe bringen.	5	4	3	2	1	5	4	3	2	1
10. Mag es, wenn Aufgaben routinemäßig zu erledigen sind	5	4	3	2	1	5	4	3	2	1
11. Ist voller Energie und Tatendrang	1	2	3	4	5	1	2	3	4	5
12. Kann sich kalt und distanziert verhalten	5	4	3	2	1	5	4	3	2	1
13. Ist tüchtig und arbeitet flott	1	2	3	4	5	1	2	3	4	5
14. Wird leicht nervös und unsicher	1	2	3	4	5	1	2	3	4	5
15. Hat eine aktive Vorstellungskraft, ist phantasievoll	1	2	3	4	5	1	2	3	4	5
16. Ist manchmal schüchtern und gehemmt	5	4	3	2	1	5	4	3	2	1
17. Verhält sich kooperativ, zieht Zusammenarbeit dem Wettbewerb vor	1	2	3	4	5	1	2	3	4	5
18. Ist eher unordentlich	5	4	3	2	1	5	4	3	2	1
19. Ist emotional ausgeglichen, nicht leicht aus der Fassung zu bringen	5	4	3	2	1	5	4	3	2	1
20. Hat nur wenig künstlerisches Interesse	5	4	3	2	1	5	4	3	2	1
21. Ist gesprächig, unterhält sich gern	1	2	3	4	5	1	2	3	4	5
22. Kann sich schroff und abweisend anderen gegenüber verhalten	5	4	3	2	1	5	4	3	2	1
23. Erledigt Aufgaben gründlich	1	2	3	4	5	1	2	3	4	5
24. Ist deprimiert, niedergeschlagen	1	2	3	4	5	1	2	3	4	5
25. Kennt sich gut in Musik, Kunst oder Literatur aus	1	2	3	4	5	1	2	3	4	5
26. Ist eher der »stille Typ«, wortkarg	5	4	3	2	1	5	4	3	2	1
27. Schenkt anderen Vertrauen, glaubt an das Gute im Menschen	1	2	3	4	5	1	2	3	4	5
28. Ist bequem, neigt zur Faulheit	5	4	3	2	1	5	4	3	2	1
29. Macht sich viele Sorgen	1	2	3	4	5	1	2	3	4	5
30. Ist tiefsinnig, denkt gerne über Sachen nach	1	2	3	4	5	1	2	3	4	5
31. Ist begeisterungsfähig und kann andere leicht mitreißen	1	2	3	4	5	1	2	3	4	5
32. Ist nicht nachtragend, vergibt anderen leicht	1	2	3	4	5	1	2	3	4	5
33. Ist leicht ablenkbar, bleibt nicht bei der Sache	5	4	3	2	1	5	4	3	2	1
34. Reagiert leicht angespannt	1	2	3	4	5	1	2	3	4	5
35. Ist erfinderisch und einfallsreich	1	2	3	4	5	1	2	3	4	5

Die deutschen Übersetzungen der Items wurden von Beatrice Rammstedt und Oliver P. John vorgenommen.

Testbogen 3
Vereintes Selbstbild
Wie Sie sich insgesamt sehen

Sie sind jemand, der:

stimmt überhaupt nicht	stimmt nicht ganz	unentschieden	stimmt in etwa	stimmt voll und ganz
1	2	3	4	5
5	4	3	2	1
1	2	3	4	5
5	4	3	2	1
1	2	3	4	5
5	4	3	2	1
1	2	3	4	5
5	4	3	2	1
5	4	3	2	1
5	4	3	2	1
1	2	3	4	5
5	4	3	2	1
1	2	3	4	5
1	2	3	4	5
1	2	3	4	5
5	4	3	2	1
1	2	3	4	5
5	4	3	2	1
5	4	3	2	1
5	4	3	2	1
1	2	3	4	5
5	4	3	2	1
1	2	3	4	5
1	2	3	4	5
1	2	3	4	5
5	4	3	2	1
1	2	3	4	5
5	4	3	2	1
1	2	3	4	5
1	2	3	4	5
1	2	3	4	5
1	2	3	4	5
5	4	3	2	1
1	2	3	4	5
1	2	3	4	5

Testbogen 4
Ideales Selbstbild
Wie Sie im Idealfall sein möchten

Im Idealfall möchten Sie jemand sein, der:

stimmt überhaupt nicht	stimmt nicht ganz	unentschieden	stimmt in etwa	stimmt voll und ganz
1	2	3	4	5
5	4	3	2	1
1	2	3	4	5
5	4	3	2	1
1	2	3	4	5
5	4	3	2	1
1	2	3	4	5
5	4	3	2	1
5	4	3	2	1
5	4	3	2	1
1	2	3	4	5
5	4	3	2	1
1	2	3	4	5
1	2	3	4	5
1	2	3	4	5
5	4	3	2	1
1	2	3	4	5
5	4	3	2	1
5	4	3	2	1
5	4	3	2	1
1	2	3	4	5
5	4	3	2	1
1	2	3	4	5
1	2	3	4	5
1	2	3	4	5
5	4	3	2	1
1	2	3	4	5
5	4	3	2	1
1	2	3	4	5
1	2	3	4	5
1	2	3	4	5
1	2	3	4	5
5	4	3	2	1
1	2	3	4	5
1	2	3	4	5

Testbogen 5
Befürchtetes Selbstbild
Ihre Befürchtung

Sie befürchten, jemand zu sein, der:

stimmt überhaupt nicht	stimmt nicht ganz	unentschieden	stimmt in etwa	stimmt voll und ganz
1	2	3	4	5
5	4	3	2	1
1	2	3	4	5
5	4	3	2	1
1	2	3	4	5
5	4	3	2	1
1	2	3	4	5
5	4	3	2	1
5	4	3	2	1
5	4	3	2	1
1	2	3	4	5
5	4	3	2	1
1	2	3	4	5
1	2	3	4	5
1	2	3	4	5
5	4	3	2	1
1	2	3	4	5
5	4	3	2	1
5	4	3	2	1
5	4	3	2	1
1	2	3	4	5
5	4	3	2	1
1	2	3	4	5
1	2	3	4	5
1	2	3	4	5
5	4	3	2	1
1	2	3	4	5
5	4	3	2	1
1	2	3	4	5
1	2	3	4	5
1	2	3	4	5
1	2	3	4	5
5	4	3	2	1
1	2	3	4	5
1	2	3	4	5

Testbogen 6
Rollenidentität Arbeitsbereich
So sehen Sie sich bei der Arbeit

Glauben Sie, daß andere Sie für jemanden halten, der:

stimmt überhaupt nicht	stimmt nicht ganz	unentschieden	stimmt in etwa	stimmt voll und ganz
1	2	3	4	5
5	4	3	2	1
1	2	3	4	5
5	4	3	2	1
1	2	3	4	5
5	4	3	2	1
1	2	3	4	5
5	4	3	2	1
5	4	3	2	1
5	4	3	2	1
1	2	3	4	5
5	4	3	2	1
1	2	3	4	5
1	2	3	4	5
1	2	3	4	5
5	4	3	2	1
1	2	3	4	5
5	4	3	2	1
5	4	3	2	1
5	4	3	2	1
1	2	3	4	5
5	4	3	2	1
1	2	3	4	5
1	2	3	4	5
1	2	3	4	5
5	4	3	2	1
1	2	3	4	5
5	4	3	2	1
1	2	3	4	5
1	2	3	4	5
1	2	3	4	5
1	2	3	4	5
5	4	3	2	1
1	2	3	4	5
1	2	3	4	5

Testbogen 7
Rollenidentität Intimbeziehung
Mit Ihrem Ehepartner oder Intimpartner

Als Intimpartner sind Sie jemand, der:

stimmt überhaupt nicht	stimmt nicht ganz	unentschieden	stimmt in etwa	stimmt voll und ganz
1	2	3	4	5
5	4	3	2	1
1	2	3	4	5
5	4	3	2	1
1	2	3	4	5
5	4	3	2	1
1	2	3	4	5
5	4	3	2	1
5	4	3	2	1
5	4	3	2	1
1	2	3	4	5
5	4	3	2	1
1	2	3	4	5
1	2	3	4	5
1	2	3	4	5
5	4	3	2	1
1	2	3	4	5
5	4	3	2	1
5	4	3	2	1
5	4	3	2	1
1	2	3	4	5
5	4	3	2	1
1	2	3	4	5
1	2	3	4	5
1	2	3	4	5
5	4	3	2	1
1	2	3	4	5
5	4	3	2	1
1	2	3	4	5
1	2	3	4	5
1	2	3	4	5
1	2	3	4	5
5	4	3	2	1
1	2	3	4	5
1	2	3	4	5

Testbogen 8
Rollenidentität Freundschaft
Mit Ihren Freunden

Als Freund sind Sie jemand, der:

stimmt überhaupt nicht	stimmt nicht ganz	unentschieden	stimmt in etwa	stimmt voll und ganz
1	2	3	4	5
5	4	3	2	1
1	2	3	4	5
5	4	3	2	1
1	2	3	4	5
5	4	3	2	1
1	2	3	4	5
5	4	3	2	1
5	4	3	2	1
5	4	3	2	1
1	2	3	4	5
5	4	3	2	1
1	2	3	4	5
1	2	3	4	5
1	2	3	4	5
5	4	3	2	1
1	2	3	4	5
5	4	3	2	1
5	4	3	2	1
5	4	3	2	1
1	2	3	4	5
5	4	3	2	1
1	2	3	4	5
1	2	3	4	5
1	2	3	4	5
5	4	3	2	1
1	2	3	4	5
5	4	3	2	1
1	2	3	4	5
1	2	3	4	5
1	2	3	4	5
1	2	3	4	5
5	4	3	2	1
1	2	3	4	5
1	2	3	4	5

Testbogen 9
Weitere Rollenidentität
Tragen Sie die Rolle ein

In dieser Rolle sind Sie jemand, der:

stimmt überhaupt nicht	stimmt nicht ganz	unentschieden	stimmt in etwa	stimmt voll und ganz
1	2	3	4	5
5	4	3	2	1
1	2	3	4	5
5	4	3	2	1
1	2	3	4	5
5	4	3	2	1
1	2	3	4	5
5	4	3	2	1
5	4	3	2	1
5	4	3	2	1
1	2	3	4	5
5	4	3	2	1
1	2	3	4	5
1	2	3	4	5
1	2	3	4	5
5	4	3	2	1
1	2	3	4	5
5	4	3	2	1
5	4	3	2	1
5	4	3	2	1
1	2	3	4	5
5	4	3	2	1
1	2	3	4	5
1	2	3	4	5
1	2	3	4	5
5	4	3	2	1
1	2	3	4	5
5	4	3	2	1
1	2	3	4	5
1	2	3	4	5
1	2	3	4	5
1	2	3	4	5
5	4	3	2	1
1	2	3	4	5
1	2	3	4	5

Testbogen 10
Partner A: Partnerbild
Wie Partner A von Partner B gesehen wird

Ihr Partner ist jemand, der:

stimmt überhaupt nicht	stimmt nicht ganz	unentschieden	stimmt in etwa	stimmt voll und ganz
1	2	3	4	5
5	4	3	2	1
1	2	3	4	5
5	4	3	2	1
1	2	3	4	5
5	4	3	2	1
1	2	3	4	5
5	4	3	2	1
5	4	3	2	1
5	4	3	2	1
1	2	3	4	5
5	4	3	2	1
1	2	3	4	5
1	2	3	4	5
1	2	3	4	5
5	4	3	2	1
1	2	3	4	5
5	4	3	2	1
5	4	3	2	1
5	4	3	2	1
1	2	3	4	5
5	4	3	2	1
1	2	3	4	5
1	2	3	4	5
1	2	3	4	5
5	4	3	2	1
1	2	3	4	5
5	4	3	2	1
1	2	3	4	5
1	2	3	4	5
1	2	3	4	5
1	2	3	4	5
5	4	3	2	1
1	2	3	4	5
1	2	3	4	5

Testbogen 11
Partner B: Partnerbild
Wie Partner B sich selbst sieht

Sie sind jemand, der:

stimmt überhaupt nicht	stimmt nicht ganz	unentschieden	stimmt in etwa	stimmt voll und ganz
1	2	3	4	5
5	4	3	2	1
1	2	3	4	5
5	4	3	2	1
1	2	3	4	5
5	4	3	2	1
1	2	3	4	5
5	4	3	2	1
5	4	3	2	1
5	4	3	2	1
1	2	3	4	5
5	4	3	2	1
1	2	3	4	5
1	2	3	4	5
1	2	3	4	5
5	4	3	2	1
1	2	3	4	5
5	4	3	2	1
5	4	3	2	1
5	4	3	2	1
1	2	3	4	5
5	4	3	2	1
1	2	3	4	5
1	2	3	4	5
1	2	3	4	5
5	4	3	2	1
1	2	3	4	5
5	4	3	2	1
1	2	3	4	5
1	2	3	4	5
1	2	3	4	5
1	2	3	4	5
5	4	3	2	1
1	2	3	4	5
1	2	3	4	5

Testbogen 12
Partner B: Partnerbild
Wie Partner B von Partner A gesehen wird

Ihr Partner ist jemand, der:

stimmt überhaupt nicht	stimmt nicht ganz	unentschieden	stimmt in etwa	stimmt voll und ganz
1	2	3	4	5
5	4	3	2	1
1	2	3	4	5
5	4	3	2	1
1	2	3	4	5
5	4	3	2	1
1	2	3	4	5
5	4	3	2	1
5	4	3	2	1
5	4	3	2	1
1	2	3	4	5
5	4	3	2	1
1	2	3	4	5
1	2	3	4	5
1	2	3	4	5
5	4	3	2	1
1	2	3	4	5
5	4	3	2	1
5	4	3	2	1
5	4	3	2	1
1	2	3	4	5
5	4	3	2	1
1	2	3	4	5
1	2	3	4	5
1	2	3	4	5
5	4	3	2	1
1	2	3	4	5
5	4	3	2	1
1	2	3	4	5
1	2	3	4	5
1	2	3	4	5
1	2	3	4	5
5	4	3	2	1
1	2	3	4	5
1	2	3	4	5

Testbogen 13
Reflektiertes Bild
Beurteilung durch den Arbeitskollegen 1

Die Person, die Sie beschreiben, ist jemand, der:

stimmt überhaupt nicht	stimmt nicht ganz	unentschieden	stimmt in etwa	stimmt voll und ganz
1	2	3	4	5
5	4	3	2	1
1	2	3	4	5
5	4	3	2	1
1	2	3	4	5
5	4	3	2	1
1	2	3	4	5
5	4	3	2	1
5	4	3	2	1
5	4	3	2	1
1	2	3	4	5
5	4	3	2	1
1	2	3	4	5
1	2	3	4	5
1	2	3	4	5
5	4	3	2	1
1	2	3	4	5
5	4	3	2	1
5	4	3	2	1
5	4	3	2	1
1	2	3	4	5
5	4	3	2	1
1	2	3	4	5
1	2	3	4	5
1	2	3	4	5
5	4	3	2	1
1	2	3	4	5
5	4	3	2	1
1	2	3	4	5
1	2	3	4	5
1	2	3	4	5
1	2	3	4	5
5	4	3	2	1
1	2	3	4	5
1	2	3	4	5

Testbogen 14
Reflektiertes Bild
Beurteilung durch den Arbeitskollegen 2

Die Person, die Sie beschreiben, ist jemand, der:

stimmt überhaupt nicht	stimmt nicht ganz	unentschieden	stimmt in etwa	stimmt voll und ganz
1	2	3	4	5
5	4	3	2	1
1	2	3	4	5
5	4	3	2	1
1	2	3	4	5
5	4	3	2	1
1	2	3	4	5
5	4	3	2	1
5	4	3	2	1
5	4	3	2	1
1	2	3	4	5
5	4	3	2	1
1	2	3	4	5
1	2	3	4	5
1	2	3	4	5
5	4	3	2	1
1	2	3	4	5
5	4	3	2	1
5	4	3	2	1
5	4	3	2	1
1	2	3	4	5
5	4	3	2	1
1	2	3	4	5
1	2	3	4	5
1	2	3	4	5
5	4	3	2	1
1	2	3	4	5
5	4	3	2	1
1	2	3	4	5
1	2	3	4	5
1	2	3	4	5
1	2	3	4	5
5	4	3	2	1
1	2	3	4	5
1	2	3	4	5

Testbogen 15
Reflektiertes Bild
Beurteilung durch Freund 1

Die Person, die Sie beschreiben, ist jemand, der:

stimmt überhaupt nicht	stimmt nicht ganz	unentschieden	stimmt in etwa	stimmt voll und ganz
1	2	3	4	5
5	4	3	2	1
1	2	3	4	5
5	4	3	2	1
1	2	3	4	5
5	4	3	2	1
1	2	3	4	5
5	4	3	2	1
5	4	3	2	1
5	4	3	2	1
1	2	3	4	5
5	4	3	2	1
1	2	3	4	5
1	2	3	4	5
1	2	3	4	5
5	4	3	2	1
1	2	3	4	5
5	4	3	2	1
5	4	3	2	1
5	4	3	2	1
1	2	3	4	5
5	4	3	2	1
1	2	3	4	5
1	2	3	4	5
1	2	3	4	5
5	4	3	2	1
1	2	3	4	5
5	4	3	2	1
1	2	3	4	5
1	2	3	4	5
1	2	3	4	5
1	2	3	4	5
5	4	3	2	1
1	2	3	4	5
1	2	3	4	5

Testbogen 16
Reflektiertes Bild
Beurteilung durch Freund 2

Die Person, die Sie beschreiben, ist jemand, der:

stimmt überhaupt nicht	stimmt nicht ganz	unentschieden	stimmt in etwa	stimmt voll und ganz
1	2	3	4	5
5	4	3	2	1
1	2	3	4	5
5	4	3	2	1
1	2	3	4	5
5	4	3	2	1
1	2	3	4	5
5	4	3	2	1
5	4	3	2	1
5	4	3	2	1
1	2	3	4	5
5	4	3	2	1
1	2	3	4	5
1	2	3	4	5
1	2	3	4	5
5	4	3	2	1
1	2	3	4	5
5	4	3	2	1
5	4	3	2	1
5	4	3	2	1
1	2	3	4	5
5	4	3	2	1
1	2	3	4	5
1	2	3	4	5
1	2	3	4	5
5	4	3	2	1
1	2	3	4	5
5	4	3	2	1
1	2	3	4	5
1	2	3	4	5
1	2	3	4	5
1	2	3	4	5
5	4	3	2	1
1	2	3	4	5
1	2	3	4	5

Testbogen 17
Reflektiertes Bild
Familienmitglied 1
Verwandtschaftsgrad:

Die Person, die Sie beschreiben, ist jemand, der:

stimmt überhaupt nicht	stimmt nicht ganz	unentschieden	stimmt in etwa	stimmt voll und ganz
1	2	3	4	5
5	4	3	2	1
1	2	3	4	5
5	4	3	2	1
1	2	3	4	5
5	4	3	2	1
1	2	3	4	5
5	4	3	2	1
5	4	3	2	1
5	4	3	2	1
1	2	3	4	5
5	4	3	2	1
1	2	3	4	5
1	2	3	4	5
1	2	3	4	5
5	4	3	2	1
1	2	3	4	5
5	4	3	2	1
5	4	3	2	1
5	4	3	2	1
1	2	3	4	5
5	4	3	2	1
1	2	3	4	5
1	2	3	4	5
1	2	3	4	5
5	4	3	2	1
1	2	3	4	5
5	4	3	2	1
1	2	3	4	5
1	2	3	4	5
1	2	3	4	5
1	2	3	4	5
5	4	3	2	1
1	2	3	4	5
1	2	3	4	5

Testbogen 18
Reflektiertes Bild
Familienmitglied 2
Verwandtschaftsgrad:

Die Person, die Sie beschreiben, ist jemand, der:

stimmt überhaupt nicht	stimmt nicht ganz	unentschieden	stimmt in etwa	stimmt voll und ganz
1	2	3	4	5
5	4	3	2	1
1	2	3	4	5
5	4	3	2	1
1	2	3	4	5
5	4	3	2	1
1	2	3	4	5
5	4	3	2	1
5	4	3	2	1
5	4	3	2	1
1	2	3	4	5
5	4	3	2	1
1	2	3	4	5
1	2	3	4	5
1	2	3	4	5
5	4	3	2	1
1	2	3	4	5
5	4	3	2	1
5	4	3	2	1
5	4	3	2	1
1	2	3	4	5
5	4	3	2	1
1	2	3	4	5
1	2	3	4	5
1	2	3	4	5
5	4	3	2	1
1	2	3	4	5
5	4	3	2	1
1	2	3	4	5
1	2	3	4	5
1	2	3	4	5
1	2	3	4	5
5	4	3	2	1
1	2	3	4	5
1	2	3	4	5

Testbogen 19
Extra-Test
Tragen Sie die Perspektive ein

Die Person, die Sie beschreiben, ist jemand, der:

stimmt überhaupt nicht	stimmt nicht ganz	unentschieden	stimmt in etwa	stimmt voll und ganz
1	2	3	4	5
5	4	3	2	1
1	2	3	4	5
5	4	3	2	1
1	2	3	4	5
5	4	3	2	1
1	2	3	4	5
5	4	3	2	1
5	4	3	2	1
5	4	3	2	1
1	2	3	4	5
5	4	3	2	1
1	2	3	4	5
1	2	3	4	5
1	2	3	4	5
5	4	3	2	1
1	2	3	4	5
5	4	3	2	1
5	4	3	2	1
5	4	3	2	1
1	2	3	4	5
5	4	3	2	1
1	2	3	4	5
1	2	3	4	5
1	2	3	4	5
5	4	3	2	1
1	2	3	4	5
5	4	3	2	1
1	2	3	4	5
1	2	3	4	5
1	2	3	4	5
1	2	3	4	5
5	4	3	2	1
1	2	3	4	5
1	2	3	4	5

Testbogen 20

Extra-Test

Tragen Sie die Perspektive ein

Die Person, die Sie beschreiben, ist jemand, der:

stimmt überhaupt nicht	stimmt nicht ganz	unentschieden	stimmt in etwa	stimmt voll und ganz
1	2	3	4	5
5	4	3	2	1
1	2	3	4	5
5	4	3	2	1
1	2	3	4	5
5	4	3	2	1
1	2	3	4	5
5	4	3	2	1
5	4	3	2	1
5	4	3	2	1
1	2	3	4	5
5	4	3	2	1
1	2	3	4	5
1	2	3	4	5
1	2	3	4	5
5	4	3	2	1
1	2	3	4	5
5	4	3	2	1
5	4	3	2	1
5	4	3	2	1
1	2	3	4	5
5	4	3	2	1
1	2	3	4	5
1	2	3	4	5
1	2	3	4	5
5	4	3	2	1
1	2	3	4	5
5	4	3	2	1
1	2	3	4	5
1	2	3	4	5
1	2	3	4	5
1	2	3	4	5
5	4	3	2	1
1	2	3	4	5
1	2	3	4	5

Testbogen 21

Extra-Test

Tragen Sie die Person ein

Die Person, die Sie beschreiben, ist jemand, der:

stimmt überhaupt nicht	stimmt nicht ganz	unentschieden	stimmt in etwa	stimmt voll und ganz
1	2	3	4	5
5	4	3	2	1
1	2	3	4	5
5	4	3	2	1
1	2	3	4	5
5	4	3	2	1
1	2	3	4	5
5	4	3	2	1
5	4	3	2	1
5	4	3	2	1
1	2	3	4	5
5	4	3	2	1
1	2	3	4	5
1	2	3	4	5
1	2	3	4	5
5	4	3	2	1
1	2	3	4	5
5	4	3	2	1
5	4	3	2	1
5	4	3	2	1
1	2	3	4	5
5	4	3	2	1
1	2	3	4	5
1	2	3	4	5
1	2	3	4	5
5	4	3	2	1
1	2	3	4	5
5	4	3	2	1
1	2	3	4	5
1	2	3	4	5
1	2	3	4	5
1	2	3	4	5
5	4	3	2	1
1	2	3	4	5
1	2	3	4	5

Testbogen 22

Extra-Test

Tragen Sie die Person ein

Die Person, die Sie beschreiben, ist jemand, der:

stimmt überhaupt nicht	stimmt nicht ganz	unentschieden	stimmt in etwa	stimmt voll und ganz
1	2	3	4	5
5	4	3	2	1
1	2	3	4	5
5	4	3	2	1
1	2	3	4	5
5	4	3	2	1
1	2	3	4	5
5	4	3	2	1
5	4	3	2	1
5	4	3	2	1
1	2	3	4	5
5	4	3	2	1
1	2	3	4	5
1	2	3	4	5
1	2	3	4	5
5	4	3	2	1
1	2	3	4	5
5	4	3	2	1
5	4	3	2	1
5	4	3	2	1
1	2	3	4	5
5	4	3	2	1
1	2	3	4	5
1	2	3	4	5
1	2	3	4	5
5	4	3	2	1
1	2	3	4	5
5	4	3	2	1
1	2	3	4	5
1	2	3	4	5
1	2	3	4	5
1	2	3	4	5
5	4	3	2	1
1	2	3	4	5
1	2	3	4	5

Testbogen 23

Extra-Test

Tragen Sie hier die Person ein

Die Person, die Sie beschreiben, ist jemand, der:

stimmt überhaupt nicht	stimmt nicht ganz	unentschieden	stimmt in etwa	stimmt voll und ganz
1	2	3	4	5
5	4	3	2	1
1	2	3	4	5
5	4	3	2	1
1	2	3	4	5
5	4	3	2	1
1	2	3	4	5
5	4	3	2	1
5	4	3	2	1
5	4	3	2	1
1	2	3	4	5
5	4	3	2	1
1	2	3	4	5
1	2	3	4	5
1	2	3	4	5
5	4	3	2	1
1	2	3	4	5
5	4	3	2	1
5	4	3	2	1
5	4	3	2	1
1	2	3	4	5
5	4	3	2	1
1	2	3	4	5
1	2	3	4	5
1	2	3	4	5
5	4	3	2	1
1	2	3	4	5
5	4	3	2	1
1	2	3	4	5
1	2	3	4	5
1	2	3	4	5
1	2	3	4	5
5	4	3	2	1
1	2	3	4	5
1	2	3	4	5

Testbogen 24

Extra-Test

Tragen Sie hier die Person ein

Die Person, die Sie beschreiben, ist jemand, der:

stimmt überhaupt nicht	stimmt nicht ganz	unentschieden	stimmt in etwa	stimmt voll und ganz
1	2	3	4	5
5	4	3	2	1
1	2	3	4	5
5	4	3	2	1
1	2	3	4	5
5	4	3	2	1
1	2	3	4	5
5	4	3	2	1
5	4	3	2	1
5	4	3	2	1
1	2	3	4	5
5	4	3	2	1
1	2	3	4	5
1	2	3	4	5
1	2	3	4	5
5	4	3	2	1
1	2	3	4	5
5	4	3	2	1
5	4	3	2	1
5	4	3	2	1
1	2	3	4	5
5	4	3	2	1
1	2	3	4	5
1	2	3	4	5
1	2	3	4	5
5	4	3	2	1
1	2	3	4	5
5	4	3	2	1
1	2	3	4	5
1	2	3	4	5
1	2	3	4	5
1	2	3	4	5
5	4	3	2	1
1	2	3	4	5
1	2	3	4	5

Profil: Inneres/äußeres Selbstbild

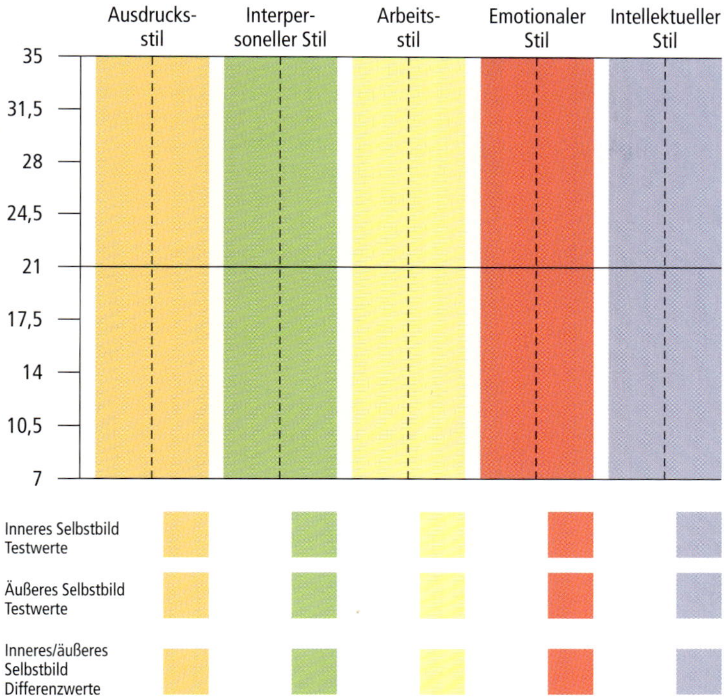

Profil: Vereintes Selbstbild

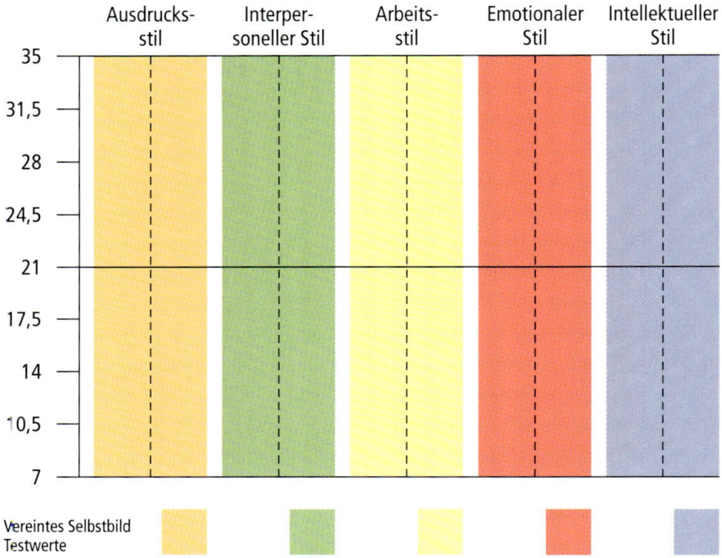

Profil: Mögliches Selbstbild

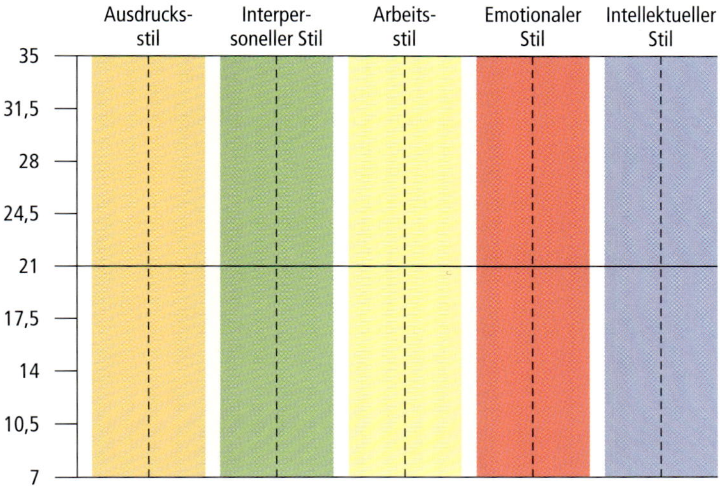

Vereintes Selbstbild Testwerte

Ideales Selbstbild Testwerte

Befürchtetes Selbstbild Testwerte

Vereintes/ideales Selbstbild Differenzwerte

Vereintes/befürchtetes Selbstbild Differenzwerte

Profil: Rollenidentität

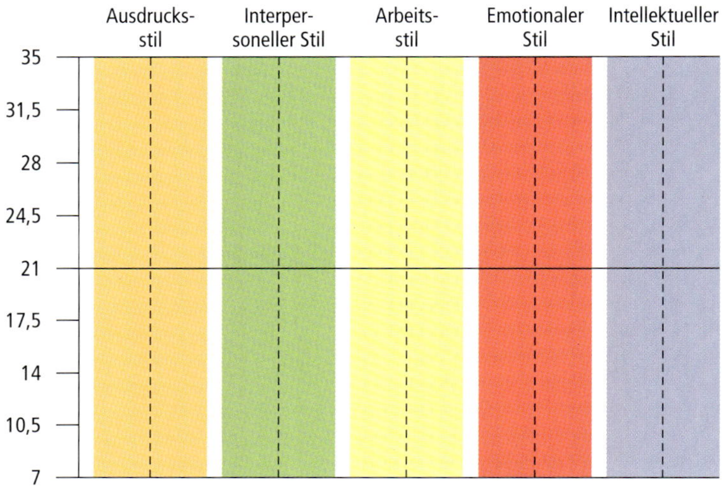

Rollenidentität
Arbeitsbereich

Rollenidentität
Intimbeziehung

Rollenidentität
Beziehung zu Freunden

Weitere
Rollenidentität

Rollenidentität
Differenzwerte

Gesamtdifferenz
der Testwerte
Rollenidentitäten

Profil: Selbstbild/Partnerbild

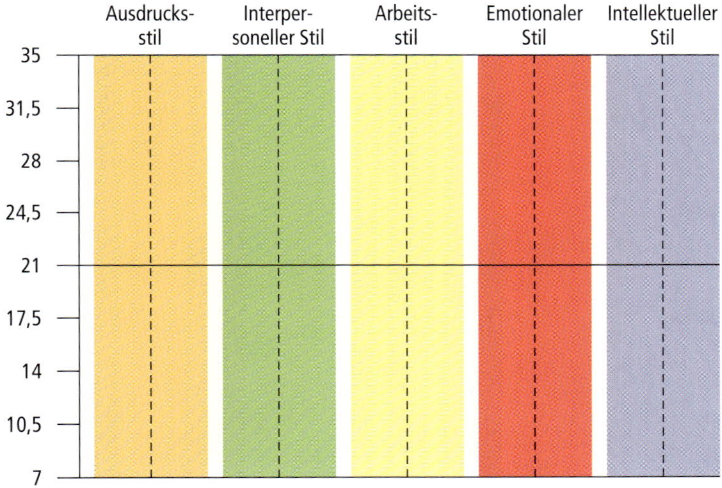

Partner A:
Vereintes Selbstbild
Testwerte (VA)

Partner A:
Partnerbild
Testwerte (PA)

Partner A:
Partnerdifferenz
Testwerte

Partner B:
Vereintes Selbstbild
(VB) Testwerte

Partner B:
Partnerbild (PB)
Testwerte

Partner B:
Partnerdifferenz
Testwerte

Profil 1 – Reflektiertes Bild

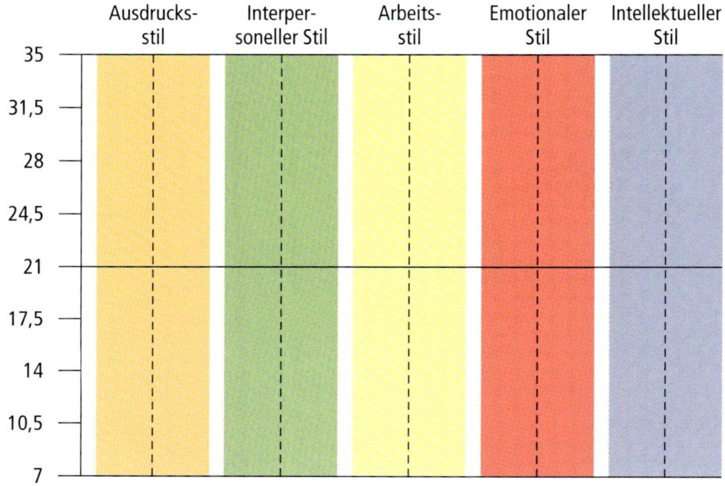

	Ausdrucksstil	Interpersoneller Stil	Arbeitsstil	Emotionaler Stil	Intellektueller Stil
Partner/bester Freund Reflektiertes Bild Testwerte					
Arbeitskollege 1 Reflektiertes Bild Testwerte					
Arbeitskollege 2 Reflektiertes Bild Testwerte					
Freund 1 Reflektiertes Bild Testwerte					
Freund 2 Reflektiertes Bild Testwerte					
Familienmitglied 1 Reflektiertes Bild Testwerte					
Familienmitglied 2 Reflektiertes Bild Testwerte					
Reflektiertes Bild Differenzwerte					

Profil 2 – Reflektiertes Bild

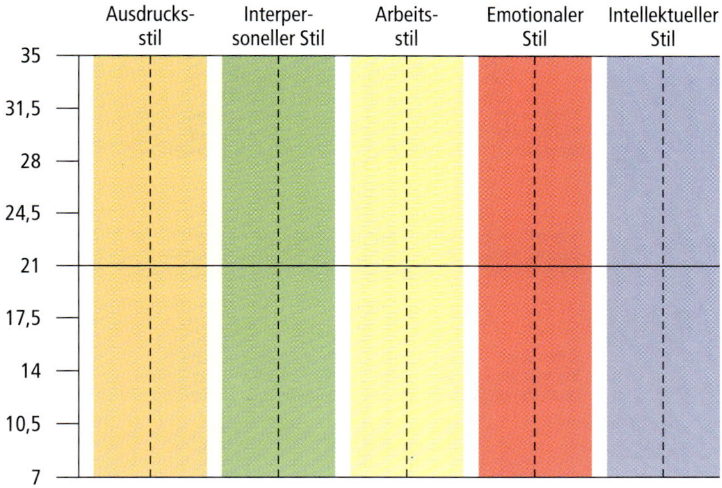

	Ausdrucksstil	Interpersoneller Stil	Arbeitsstil	Emotionaler Stil	Intellektueller Stil
Partner/bester Freund Reflektiertes Bild Testwerte					
Arbeitskollege 1 Reflektiertes Bild Testwerte					
Arbeitskollege 2 Reflektiertes Bild Testwerte					
Freund 1 Reflektiertes Bild Testwerte					
Freund 2 Reflektiertes Bild Testwerte					
Familienmitglied 1 Reflektiertes Bild Testwerte					
Familienmitglied 2 Reflektiertes Bild Testwerte					
Reflektiertes Bild Durchschnittswerte					
Vereintes Selbstbild Testwerte					
Vereintes Selbstbild/ reflektiertes Bild Differenzwerte					

Integrationsmatrix

	Ausdrucksstil	Interpersoneller Stil	Arbeitsstil	Emotionaler Stil	Intellektueller Stil
Inneres / Äußeres Differenzwerte 3 Punkte oder mehr?	Kreisen Sie den Begriff mit dem höheren Wert ein:	Kreisen Sie den Begriff mit dem höheren Wert ein:	Kreisen Sie den Begriff mit dem höheren Wert ein:	Kreisen Sie den Begriff mit dem höheren Wert ein:	Kreisen Sie den Begriff mit dem höheren Wert ein:
Vereintes / ideales Selbstbild Differenzwerte 4 Punkte oder mehr?	Kreisen Sie den Begriff mit dem höheren Wert ein:	Kreisen Sie den Begriff mit dem höheren Wert ein:	Kreisen Sie den Begriff mit dem höheren Wert ein:	Kreisen Sie den Begriff mit dem höheren Wert ein:	Kreisen Sie den Begriff mit dem höheren Wert ein:
Vereintes / befürchtetes Selbstbild Differenzwerte 3 Punkte o. weniger?	Kreisen Sie den Begriff mit dem höheren Wert ein:	Kreisen Sie den Begriff mit dem höheren Wert ein:	Kreisen Sie den Begriff mit dem höheren Wert ein:	Kreisen Sie den Begriff mit dem höheren Wert ein:	Kreisen Sie den Begriff mit dem höheren Wert ein:
Rollenidentität Differenzwerte 4 Punkte oder mehr?	Kreisen Sie den Begriff mit dem höheren Wert ein:	Kreisen Sie den Begriff mit dem höheren Wert ein:	Kreisen Sie den Begriff mit dem höheren Wert ein:	Kreisen Sie den Begriff mit dem höheren Wert ein:	Kreisen Sie den Begriff mit dem höheren Wert ein:
Partner (beschreibt Sie) Differenzwerte 3 Punkte oder mehr?	Kreisen Sie den Begriff mit dem höheren Wert ein:	Kreisen Sie den Begriff mit dem höheren Wert ein:	Kreisen Sie den Begriff mit dem höheren Wert ein:	Kreisen Sie den Begriff mit dem höheren Wert ein:	Kreisen Sie den Begriff mit dem höheren Wert ein:
Reflektiertes Bild Differenzwerte 7 Punkte oder mehr?	Kreisen Sie den Begriff mit dem höheren Wert ein:	Kreisen Sie den Begriff mit dem höheren Wert ein:	Kreisen Sie den Begriff mit dem höheren Wert ein:	Kreisen Sie den Begriff mit dem höheren Wert ein:	Kreisen Sie den Begriff mit dem höheren Wert ein:
Vereintes / reflektiertes Bild Differenzwerte 3 Punkte oder mehr?	Kreisen Sie den Begriff mit dem höheren Wert ein:	Kreisen Sie den Begriff mit dem höheren Wert ein:	Kreisen Sie den Begriff mit dem höheren Wert ein:	Kreisen Sie den Begriff mit dem höheren Wert ein:	Kreisen Sie den Begriff mit dem höheren Wert ein:
Vereintes Selbstbild Testwerte Tragen Sie die Werte in die Kästchen ein.					

National Personality Survey

Wir hoffen, die Arbeit mit dem Berkeley-Persönlichkeitsprofil hat Ihnen Freude gemacht und Ihnen wertvolle Erkenntnisse für Ihr tägliches Leben vermittelt. Die Informationen, die Sie beim Ausfüllen der verschiedenen Abschnitte des Tests sammeln konnten, sind auch für unsere Forschungsarbeiten von großem Wert. Wir würden uns freuen, wenn Sie uns Ihre Ergebnisse für unsere zur Zeit noch laufende »National Personality Survey« zur Verfügung stellen könnten, denn Sie würden dadurch dem Fortschritt der Persönlichkeitsforschung dienen. Wenn Sie bereit sind, an unserer Untersuchung teilzunehmen, schicken Sie bitte alle ausgefüllten Testbögen (oder Kopien) zusammen mit dem ausgefüllten Fragebogen an:

The National Personality Survey
Institute for Advanced Psychology
2269 Chestnut Street, Box 875
San Francisco, CA 94123

Die Ergebnisse unserer Umfrage werden auf den letzten Stand gebracht und dann in zukünftigen Auflagen dieses Buches und in wissenschaftlichen Zeitschriften veröffentlicht. Es steht den Teilnehmern offen, auch an weiteren Persönlichkeitsuntersuchungen teilzunehmen, bei denen die reflektive Methode der Persönlichkeitstestung und das Berkeley-Persönlichkeitsprofil angewandt werden.

Geburtsdatum (Monat/Jahr) _____/_____

Geschlecht: ☐ männlich ☐ weiblich

Anstellung: ☐ Vollzeit ☐ Teilzeit ☐ keine Anstellung
☐ pensioniert jährliches Familieneinkommen: ________________

Wie könnte man Ihre Arbeit beschreiben? (Kreuzen Sie bitte alles an, was zutrifft)

☐ Verwaltung ☐ Kunst, Musik, Literatur ☐ Finanzen
☐ Gesundheitswesen ☐ Marketing/Verkauf ☐ Freiberufler
☐ Technik/Reparatur ☐ Dienstleistungsgewerbe ☐ Student
☐ Lehrberuf ☐ Wissenschaftler ☐ Hausfrau/Hausmann
☐ Staatsdiener/Regierungsangestellter

Welche Berufsbezeichnung führen Sie zur Zeit? ________________________________

Auf welcher Stufe befinden Sie sich in Ihrer Firma?

☐ Anfangsgehalt ☐ selbständig ☐ mittleres Gehalt
☐ Stundenlohn ☐ obere Gehaltsklasse

Wie lange arbeiten Sie schon in Ihrem derzeitigen Beruf (Jahre/Monate)? _____/_____

Wie oft haben Sie Ihre Stelle oder Ihren Beruf in den letzten zehn Jahren gewechselt? __________

Höchster Ausbildungsabschluß: ☐ Abitur ☐ Bakkalaureat
☐ Magister ☐ Doktorgrad

Wie häufig	nie	gelegentlich	häufig
Trinken Sie Kaffee?	☐	☐	☐
Trinken Sie Alkohol?	☐	☐	☐
Essen Sie Süßigkeiten?	☐	☐	☐
Rauchen Sie?	☐	☐	☐
Treiben Sie Sport?	☐	☐	☐
Sind Sie erkältet oder haben eine Grippe?	☐	☐	☐
Leiden Sie unter Schmerzen?	☐	☐	☐
Nehmen Sie Schlafmittel?	☐	☐	☐
Machen Sie sich Sorgen um Ihre Gesundheit?	☐	☐	☐

Waren Sie jemals in psychotherapeutischer Behandlung? Wenn ja, ungefähr wann und wie lange?
____

Haben Sie jemals unter einer Herzkrankheit gelitten? Wenn ja, welche Art der Erkrankung und wann?______________________________

Haben Sie jemals Krebs gehabt? Wenn ja, welche Art und wann?______________________________

Familienstand (bitte kreuzen Sie alles an, was zutrifft)

☐ unverheiratet	☐ verheiratet	☐ geschieden
☐ verwitwet	☐ wiederverheiratet	☐ lebe mit Partner zusammen
☐ habe gelegentlich Beziehungen	☐ habe eine feste Beziehung	☐ habe zur Zeit keine Beziehung

Haben Sie Kinder? Wenn ja, Alter der Kinder? ____________

Welche »weitere« Rolle haben Sie auf dem Testbogen 9 eingetragen?______________________

Wie zufrieden sind Sie?	gar nicht	etwas	ziemlich	sehr
als Partner	☐	☐	☐	☐
bei Ihrer Arbeit	☐	☐	☐	☐
als Freund	☐	☐	☐	☐
in Ihrer »weiteren« Rolle	☐	☐	☐	☐
im allgemeinen	☐	☐	☐	☐
Wie stark engagieren Sie sich?	**gar nicht**	**etwas**	**ziemlich**	**sehr**
als Partner	☐	☐	☐	☐
bei der Arbeit	☐	☐	☐	☐
als Freund	☐	☐	☐	☐
in Ihrer »weiteren« Rolle	☐	☐	☐	☐
im allgemeinen	☐	☐	☐	☐

Art und Dauer der Beziehung zu Ihrem Intimpartner oder besten Freund, der an der Selbstbild/Partnerbild-Übung im 6. Kapitel teilgenommen hat (bitte alles ankreuzen, was zutrifft)

☐ Wir sind Freunde seit (Monate/Jahre) _____/_____
☐ Wir sind Intimpartner seit (Monate/Jahre) _____/_____
☐ Wir leben zusammen seit (Monate/Jahre) _____/_____
☐ Wir sind verheiratet seit (Monate/Jahre) _____/_____

Wir danken Ihnen, daß Sie an unserer National Personality Survey teilgenommen haben. Wenn Sie an weiteren Untersuchungen teilnehmen wollen, tragen Sie bitte unten Ihren Namen und Ihre Adresse ein. Antworten werden vertraulich behandelt.

Name (fakultativ) ______________________________

Adresse (fakultativ)______________________________

Wären Sie an weiteren Informationen über die erweiterte Multimedia-Software-Version des Berkeley-Persönlichkeitsprofils interessiert, sobald es erhältlich ist? ☐ Ja ☐ Nein

Vergessen Sie bitte nicht, diesem Formular Ihre ausgefüllten Testbögen beizulegen.

Wenn Sie die Testbögen von zwei Personen einschicken, vergessen Sie bitte nicht, die Bögen der jeweiligen Person an den Fragebogen anzuheften.

nicht mehr bereit, Ihren Horizont zu erweitern; und daß Sie angesichts der ständig zunehmenden Komplexität des Lebens weder bereit noch in der Lage wären, mit den raschen Veränderungen auf dem Gebiet des Sozialen, der Politik und der Fortschritte in den Wissenschaften Schritt zu halten. Vielleicht befürchten Sie jedoch auch, durch Ihre alltäglichen Verpflichtungen so angebunden zu sein, daß Sie zu konventionell – oder sogar langweilig – werden könnten, und die künstlerischen und intellektuellen Herausforderungen, die Ihnen zur Zeit noch Freude machen, sehr vermissen würden.

Wenn Ihre Punktzahl extrem hoch ist (17 Punkte und darüber): Ihre Befürchtungen sind wahrscheinlich übertrieben und unrealistisch. Ihre Punktzahl für das vereinte Selbstbild weist darauf hin, daß Aufgeschlossenheit, Flexibilität und die Fähigkeit zur Veränderung für Sie einen hohen Stellenwert haben. Es ist nicht sehr wahrscheinlich, daß irgend etwas Sie dazu bringen könnte, sich von diesen von Ihnen so geschätzten Eigenschaften zu distanzieren.

Was erwarten andere Menschen, die so sind wie Sie, vom Leben und wovor haben sie Angst?

Unsere Untersuchungen zeigen, daß das, was wir vom Leben erwarten, zum großen Teil von dem abhängt, was wir zur Zeit haben. Die Persönlichkeit, die Sie entwickeln wollen, hängt also zum Teil davon ab, wer Sie heute sind. Das dürfte nicht weiter überraschen, wenn man es einmal ganz einfach ausdrückt: Die meisten materiell benachteiligten Menschen sehnen sich nach größerer finanzieller Sicherheit, wohlhabende Leute, die ein kompliziertes Leben führen, sehnen sich oft nach dem einfachen Leben, einsame Menschen wünschen sich mehr Intimität in ihren Beziehungen. Der bekannte Psychologe Abraham Maslow hat festgestellt, daß Menschen, deren materielle und interpersonelle Grundbedürfnisse befriedigt sind, gewöhnlich auf einer höheren Ebene nach Erfüllung streben. Für Maslow war dieses Streben nach einem idealen Niveau der »Selbstverwirklichung« ein entscheidendes Zeichen seelischen Wohlbefindens.[2]

Bei der Untersuchung der Antworten von Leuten, die an der ersten der drei Umfragen, die wir in *Psychology Today* veröffentlicht haben, teilgenommen hatten, fanden wir zahlreiche Beispiele von Leuten, die etwas haben wollten, was sie nicht hatten – Menschen, die in ihrem Ausdrucksstil schüchtern waren, wollten extravertierter sein, Leute deren emotionaler Stil von Launen geprägt war, wollten ausgeglichener sein und so weiter. Es gab jedoch auch viele Menschen, die eine bestimmte Veränderung ihrer Persönlichkeit zwar anstrebten, gleichzeitig aber auch Angst davor hatten. Dieses Verhaltensmuster stand offenbar in einem Zusammenhang mit ihrem gegenwärtigen vereinten Selbstbild, wie Sie es für sich selbst im dritten Kapitel ermittelt haben. Wir konnten dieses Verhalten vor allem bei jenen beobachten, deren Punktzahl für das vereinte Selbstbild im Ausdrucksstil, im interpersonellen Stil und im Arbeitsstil niedrig war (zwischen 7 und 18 Punkten).

So wären zum Beispiel fast alle Leute (98 Prozent) mit einer niedrigen Punktzahl im Ausdrucksstil, die sich also selbst als still, schüchtern und zurückhaltend bezeichneten, lieber extravertiert und expressiver, trotzdem hatte aber ungefähr ein Viertel von ihnen gleichzeitig Angst vor einer solchen Persönlichkeitsveränderung. Im Gegensatz dazu waren die Teilnehmer, die im Ausdrucksstil eine mittlere bis hohe Punktzahl hatten (19 bis 33 Punkte), weniger von diesem Konflikt betroffen. In der Regel wollten sie ihr gegenwärtiges Niveau an sozialem Engagement halten oder erhöhen. Angst hatten sie nur vor dem Gegenteil – daß sie sich entweder isolieren oder zurückziehen würden.

Auch beim interpersonellen Stil wünschten sich die Teilnehmer, die eine mittlere bis hohe (19 bis 33) Punktzahl hatten, in der Regel, sie könnten das gegenwärtige Niveau, das sich auf ihr Interesse an der Zusammenarbeit mit anderen Menschen bezog, halten oder erhöhen. Sie befürchteten, sie könnten ihre freundliche und mitfühlende Art irgendwann einmal verlieren. Ungefähr 90 Prozent der Leute, die in dieser Dimension eine niedrige Punktzahl hatten (zwischen 7 und 18) – was bedeutet, daß sie sich zur Zeit für etwas egozentrisch halten –, wünschten sich ebenfalls, sie wären ein wenig rücksichtsvoller und hätten mehr Mitgefühl. Ein Drittel hatte jedoch zwiespältige Gefühle, wenn es um eine tatsächliche Veränderung ging. Sie hatten Angst vor den Folgen, die ihre größere Offenheit und Großzügigkeit in ihren gegenwärtigen persönlichen Beziehungen haben könnten.

Was motiviert die Menschen, wenn es um ihre Hoffnungen und Ängste geht, die ihr Verhältnis zur Arbeit betrifft? Die Teilnehmer, die beim Arbeitsstil eine niedrige Punktzahl hatten (zwischen 7 und 18), die sich also nicht gern engagieren oder Verantwortung übernehmen, ließen sich offenbar hauptsächlich von ihren Idealvorstellungen leiten: Hundert Prozent unserer Teilnehmer, die niedrige Punktzahlen hatten, würden gern härter arbeiten und wären lieber verantwortungsbewußter, als sie es zur Zeit waren. Trotzdem hatte ein Viertel von ihnen Angst vor den negativen Folgen, wenn sie sich streng an Terminpläne halten müßten und permanent unter Verantwortungsdruck stünden. Leute mit hohen Punktzahlen (zwischen 24 und 35), die ihre Verpflichtungen bereits sehr ernst nahmen, ließen sich dagegen offenbar hauptsächlich durch ihre Ängste motivieren. Obwohl sie sich im Hinblick auf das Maß an Konzentration auf ihre Arbeit in einem Zwiespalt befanden, also nicht entscheiden konnten, ob sie sich noch stärker auf die Arbeit konzentrieren oder auf dem gegenwärtigen Niveau bleiben sollten, brachten fast alle ihre Angst zum Ausdruck, daß irgend etwas in Zukunft ihr gegenwärtiges Engagement und ihre Fähigkeit, Verantwortung zu übernehmen, beeinträchtigen könnte.

Im Hinblick auf den emotionalen Stil berichteten die meisten Testpersonen, sie wären am liebsten weniger anfällig für negative Gefühle wie Angst, Frustration und Selbstzweifel. Eine Untersuchung ihrer Ängste zeigte jedoch, daß viele Menschen, die wirklich sehr gefühlsbetont reagieren, trotz der Probleme, die ihnen ihre Gefühle gelegentlich bereiten, glauben, etwas Positives dadurch zu gewinnen, und Angst haben, sie zu verlieren. Vor allem von den Teilnehmern mit einer hohen Punktzahl im emotionalen Stil (zwischen 24 und 35) befürchteten nur 60 Prozent, sie könnten noch emotionaler werden, während viele von ihnen sogar Angst davor hatten, sie könnten *weniger* emotional reagieren. Im Gegensatz dazu befürchteten Menschen, die gewöhnlich ziemlich kühl sind, sie könnten zu gefühlsbetont werden. 90 Prozent der Leute, die im emotionalen Stil eine mittlere bis hohe Punktzahl erreicht hatten, hatten Angst, sie könnten emotionaler werden, als sie es zur Zeit sind.

Ähnliche Ergebnisse ließen sich beim intellektuellen Stil beobachten. Die Hoffnungen und Ängste der Teilnehmer unterschieden sich je nach ihrer gegenwärtigen Punktzahl in dieser Dimension. Von denen, die eine niedrige Punktzahl hatten (zwischen 7 und 18), die sich zur Zeit stärker an Traditionen und Konventionen orientieren, wünschten sich die meisten, sie wären neuen Erfahrungen und schöpferischen Dingen gegenüber etwas aufgeschlossener. Trotzdem befanden sie sich in einem Zwiespalt, weil sie Angst hatten, sie könnten entweder zu aufgeschlossen werden oder sich noch weiter in sich zurückziehen. Die Teilnehmer mit einer hohen Punktzahl (zwischen 24 und 35) betrachteten den intellektuellen Stil offenbar als einen zentralen Aspekt ihrer Persönlichkeit: Fast alle wünschten sich, sie könnten das gegenwärtige hohe Niveau ihres Engagements für intellektuelle und kreative Projekte halten oder noch weiter erhöhen, und fast alle hatten Angst, ihre Interessen könnten ihnen auf irgendeine Weise abhanden kommen.

Die möglichen Selbste in Ihrem Leben

Man hat zahlreiche Theorien bemüht und umfangreiche Untersuchungen durchgeführt, um die gegenwärtigen und idealen Selbstbilder der Menschen zu untersuchen, und dabei – so wie Sie gerade – Vergleiche zwischen dem vereinten und dem idealen Selbstbild angestellt. Im einzelnen ließ sich feststellen, daß die *Diskrepanzen zwischen dem Selbst und dem Ideal* bzw. zwischen der Art und Weise und der Größe der Differenz, die zwischen dem gegenwärtigen Selbstbild und dem idealen Selbstbild gesehen werden, weitreichende Folgen haben. Der Psychologe Carl Rogers hat bei der Beratung seiner Klienten festgestellt, daß diejenigen mit einer kleinen Diskrepanz zwischen Selbst und Ideal – die also zwischen beidem eine relative Ähnlichkeit feststellten – eine hohe Meinung von sich hatten. Klienten, bei denen die Diskrepanz zwischen Selbst und Ideal groß war, litten dagegen unter Minderwertigkeitsgefühlen. Kurz gesagt, die Menschen, deren Idealbild wenig mit ihrem gegenwärtigen Selbstbild gemein hatte, waren häufig mutlos und hatten das Gefühl, nichts wert zu sein, weil sie ihrem Ideal nicht entsprachen und in der Regel auch nicht die Kraft hatten, etwas daran zu ändern. Rogers stellte fest, daß sich Selbstbild und Idealbild der Klienten im Verlauf der Therapie – in der ihnen das Gefühl vermittelt wurde, ihr Leben selbst bestimmen zu können – mit der Zeit immer ähnlicher wurden.[3]

Vor kurzem hat man jedoch festgestellt, daß eine große Diskrepanz zwischen dem Selbst und dem Ideal nicht immer negativ sein muß, zumindest hat sie nicht für alle Menschen die gleiche Bedeutung. Vor allem F. Tory Higgins von der New York University zeigte auf, daß wahrscheinlich der *Ursprung* dieser Diskrepanz zwischen Selbst und Ideal dafür verantwortlich ist, wie Motivation und Gefühle beeinflußt werden.

Welche Konsequenzen es hat, wenn Ihr ideales Selbstbild nicht zu Ihrem vereinten Selbstbild paßt, hängt zum Teil davon ab, ob Sie ein Ideal anstreben, weil es das repräsentiert, was Sie sich für sich selbst wünschen, oder weil es die Dinge repräsentiert, die sich jemand, der in Ihrem Leben eine wichtige Rolle spielt, für Sie wünscht. Higgins zufolge löst eine *ungewöhnlich große Diskrepanz zwischen dem Selbst und dem Ideal* jedoch negative Emotionen und ein Gefühl der Niedergeschlagenheit aus.[4] Wenn Sie sich Ihre Ideale selbst gesucht haben, sind Sie enttäuscht, unzufrieden und mitunter auch frustriert. Wenn Sie dagegen glauben, daß andere Menschen sich wünschen, Sie würden diesem Ideal entsprechen, werden Sie sich vermutlich eher schämen oder es wird Ihnen peinlich sein. Die entscheidende Frage ist, ob Sie selbst glauben, daß Sie nicht nach Ihren Idealen leben, oder ob Sie Angst haben, andere Leute zu enttäuschen.

Higgins stellte außerdem fest, daß manche Leute Idealen nacheifern, die kaum etwas damit zu tun haben, was sie für sich selbst für das Beste halten, sondern die ihnen vorschreiben, wie sie sich verhalten müssen, um einer sehr allgemeinen gesellschaftlichen Norm oder einem bestimmten moralischen Codex gerecht zu werden. Eine große Diskrepanz zwischen dem tatsächlichen Selbstbild einer Person und einem dieser »Sollte-so-sein-Selbste« löst mit großer Wahrscheinlichkeit eine Vielzahl negativer Gefühle aus, vor allem Angst oder Unruhe, seltener auch Niedergeschlagenheit. Wenn Sie der Meinung sind, Ihren eigenen moralischen Ansprüchen nicht gerecht zu werden, werden Sie wahrscheinlich unter Schuldgefühlen leiden, ein Gefühl des Unbehagens erleben und sich selbst verachten. Wenn Sie dagegen glauben, Sie hätten den moralischen Codex anderer Menschen verletzt, erleben Sie vermutlich Angst vor Strafe oder Vergeltung, fühlen sich bedroht oder sind wütend auf die Menschen, von denen Sie Ihrer Meinung nach so beurteilt werden.

Mögliche Selbste im täglichen Leben: Der Fall der Sheila W.

Bevor wir das Berkeley-Persönlichkeitsprofil entwickelten, beschäftigten sich die Untersuchungen der möglichen Selbste zumeist entweder mit dem idealen oder mit dem befürchteten Selbstbild. Die Ergebnisse unserer Untersuchung der möglichen Selbste in *Psychology Today* zeigten uns jedoch, daß Ideale und Befürchtungen die Gefühle, die Motivation und das Verhalten der Menschen gleichzeitig bestimmen.

Eine Teilnehmerin hat uns mit ihren Testbögen einen langen Brief geschickt. Wir veröffentlichen ihre Geschichte an dieser Stelle, weil wir hoffen, daß eine Untersuchung des Zusammenspiels ihrer Hoffnungen und Ängste dazu beitragen kann, daß auch Sie besser verstehen können, wie Ihre eigenen Hoffnungen und Ängste *gemeinsam* schwerwiegende Konsequenzen für Ihr Leben haben können.

Sheila W. (Name geändert) war dreiundvierzig Jahre alt, Mutter von drei Kindern, zweimal geschieden. Zur Zeit der Untersuchung war sie Managerin eines Restaurants. Mit vierzig hatte sie ein Bakkalaureat erworben und war im Begriff, ihr Studium fortzusetzen. Hier ist ihre Lebensgeschichte:

Ich wuchs in einer Umgebung auf, in der Wissen und Bildung unwichtig waren, und in der vor allem Frauen als unwissend galten. Obwohl vor mir niemand aus meiner Familie einen Hochschulabschluß gemacht hat und ich die erste bin, die eine Graduate School besuchen wird, werden meine Studienerfolge bis zum heutigen Tag mit Geringschätzung betrachtet. Andere Geschwister folgen jetzt meinem Beispiel.

Ich habe immer davon geträumt, eine Schule besuchen zu können. Ich war von den Menschen in meiner Umgebung so enttäuscht, daß ich bereits mit vierzehn geheiratet habe, mit fünfzehn ein Kind bekam und sechzehn lange Jahre in einer Fa-

brik gearbeitet habe, obwohl ich die ganze Zeit davon träumte, eine Schule besuchen zu können, und jedes Buch gelesen habe, das ich finden konnte.

Gab es etwas in meiner Persönlichkeit, das mir die Kraft gegeben hat, nicht aufzugeben? Wenn es so ist, kann ich andere Menschen, vor allem die jungen, daran teilhaben lassen? Mein ganzes Leben lang war ich in meiner Welt eine Außenseiterin. Ich habe einfach nicht hineingepaßt. Mit dreiundvierzig ist das etwas Positives, mit vierzehn war es schlimm.

Als wir die Gedanken, die Sheila in ihrem Brief geäußert hatte, mit ihrem Testprofil verglichen, wurde uns klar, welche Persönlichkeitsfaktoren dafür verantwortlich waren, daß sie trotz aller Entmutigungen durch andere Menschen so viel erreichte. Die Themen, die sie in ihrem Brief erwähnt – Ausdauer, Bildung und der Wunsch, der nächsten Generation etwas mitgeben zu können – weisen darauf hin, daß die Dimensionen Arbeitsstil, intellektueller Stil und interpersoneller Stil die entscheidenden Faktoren in ihrem Leben sind.

Beschäftigen wir uns zuerst mit dem Arbeitsstil: Harte Arbeit und Ausdauer sind zentrale Faktoren in Sheilas Persönlichkeit, das ist offensichtlich. Ihre Punktzahlen für das vereinte und für das ideale Selbstbild sind extrem hoch (33 und 35), was zeigt, daß sie außerordentlich engagiert und verantwortungsbewußt ist, sich für produktiv und effizient hält, weil sie alle Aufgaben, die ihr täglich gestellt werden, erfüllt, und das Gefühl hat, daß sie ihrem idealen Selbstbild in der Dimension des Arbeitsstils außerordentlich nahe kommt. Da sie sich kaum vorstellen konnte, ihrem Ideal noch näher zu kommen, scheint irgend etwas anderes – zum Beispiel die Angst, ihren Antrieb und ihr Engagement *verlieren* zu können – die Kraft zu sein, die sie immer wieder motiviert, hart und ausdauernd zu arbeiten.

Die extrem große Differenz zwischen dem vereinten und dem befürchteten Selbstbild (19 Punkte) zeigt, daß sie große Angst

Sheila W.
Testprofil mögliche Selbste

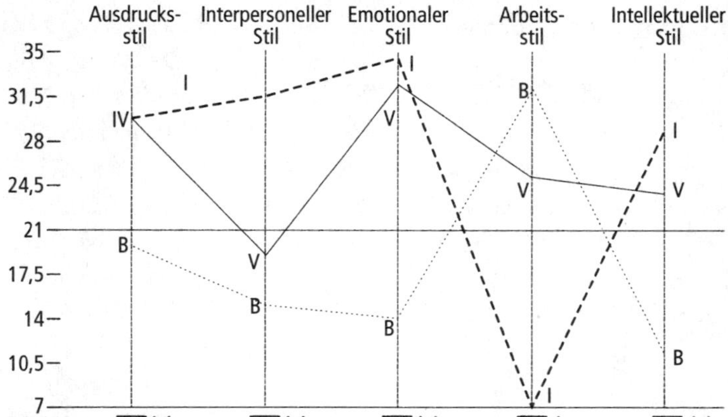

	Ausdrucksstil	Interpersoneller Stil	Emotionaler Stil	Arbeitsstil	Intellektueller Stil
Vereintes Selbstbild Testwerte	27**	19**	33**	26*	24**
Ideales Selbstbild Testwerte	27	30*	35*	7	29*
Befürchtetes Selbstbild Testwerte	20	15	14	32**	11
Vereintes ideales Selbstbild / Differenzwert	0	11	2	19	5
Vereintes befürchtetes Selbstbild / Differenzwert	7	4	19	6	13

I = Ideales Selbstbild V = Vereintes Selbstbild B = Befürchtetes Selbstbild

hat, sie könnte die zahlreichen Aufgaben, die sie zur Zeit übernommen hat, nicht erfüllen. Wahrscheinlich stellt sie sich immer wieder vor, was geschehen würde, wenn ihre Befürchtungen wahr werden sollten, und diese Gedanken motivieren sie, hart zu arbeiten und jeden Tag eine hundertprozentige Leistung abzuliefern. Sie setzt also ihre Angst als positiven Faktor ein, um aus ihrem Leben das Beste zu machen.

Wenn wir ihren intellektuellen Stil betrachten, finden wir ein ähnliches Muster. Sowohl im vereinten als auch im idealen Selbstbild erreicht sie hohe Punktzahlen (24 und 29), was auf eine fortschrittliche Einstellung und Aufgeschlossenheit für neue Ideen hinweist. Ihre niedrige Punktzahl für das befürchtete Selbstbild (11) ist ein Hinweis darauf, daß sie befürchtet, sie könnte zu konservativ und angepaßt werden. Das hat zur Folge, daß auch hier die Differenz zwischen dem vereinten und dem idealen Selbstbild sehr klein (5 Punkte), die Differenz zwischen dem vereinten und dem befürchteten Selbstbild dagegen ziemlich groß (13 Punkte) ist. Obwohl es ihr niemand aus ihrer Umgebung zugetraut hätte, ist sie als Autodidaktin weiter gekommen, als sie es je für möglich gehalten hätte. Man kann also davon ausgehen, daß die sich stark ähnelnden vereinten und idealen Selbstbilder zusammen mit einem ziemlich abweichenden befürchteten Selbstbild für Sheila die Rolle eines sehr effektiven Motivators gespielt haben.

Und wie ist es mit ihrem Interesse, anderen Menschen, »vor allem den jungen Leuten«, etwas von dem mitzugeben, was sie gelernt hat? Ihre Punktekonfiguration im interpersonellen Stil sieht völlig anders aus. Hier erreicht sie beim idealen Selbstbild die sehr hohe Punktzahl von 30, ein Hinweis darauf, daß sie am liebsten sehr großzügig, kooperativ und hilfsbereit wäre. Ihre Punktzahl für das vereinte Selbstbild ist in dieser Dimension dagegen ziemlich niedrig (19) und liegt in der Nähe ihres befürchteten Selbstbildes (15). Das zeigt, daß sie sich selbst als einen schwierigen und manchmal ziemlich egozentrischen Menschen betrachtet. Sie ist allerdings nicht so schwierig, wie sie es nach der Punktzahl für das befürchtete Selbstbild annimmt, falls etwas in ihrem Leben schieflaufen sollte. Wenn man sich das gesamte Muster ansieht, bekommt man den Eindruck, daß ihre hohe Punktzahl (11) für die Differenz zwischen dem vereinten und dem idealen Selbstbild sie motiviert, anderen zu helfen. Ihre sehr niedrige Punktzahl für die Diskrepanz zwischen dem vereinten und dem befürchteten Selbstbild von nur vier Punkten hat wahrscheinlich kaum einen Einfluß auf ihr Verhalten, kann jedoch dazu führen, daß sie sich auf diesem Gebiet nicht so effizient fühlt. Das stimmt in bemerkenswerter Weise mit dem Inhalt ihres Briefes überein, in dem sie schreibt, sie sei für andere Familienmitglieder ein Vorbild gewesen, die inzwischen auch das College besuchten (das heißt, sie glaubt selbst, daß sie in dieser Hinsicht gewisse Fortschritte gemacht hat), bittet uns jedoch um Hilfe, damit wir ihr sagen, wie sie anderen Menschen das Geheimnis ihrer Ausdauer und ihres Erfolges verraten kann.

Worüber Sie nachdenken sollten

Auf welche Weise hat die Beziehung zwischen Ihrem idealen, dem befürchteten und dem vereinten Selbstbild Ihr eigenes Leben beeinflußt? Die folgenden Punkte zum Nachdenken sollen Ihnen helfen, dieser Frage nachzugehen, indem Sie die Ergebnisse dieses Abschnitts des Berkeley-Persönlichkeitsprofils auf ihr alltägliches Leben anwenden.

Bevor Sie jedoch über die folgenden Fragen nachdenken, sollten Sie sich einen Augenblick lang Zeit nehmen und sich das Testprofil Ihrer möglichen Selbste anschauen.

Konzentrieren Sie sich dabei vor allem auf die Persönlichkeitsdimensionen, bei denen die Differenz zwischen dem vereinten und dem idealen Selbstbild am größten ist, und dann auf die, bei denen kein so großer Unterschied zwischen dem vereinten und dem befürchteten Selbstbild besteht. Sie sollten sich dabei die entsprechenden Abschnitte der Interpretationsanleitung anschauen, die sich speziell auf Ihre Punktzahlen beziehen.

1. Betrachten Sie zunächst einmal die Dimensionen Ihrer Persönlichkeit, bei denen sich das vereinte Selbstbild stark von dem idealen Selbstbild unterscheidet. Konzentrieren Sie sich vor allem auf die Lebensziele, für die Sie sich selbst entschieden haben. Das Ideal kann sich zum Beispiel auf Eigenschaften wie »humorvoll«, »jugendlich«, »selbstbewußt« oder »vielseitig« beziehen. Wie fühlen Sie sich angesichts der Tatsache, daß Sie diesem Ideal nicht gerecht werden? Gibt es bestimmte Ziele, die Ihnen realistischer erscheinen und leichter zu erreichen sind?

2. Denken Sie an eine bestimmte Person, die glaubt, ganz genau zu wissen, was gut für Sie ist. Was für eine Persönlichkeit sollten Sie nach Meinung dieser Person werden? Haben die Idealvorstellungen, die diese Person von Ihnen hat, Ihr eigenes Selbstbild beeinflußt? Inwieweit ähneln die Ideale dieser Person Ihren eigenen, und wo unterscheiden sie sich von ihnen? Hat es Zeiten gegeben, in denen diese Ideale Ihnen geholfen haben, mehr zu erreichen, als Sie sich zugetraut hatten?
3. Denken Sie einmal über die Dimension Ihrer Persönlichkeit nach, in denen sich Ihr vereintes Selbstbild sehr stark von Ihrem befürchteten Selbstbild unterscheidet. Ist es möglich, daß Ihre geheimsten Ängste Sie motivieren, alle notwendigen Schritte in die positive Richtung zu tun, damit sich diese Befürchtungen in Ihrem Leben niemals bewahrheiten? Hat die Angst, was aus Ihnen im schlimmsten Fall werden könnte, Sie motiviert, positive Schritte zu unternehmen, durch die Ihre Lebenssituation sich letzten Endes verbessert hat?
4. Lassen Sie sich auch bei anderen Gelegenheiten durch unrealistische Befürchtungen im Hinblick auf Ihre Fähigkeiten daran hindern, nach den Lorbeeren zu greifen, die Sie Ihrer Meinung nach verdient haben? Sind Sie bestimmten kalkulierbaren Risiken aus dem Weg gegangen, weil Sie befürchteten, daß das Endergebnis Ihre schlimmsten Befürchtungen bestätigen könnte? Hat diese Angst vor einem negativen Ergebnis Sie so weit gebracht, daß Sie sich mit anderen negativen Ergebnissen in Ihrem Leben stillschweigend abgefunden haben?
5. Betrachten Sie einmal die Dimensionen Ihrer Persönlichkeit, in denen Sich Ihr vereintes Selbstbild nicht sehr von dem befürchteten unterscheidet. Sind Sie möglicherweise erleichtert, weil sie bereits ziemlich nah an dem sind, was Sie insgeheim befürchten, so daß Sie nicht mehr viel tiefer sinken können? Ist es möglich, daß Sie dieses negative Bild von sich selbst als

Entschuldigung benützen, damit Sie sich nicht mehr bemühen müssen, Ihre Lebensumstände zu verbessern und an Ihrer Persönlichkeit zu arbeiten?

6. Denken Sie zum Schluß einmal darüber nach, wie sich Ihr vereintes, Ihr befürchtetes und Ihr ideales Selbstbild kombinieren, um aus Ihnen den Menschen zu machen, der Sie sind. Wie würde sich Ihr Leben verändern – zum Guten wie zum Schlechten –, wenn Sie sich einfach vorstellen würden, Sie wären eine andere Person, oder wenn Sie sich mehr Mühe geben würden, Ihre Ideale zu erreichen, ohne sich von Ihren Ängsten daran hindern zu lassen? Könnten Sie bestimmte positive Schritte unternehmen – und zwar gleich jetzt –, um sich ganz bewußt von Ihrem befürchteten Selbstbild zu entfernen und Ihrem idealen Selbstbild, also Ihrem positiven Vorbild, ähnlicher zu werden?

Anmerkungen

1. Eine ausführliche Abhandlung über die möglichen Selbste finden Sie in H. Markus und P. Nurius: »Possible Selves« in *American Psychologist* 41 (1986), S. 954–969.
2. Weitere Informationen über den Begriff der Selbstverwirklichung siehe Abraham Maslow: »Toward a Psychology of Being« (New York, Van Nostrand Reinhold, 1968).
3. Weitere Informationen über Rogers' Auffassung zur Diskrepanz zwischen dem Selbst und dem Ideal siehe C. R. Rogers und R. F. Dymond (Hg.): *Psychotherapy and Personality Change* (Chicago, University of Chicago Press, 1954).
4. Mehr über Higgins' Theorie und Forschungsergebnisse der Selbst-Diskrepanz siehe E. T. Higgins: »Self-Discrepancy: A Theory Relating Self and Affect« in »*Psychological Review 94* (1987), S. 319–340.

5.
Ihre sozialen Rollen

Jeder von uns spielt tagtäglich viele verschiedene soziale Rollen. Im Laufe des Lebens sind wir zum Beispiel unter anderem Schüler, Sportler, Liebespartner, Manager, Angestellter, Vater oder Mutter und Sohn oder Tochter. In jeder einzelnen Rolle erwartet die Gesellschaft, in der wir leben, von uns etwas anderes. Am Arbeitsplatz sollen Sie selbstbeherrscht sein, als Sportler dagegen ausgesprochen aggressiv, zumindest körperlich. Man möchte gern, daß Sie als Vater oder Mutter ruhig, geduldig und anständig sind, als Liebespartner sollen Sie dagegen spontan und leidenschaftlich sein.

Für jede wichtige Rolle, die Sie im Leben spielen, schaffen Sie sich eine *Rollenidentität* oder machen sich ein Bild von Ihrer Persönlichkeit in dieser Rolle. Ihre fortschreitenden Lebenserfahrungen beeinflussen die Art der Identität einer jeden einzelnen Rolle, die Sie spielen. Und jede Rollenidentität beeinflußt ihrerseits Ihr Verhalten und Ihre allgemeine Auffassung von Ihrer Persönlichkeit. Wenn Sie sich zum Beispiel für einen Menschen halten, der klare Prinzipien und feste Moralvorstellungen und Erwartungen hat, wird das einen Einfluß darauf haben, wie Sie Ihre Kinder erziehen. Die Rollenidentität, die Sie als Vater oder Mutter entwickeln, kann dann wiederum dazu führen, daß Sie sich selbst insgesamt als eine starke und zuverlässige Person erleben.

Manche Leute glauben, daß sie ihre Persönlichkeit an vorgeprägte Identitäten anpassen, um den spezifischen Ansprüchen und Erwartungen der einzelnen Rollen gerecht werden zu können. Solche *spezialisierten* Rollenidentitäten führen dazu, daß diese Menschen davon ausgehen, sie besäßen auch die Persönlichkeitsmerkmale der Rolle, die sie gerade spielen. Andere sind dagegen der Meinung, daß sie ihre Persönlichkeit unabhängig von der jeweiligen Rolle stets auf die gleiche Weise zum Ausdruck bringen. Die Rollenidentitäten solcher Menschen sind *uniformer* – das heißt, sie gehen davon aus, daß ihre Persönlichkeit trotz der unterschiedlichen Rollen, die sie spielen, im wesentlichen die gleiche ist. Wenn Ihre Rollenidentitäten spezialisiert sind, glauben Sie vermutlich, daß Sie am Arbeitsplatz ein anderer Mensch sind als zu Hause. Wenn Ihre Rollenidentitäten uniform sind, sind Sie dagegen eher der Meinung, daß Ihre Persönlichkeit trotz der wechselnden Ansprüche, die in den verschiedenen Situationen an Sie gestellt werden, immer dieselbe bleibt.

Damit Sie feststellen können, wie Sie auf unterschiedliche Bedingungen reagieren, wollen wir uns jetzt mit den spezifischen Rollenidentitäten am Arbeitsplatz, als Liebespartner, als Freund und in einer weiteren sozialen Rolle, die für Sie von besonderer Bedeutung ist, beschäftigen. Mit Hilfe der Großen Fünf werden Sie Ihr vereintes Selbstbild, das Sie im 3. Kapitel ermittelt haben, mit den besonderen Veränderungen Ihres Selbstbilds vergleichen, die im Zusammenhang mit diesen Rollen auftreten.

Später werden wir Ihnen dann die Möglichkeit bieten, eine Punktzahl für die Gesamtdifferenz der Rollenidentitäten zu ermitteln, die etwas darüber aussagt, ob Ihre Rollenidentitäten grundsätzlich uniform oder aber sehr spezialisiert sind. Wenn Sie diesen Abschnitt des Berkeley-Persönlichkeitsprofils bearbeitet haben, werden Sie erfahren, was Ihre Testwerte bedeuten und welche Konsequenzen die Übernahme von uniformen oder spezialisierten Rollenidentitäten haben kann, wobei wir uns an den letzten Forschungsergebnissen orientieren werden. Die Punkte zum Nachdenken am Schluß des Kapitels werden es Ihnen leichter machen zu erkennen, auf welche Weise Ihre eigenen Rollenidentitäten und deren Uniformität beziehungsweise Spezialisierung Ihre Beziehungen zu anderen Menschen, wichtige Entscheidungen, die Wahl eines bestimmten Lebensstils und Ihre Gefühle beeinflussen.

Der Test

Blättern Sie wieder an den Schluß des Buches, wo sich die perforierten Testbögen befinden. Schneiden Sie von dem farbigen Bogen die Streifen 6 bis 9 aus. Die Nummer 6 bezieht sich auf Ihre Rollenidentität am Arbeitsplatz, 7 auf Ihre Identität als Intimpartner, 8 auf Ihre Rollenidentität als Freund und 9 auf eine »weitere« Rollenidentität Ihrer eigenen Wahl.

Bewerten Sie zunächst jede einzelne Rollenidentität, nachdem Sie sich vorher einen Augenblick lang überlegen, wie Sie sich in der jeweiligen Rolle erleben. Legen Sie den entsprechenden Streifen des Testbogens anschließend neben die fünfunddreißig Testaussagen und bewerten Sie, so ehrlich wie möglich, in welchem Maß die Aussage zu der speziellen Rolle auf Sie zutrifft oder nicht. Machen Sie dann fünf oder zehn Minuten Pause, bevor Sie zur nächsten Rollenidentität übergehen. Im Interesse einer möglichst genauen Bewertung Ihrer Persönlichkeit sollten Sie nach Möglichkeit keine Eintragung nachträglich ändern. Außerdem sollten Sie bei der Beschreibung Ihrer Gefühle in den verschiedenen sozialen Rollen *keinesfalls* zu den vorangegangenen Bögen zurückblättern.

Die Rollen, die auf den Bögen stehen, haben natürlich für jeden Menschen eine andere Bedeutung. Wenn Sie zur Zeit nicht in einem Angestelltenverhältnis sind, können Sie sich auf dem Testbogen für die Rollenidentität am Arbeitsplatz auf eine frühere Stelle beziehen, oder auf die Arbeit, die Sie zu Hause verrichten, oder auf ehrenamtliche, freiwillige Aktivitäten. Wenn Sie zur Zeit in keiner Intimbeziehung leben, können Sie sich auf dem entsprechenden Bogen in einer früheren Intimbeziehung oder in einer anderen engen Beziehung charakterisieren. Die »weitere Rollenidentität« gibt Ihnen Gelegenheit, sich in einer Rolle zu beschreiben, die zur Zeit für Sie wichtig ist, zum Beispiel als Vater, Mutter, Schwester, Bruder, Sohn, Tochter, Schüler, Sportler, Vereins- oder Gemeindevorstand usw. Wenn für Sie mehr als eine dieser zusätzlichen Rollen wichtig sind, zum Beispiel die Rolle eines Elternteils *und* die des Sohnes oder der Tochter, können Sie die zusätzlichen Bögen für diese Rollen benützen.

Nach dem Ausfüllen der Bögen 6 bis 9 bearbeiten Sie das Testprofil für die Rollenidentitäten, das sich ebenfalls in dem perforierten Abschnitt befindet. Dort tragen Sie Ihre Punktzahlen ein und zeichnen die Kurve, die sich daraus ergibt. Ihr Testprofil für die Rollenidentitäten stellt alle Testwerte auf einem übersichtlichen, farbigen Bogen dar, damit Sie auf einen Blick erkennen können, wo sich Ihre verschiedenen Rollenidentitäten stark voneinander unterscheiden und wo sie sich ähneln.

Interpretationsanleitung: Rollenidentitäten

Wenn Sie mehr über Ihr Testergebnis erfahren wollen, müssen Sie zunächst auf den folgenden Seiten Ihre jeweilige Punktzahl für die Differenz zwischen den einzelnen Rollenidentitäten nachschauen, die Sie gerade bearbeitet haben. Kreisen Sie auch hier wieder den Teil der Interpretationsanleitung ein, der Ihrer Punktzahl in jedem einzelnen Abschnitt entspricht, dann können Sie später Ihre Testergebnisse auf einen Blick erkennen.

Wir möchten Sie außerdem daran erinnern, daß die Interpretationen auf der Beschreibung Ihres vereinten Selbstbildes und Ihrer Rollenidentitäten basieren. Wenn Sie das Gefühl haben, daß eine der Interpretationen nicht auf Sie zutrifft, sollten Sie zunächst einmal prüfen, ob Sie nicht vielleicht beim Ausfüllen oder bei der Berechnung Ihrer Testwerte einen Fehler gemacht haben. Achten Sie vor allem auch darauf, daß Sie die Punktzahlen immer im richtigen Abschnitt der Interpretationsanleitung nachschauen.[1]

Differenz Rollenidentitäten – Ausdrucksstil (orange)

- *0 bis 3 Punkte:* Sie sind der Meinung, daß sich Ihr Ausdrucksstil von einer Rolle zur anderen kaum ändert. Sie glauben zum Beispiel nicht, daß Sie in einer bestimmten Rolle extravertierter oder begeisterungsfähiger sein müßten als in einer anderen. Und Sie haben auch nicht das Gefühl, daß irgendeine Rolle Sie daran hindert, Ihre Ansichten und Gedanken offen auszudrücken. Die vier Werte für die Rollenidentitäten im Ausdrucksstil liegen bei Ihnen vermutlich nahe an der Punktzahl für Ihr vereintes Selbstbild in der gleichen Dimension, was darauf schließen läßt, daß es Ihnen – zumindest was Geselligkeit und Ausdrucksvermögen anbetrifft – leichtfällt, sich in allen Rollen selbst treu zu bleiben.

- *4 bis 7 Punkte:* Sie haben das Gefühl, daß von Ihnen zumindest in einer Rolle ein größeres Maß an Offenheit, Begeisterungsfähigkeit, Dominanz oder sozialer Interaktion erwartet wird. Vielleicht können Sie in einer bestimmten Rolle aktiver, unternehmungslustiger und extravertierter sein, während eine andere Rolle, in der Sie sich ausgeglichener und berechenbarer verhalten, die ruhigere und reserviertere Seite Ihres Wesens betont.

- *14 Punkte oder darüber:* Sie stellen dramatische Unterschiede fest im Hinblick auf das Maß an Energie, Selbstsicherheit oder Geselligkeit, das Sie in einer bestimmten Rolle im Gegensatz zu den anderen nach außen hin sichtbar werden lassen können. Sie haben womöglich das Gefühl, daß man Sie in dieser Rolle dazu ermutigt, die Initiative zu übernehmen, während Sie in den anderen Rollen den Anweisungen anderer Leute folgen müssen – was Sie entweder daran hindert, Ihre Ideen und Ansichten zum Ausdruck zu bringen, oder jeden entsprechenden Versuch im Keim erstickt. In einer bestimmten Rolle freuen Sie sich vermutlich über die Anregungen, die Sie von den vielen Menschen aus den unterschiedlichsten Gesellschaftsschichten, mit denen Sie zu tun haben, bekommen, während Sie in einer anderen Rolle froh sind, allein sein zu können und Ihre Ruhe zu haben.

Differenz Rollenidentitäten – Interpersoneller Stil (grün)

- *0 bis 3 Punkte:* Die Prioritäten, die Sie Ihren eigenen Bedürfnissen und denen anderer Menschen zuweisen, unterscheiden sich in den verschiedenen Rollenidentitäten kaum. Sie glauben zum Beispiel nicht, daß eine bestimmte Rolle von Ihnen verlangt, daß Sie Ihre natürliche Neigung, sich für andere Menschen zu interessieren, unterdrücken. Und Sie haben auch nicht das Gefühl, daß eine bestimmte Rolle Ihnen so viel Geduld und Mitgefühl abverlangt, daß Ihnen in einem anderen Lebensbereich die Kraft zu solchen Gefühlen fehlt. Alle vier Punktzahlen für die Rollenidentitäten im interpersonellen Stil liegen wahrscheinlich sehr dicht an Ihrer Punktzahl für das vereinte Selbst im interpersonellen Stil, das heißt, Sie sind wahrscheinlich in allen Rollen mit diesem Aspekt Ihrer Persönlichkeit zufrieden.

- *4 bis 13 Punkte:* Sie haben das Gefühl, daß Sie zumindest in einer Rolle entweder etwas hilfsbereiter und kooperativer sein müßten oder aber sich selbst etwas besser schützen sollten als Ihnen angenehm ist. Obwohl die Unterschiede nicht so dramatisch sind, fühlen Sie sich wahrscheinlich in den Rollen wohler, in denen es Ihnen leichter fällt, bei dem Versuch, zwischen Ihren eigenen Bedürfnissen und denen der anderen Menschen einen Ausgleich zu schaffen, Sie selbst bleiben zu können.

- *14 Punkte oder darüber:* In einer bestimmten Rolle haben Sie bedeutend mehr Mitgefühl und Verständnis für die Bedürfnisse anderer Menschen als in den anderen. So kann es sein, daß Sie in dieser Rolle große Geduld mit bedürftigen Menschen aufbringen müssen, während man in einer anderen Rolle von Ihnen erwartet, daß Sie egozentrisch, aggressiv oder polemisch sind. Da diese Rollenerwartungen sich extrem voneinander unterscheiden, haben Sie den Eindruck, in jeder Situation praktisch ein anderer Mensch zu sein.

Differenz Rollenidentitäten – Arbeitsstil (gelb)

- *0 bis 3 Punkte:* Sie haben das Gefühl, daß Ihr Verantwortungsbewußtsein und Ihre Effektivität über alle Rollen hinweg ziemlich konstant sind. Sie glauben nicht, daß irgendeine einzelne Rolle Ihre Zeit und Kraft so sehr in Anspruch nehmen könnte, daß Ihre Leistungsfähigkeit in einer anderen Rolle dadurch beeinträchtigt würde. Die Punktzahlen für die vier Rollenidentitäten im Arbeitsstil liegen wahrscheinlich in der Nähe Ihrer Werte für das vereinte Selbstbild im Arbeitsstil. Unabhängig davon, ob Sie mit Ihren Fortschritten in den verschiedenen Rollen zufrieden sind, glauben Sie zumindest, daß Sie in jeder Situation, die etwas mit der Arbeit zu tun hat, Sie selbst sind.

- *4 bis 13 Punkte:* Sie haben das Gefühl, in bestimmten Rollen effizienter oder besser organisiert zu sein als in den anderen. Möglicherweise sind Sie der Meinung, daß Sie in einer bestimmten Rolle tüchtiger sind als in den anderen und haben das Gefühl, daß Ihnen andere Rollen einfach nicht so liegen. Rollen, in denen Sie erfolgreich sind, können Sie natürlich besser motivieren als solche, in denen Sie immer wieder Mißerfolge erleiden mußten oder nur eine mittelmäßige Leistung bringen konnten.

- *14 Punkte oder darüber:* Die Art und Weise, wie Sie mit Terminen und Plänen umgehen und sich Ihrer Verantwortung stellen, ist extrem unterschiedlich – je nachdem, welche soziale Rolle Sie gerade spielen. Möglicherweise macht Ihnen Ihre Arbeit mehr Spaß in einer Rolle, in der Sie erfolgreicher sind als in einer anderen. Sie sind dann auf einem bestimmten Gebiet natürlich bedeutend stärker motiviert, sich zu engagieren und produktiv zu sein als auf einem anderen. Vielleicht haben Sie in der letzten Zeit einen Mißerfolg gehabt oder einen schweren Schlag hinnehmen müssen – zum Beispiel den Verlust des Arbeitsplatzes oder den einer geliebten Person –, durch den Sie vorübergehend Ihre Vitalität verloren haben, so daß Sie im Augenblick auf die Herausforderungen einer bestimmten Rolle nicht reagieren können.

Differenz Rollenidentitäten – Emotionaler Stil (rot)

- *0 bis 3 Punkte:* Sie glauben, daß Sie negative Gefühle wie Frustration, Angst und Selbstzweifel in allen Rollen in etwa gleichstark ausdrücken. Wenn Sie zur Nervosität neigen, bereitet Ihnen das in allen Rollen die gleichen Schwierigkeiten, wenn Sie dagegen zu den Menschen gehören, die immer einen kühlen Kopf bewahren und in den meisten Fällen entspannt und selbstsicher sind, fühlen Sie sich in allen Rollen so. Die vier Testwerte für die Rollenidentitäten liegen in dieser Dimension mit großer Wahrscheinlichkeit in der Nähe Ihrer Werte für das vereinte Selbstbild.

- *4 bis 13 Punkte:* Die negativen Emotionen, die Sie in den einzelnen Rollen empfinden und ausdrücken, unterscheiden sich in ihrer Art und Intensität voneinander. Es ist beispielsweise durchaus möglich, daß Sie die meiste Zeit das Gefühl haben, entspannt und ruhig zu sein, in einer bestimmten Rolle jedoch ängstlich, aufgeregt oder unsicher reagieren. Möglicherweise erleben Sie auch die meiste Zeit eine Art Wechselbad der Gefühle und sind nur in einer ganz bestimmten Rolle entspannt und selbstsicher.

- *14 Punkte oder darüber:* Sie glauben, daß Ihre Emotionalität in starkem Maße davon abhängt, was in Ihrer direkten Umgebung vorgeht. Je nachdem, welche Rolle Sie gerade spielen, kann es vorkommen, daß eine bestimmte Person, mit der Sie sich auseinandersetzen müssen, Sie in ungewöhnlichem Maße provozieren oder Ihnen auf die Nerven gehen kann. Oder Sie sind der Meinung, daß der Streß, der mit einer bestimmten Rolle verbunden ist – zum Beispiel Lärm, Überforderung, persönliche Rivalitäten oder andere Faktoren –, dazu führt, daß Ihre Nerven ständig bis zum Zerreißen gespannt sind, und Sie sich mitunter fragen, ob Sie diese Situation noch länger ertragen können. Ihre Punktzahl weist darauf hin, daß Sie den Wunsch haben, Ihre problematischere(n) Rolle(n) neu zu definieren, um Ihre emotionalen Reaktionen wieder in den Griff zu bekommen.

Differenz Rollenidentitäten – Intellektueller Stil (blau)

- *0 bis 3 Punkte:* Die Art, wie Sie sich in den einzelnen Rollen mit neuen Ideen und Erfahrungen auseinandersetzen, ist ziemlich gleich. Sie glauben nicht, daß bestimmte Leute, mit denen Sie es in einer Rolle zu tun haben, Ihre künstlerischen, kreativen oder analytischen Fähigkeiten mehr würdigen als andere. Und Sie haben auch nicht das Gefühl, daß man Sie in bestimmten Rollen stärker daran hindert, etwas Neues auszuprobieren, als in den anderen. Ihre Testwerte sind wahrscheinlich in allen vier Rollenidentitäten ähnlich wie die Ihres vereinten Selbstbilds im intellektuellen Stil. Vermutlich haben Sie auch im Hinblick auf Konventionalität oder Progressivität in allen Rollen das Gefühl, Sie selbst zu sein.

- ***4 bis 13 Punkte:*** Sie glauben, daß Sie sich in bestimmten Rollen mehr in Übereinstimmung mit Ihren künstlerischen, intellektuellen oder philosophischen Überzeugungen befinden als in anderen. Vielleicht langweilen Sie die Aktivitäten und persönlichen Beziehungen, die mit diesen anderen Rollen zusammenhängen, weil sie Ihnen kaum Gelegenheit bieten, Ihre Intelligenz, Ihr Abstraktionsvermögen oder Ihre Kreativität einzusetzen. Es kann jedoch auch sein, daß Sie glauben, man würde Sie in bestimmten Rollen dazu drängen, alte, bewährte Pfade zu verlassen, obwohl Sie gar nicht sicher sind, daß die neuen Methoden besser sind.

- ***14 Punkte oder darüber:*** Zwischen den einzelnen Rollen bestehen Ihrer Meinung nach gravierende Unterschiede, die sich darauf beziehen, in welchem Maße Sie Ihre kreativen, analytischen, künstlerischen und intellektuellen Fähigkeiten einsetzen können. Ihr Testprofil läßt vermutlich erkennen, daß zwischen den Rollen, in denen Sie sich ständig mit Veränderungen oder schöpferischen und intellektuellen Herausforderungen auseinandersetzen müssen, und denen, bei denen Sie sich stärker an die Traditionen oder Routine gebunden fühlen, eine große Kluft besteht. Wenn Sie sich in einer bestimmten Rolle in Routinesituationen wohler fühlen, sollten Sie daran denken, daß Situationen, die für Sie anfangs nicht so leicht zu durchschauen sind, zu einer Erweiterung Ihres Horizonts führen können. Wenn Sie sich dagegen in einem weniger berechenbaren Rollenumfeld wohler fühlen, sollten Sie sich überlegen, ob die Zeit, die Sie in Routinesituationen zubringen, Ihre Phantasie nicht anregen könnte.

Gesamtdifferenz aller Rollenidentitäten

Wenn Sie die zusätzliche Möglichkeit genutzt haben, die Testwerte für Ihre Rollenidentitäten zu ermitteln und in Ihr Testprofil einzutragen, werden Sie sich vermutlich fragen, welchen zusätzlichen Informationswert die Gesamtdifferenz zwischen den Rollenidentitäten haben kann. In der Persönlichkeitsforschung ist die psychologische Bedeutung der speziellen Rollenidentitäten, (durch die die Unterschiede in Ihrer Persönlichkeit über alle Rollen hinweg betont werden) im Gegensatz zu den uniformen Rollenidentitäten (die im wesentlichen in allen Rollen gleich sind), ziemlich umstritten. Carl Rogers und andere Persönlichkeitstheoretiker sagen, daß ein »kernhaftes« Gefühl für das Selbst, das in allen Rollen gleich bleibt, eine wichtige Voraussetzung für die seelische Gesundheit eines Menschen ist. Andere, darunter Kenneth Gergen, behaupten genau das Gegenteil: Die Differenzierung der Rollenidentitäten, die die spezialisierten Aktionen ermöglicht, die in bestimmten Rollen verlangt werden, seien ein Zeichen einer besonders guten Anpassungsfähigkeit.[2]

Obwohl sich die Forscher noch nicht einig sind, bringen die neuesten Forschungsergebnisse langsam Klarheit auf diesem Gebiet. Eine Reihe von Untersuchungen aus jüngster Zeit, die von Eileen Donahue, Richard Robins, Brent Roberts und Oliver P. John an der Universität von Berkeley durchgeführt worden sind, zeigen, daß Menschen mit stark spezialisierten Rollenidentitäten (Gesamtdifferenz der Rollenidentitäten etwa 40 oder darüber) unter Umständen unter einer Vielzahl von persönlichen und interpersonellen Problemen leiden.[3]

Donahue und seine Mitarbeiter haben herausgefunden, daß Menschen, deren Rollenidentitäten hoch spezialisiert waren, im Vergleich mit denen, deren Rollenidentität ziemlich uniform waren, häufiger unter Angst, Depressionen, Neurosen und mangelnder Selbstachtung litten. Sie waren darüber hinaus im Durchschnitt weniger gut sozialisiert, besaßen ein geringeres Maß an Selbstbeherrschung, und hatten Schwierigkeiten, sich an gesellschaftliche Verhaltensnormen anzupassen. Sie klagten außerdem darüber, daß sie als Kinder große Probleme mit den Eltern gehabt hätten und daß ihre gegenwärtigen Beziehungen problematisch seien. Sie waren mit ihren sozialen Rollen und Beziehungen (zum Beispiel im Beruf, in der Familie oder mit Freunden) nicht nur weniger zufrieden, sondern hatten mit größerer Wahrscheinlichkeit ihre Arbeitsstelle gewechselt, sich scheiden lassen und häufiger wieder geheiratet als die Leute, deren Rollenidentitäten über die sozialen Rollen hinweg uniformer waren.

Man darf jedoch nicht vergessen, daß eine große Differenz zwischen den Rollenidentitäten im Berkeley-Persönlichkeitsprofil nicht *immer* ein Zeichen für persönliche oder interpersonelle Schwierigkeiten ist. *Wichtiger ist, daß Sie sich mit der Art und Weise, wie Sie Ihr eigenes Selbstbild in den verschiedenen sozialen Rollen umsetzen, wohlfühlen.*

Spätere Untersuchungen von Brent Roberts und Eileen Donahue haben gezeigt, daß die meisten Menschen sich in Rollen wohlfühlen, in denen sie das Gefühl haben, sie selbst zu sein – das heißt, in Rollen, bei denen die Rollenidentität am ehesten ihrem vereinten Selbstbild entspricht. Wenn Ihre Gesamtpunktzahl für die Rollenidentitäten mittelgroß (zwischen 25 und 39) bis groß (40 oder darüber) ist, sollten Sie die Punktzahlen für die Großen Fünf für jede einzelne Rollenidentität, die Sie in Ihrem Testprofil eingetragen haben, mit den Punktzahlen Ihres Testprofils für das vereinte Selbstbild im 3. Kapitel vergleichen. Wenn sich die Testwerte, die Sie sich für eine einzelne Rolle gegeben haben, von den Punktzahlen für das vereinte Selbstbild in mehreren Dimensionen der Großen Fünf stark voneinander unterscheiden, könnte das ein Zeichen dafür sein, daß Sie mit dieser bestimmten Rolle unzufrieden sind.

Diese jüngsten Forschungsergebnisse stützen eindeutig die Auffassung, daß ein kernhaftes, integratives Selbstkonzept für die seelische Gesundheit unerläßlich ist. Wie aber lassen sich diese Ergebnisse mit der Behauptung in Einklang bringen, eine Spezialisierung der Rollenidentitäten helfe dem Menschen, auf die unterschiedlichen Anforderungen der einzelnen sozialen Rollen flexibler reagieren zu können? Vielleicht liegt das Geheimnis der Differenzierung des Selbst, durch die seine Anpassung gefördert wird, manchmal nur im Auge des Betrachters. Das wäre eine mögliche Erklärung. Es ist zwar wichtig, daß wir angesichts der unterschiedlichen Anforderungen, die die einzelnen sozialen Rollen an uns stellen, unser *Verhalten* verändern. Das heißt jedoch nicht, daß wir unbedingt unser *Selbstbild* an die jeweilige Rolle anpassen müssen. Entscheidend für ein gesundes Selbstbild ist wahrscheinlich, daß man sich vor der Übernahme einer bestimmen Rolle klarmachen sollte: »Wie kann ich das, was man in dieser Rolle von mir erwartet, tun, und trotzdem ich *selbst* bleiben?«

Eine weitere mögliche Verbindung zwischen Rollenidentität und Anpassung hängt damit zusammen, daß wir alle die Fähigkeit besitzen, uns die Rollen *auszusuchen*, die wir übernehmen wollen. Aus dieser Sicht kann man von einem seelisch gesunden Menschen erwarten, daß er sich die Rollen und Beziehungen aussucht, in denen er sein Selbst nicht verleugnen muß, und die Rollen und Beziehungen ablehnt, die ihn unglücklich machen würden und in denen er das Gefühl hätte, in seiner persönlichen Entwicklung gehemmt zu werden. Weniger angepaßte Menschen haben möglicherweise das Gefühl, in sozialen Rollen gefangen zu sein, in denen sie sich überhaupt nicht wohlfühlen, und sie glauben, nie sie selbst sein zu können. Dadurch verschlimmern sich die persönlichen und zwischenmenschlichen Probleme, unter denen sie ohnehin schon leiden, noch weiter. Weil sie das Gefühl haben, daß ihr Verhalten ihnen von der jeweiligen Rolle, die sie spielen, vorgeschrieben wird, entwickeln sie in jeder Situation ein anderes Bild von sich selbst – eine völlig andere Rollenidentität.

Worüber Sie nachdenken sollten

Wenn Sie diesen Abschnitt des Berkeley-Persönlichkeitsprofils bearbeitet haben, werden Sie sich sicher Gedanken darüber machen, auf welche Weise die Anforderungen, die mit bestimmten Rollen verbunden sind, auch Ihre Persönlichkeit und ihr Verhalten beeinflussen, und ob Sie tatsächlich jederzeit das Gefühl haben, Sie selbst zu sein. Die folgenden Punkte zum Nachdenken sollen Ihnen bei diesen Überlegungen helfen.

1. Nehmen Sie sich einen Augenblick Zeit, schauen Sie sich Ihr Testprofil für die Rollenidentität noch einmal genau an und betrachten Sie vor allem jede einzelne der farbig abgesetzten Persönlichkeitsdimensionen der Großen Fünf. Achten Sie dabei vor allem auf die Persönlichkeitsdimension(en), bei denen die Differenz der Punktzahlen für die Rollenidentität 7 oder mehr beträgt. Denken Sie dabei einmal über die *Motivationen* nach, die Sie veranlassen könnten, diesen bestimmten Aspekt Ihrer Persönlichkeit in verschiedenen Situationen unterschiedlich zum Ausdruck zu bringen. Hat das etwas damit zu tun, daß Sie sich in dieser Hinsicht insgesamt unsicher fühlen? Wenn ja, warum? Wäre es Ihnen lieber, Sie wären etwas mutiger und könnten diesen Aspekt Ihrer Persönlichkeit in allen sozialen Rollen in der gleichen Weise ausdrücken?

2. Schauen Sie sich jetzt noch einmal Ihr Testprofil für die Rollenidentitäten an und konzentrieren Sie sich dieses Mal nacheinander auf die vier Rollenidentitäten (Arbeit, Liebesbeziehung, Freund und »weitere«). Vergleichen Sie das Gesamtprofil jeder einzelnen Rollenidentität mit dem Testprofil für das vereinte Selbstbild, das Sie im 3. Kapitel ermittelt haben. Die Rollenidentitäten, bei denen sich die Punktzahl am meisten von der des vereinten Selbstbilds unterscheidet, reprä-

sentieren die Rollen, die Ihnen aus irgendeinem Grund das Gefühl vermitteln, nicht wirklich Sie selbst zu sein.

Wenn Sie in einer bestimmten Rolle dieses Gefühl haben, sollten Sie einmal darüber nachdenken, woher das kommen könnte. Verlangt die Rolle irgend etwas von Ihnen, das Sie daran hindert, bestimmte Seiten Ihrer Persönlichkeit auszudrücken, oder verleitet sie Sie dazu, andere Aspekte zu übertreiben? Glauben Sie, daß diese Situation gut für Ihre seelische Gesundheit ist? Würden Sie gern Schritte unternehmen, um Ihre Persönlichkeit in solchen Situationen offener zum Ausdruck bringen zu können, oder sind Sie mit dem gegenwärtigen Zustand zufrieden? Oder fühlen Sie sich womöglich gezwungen, die Situation zu akzeptieren, ob Ihnen das nun paßt oder nicht?

3. Nehmen Sie sich einen Augenblick Zeit und betrachten Sie noch einmal die Testprofile für das ideale und das befürchtete Selbstbild, das Sie im 4. Kapitel bearbeitet haben. Vergleichen Sie die Punktzahl Ihres idealen Selbstbilds in den fünf Persönlichkeitsdimensionen (in der zweiten Reihe der Kästchen) mit der Punktzahl für die Rollenidentität in den ersten vier Reihen der Kästchen des Rollenidentitätsprofils, das Sie gerade bearbeitet haben. Bei welcher Rolle liegt Ihre Punktzahl für die Rollenidentität in den einzelnen Dimensionen am nächsten an der des idealen Selbstbilds? In welcher Rolle kommen Ihre Testwerte für die Rollenidentität insgesamt Ihrem idealen Selbstbild am nächsten? Was ist das für ein Gefühl, wenn Sie die Rolle spielen, bei der Sie sich Ihrem idealen Selbstbild am nächsten fühlen? Könnten Sie Ihr Leben auch in anderen Aspekten so verändern, daß Sie mit Ihren anderen Rollenidentitäten ähnlich zufrieden wären?

4. Betrachten Sie jetzt noch einmal das Testprofil für das ideale und das befürchtete Selbstbild, das Sie im 4. Kapitel bearbei-

tet haben. Vergleichen Sie dieses Mal die Punktzahl für das befürchtete Selbstbild (in der dritten Reihe der Kästchen) in allen fünf Dimensionen der Persönlichkeit mit Ihren Punktzahlen für die Rollenidentität, die in den ersten vier Reihen der Kästchen des Testprofils für die Rollenidentität stehen, das Sie gerade bearbeitet haben. Bei welcher Rolle liegt Ihre Punktzahl für die Rollenidentität in den einzelnen Dimensionen der Persönlichkeit am nächsten an der Punktzahl für das befürchtete Selbstbild? In welcher Rolle kommt Ihre Punktzahl insgesamt der des befürchteten Selbstbilds am nächsten? Wie fühlen Sie sich, wenn Sie die Rolle spielen, bei der Sie Ihrem befürchteten Selbstbild am nächsten kommen? Wenn Sie sich in dieser Rolle nicht wohlfühlen, sollten Sie einmal über Alternativen nachdenken. Glauben Sie, daß es Ihnen besser ginge, wenn Sie solche Situationen vermeiden würden, oder wäre es besser, sie zu verändern, oder sollten Sie vorläufig einfach alles so lassen, wie es ist?

5. Man soll nie mit Freunden Geschäfte machen und nie am Arbeitsplatz ein Liebesverhältnis beginnen. Wenn Sie einmal erlebt haben, wie unterschiedlich Ihre Persönlichkeit in den verschiedenen Rollen bei anderen Menschen ankommt, werden Sie verstehen, was es mit diesem alten Spruch auf sich hat. Eigenschaften, die im Geschäftsleben von Vorteil sind, zum Beispiel Härte oder Ehrgeiz, könnten die Beziehung zu einem Freund erheblich beeinträchtigen, der diesen Zug an Ihnen bisher gar nicht kannte. Wenn Sie immer das Gefühl hatten, sich darauf verlassen zu können, daß Ihre Eltern Sie mit Rat und Tat unterstützen, würde es Ihnen sehr schwer fallen, wenn Sie die Rollen tauschen müßten, weil Ihre Eltern von einem Tag auf den anderen durch eine schwere Krankheit oder irgendeine andere Krise von Ihnen abhängig wären.

   Wenn Sie so etwas schon einmal erlebt haben und glauben, daß es mit einer Vermischung Ihrer verschiedenen Rollenidentitäten zusammenhängt, sollten Sie sich vor Augen führen, wie das ist, wenn Sie sich plötzlich mit Aspekten der Persönlichkeit des anderen konfrontiert sehen, die bei den Rollen, in denen man sich bisher begegnet ist, nicht in Erscheinung getreten sind.

6. Man geht im allgemeinen davon aus, daß sich die Persönlichkeit eines Menschen in einer Krisensituation radikal verändern kann. So berichtet beispielsweise Elizabeth Kübler-Ross, daß ausnahmslos alle todkranken Patienten bei dem Versuch, mit ihrer Situation fertigzuwerden, die gleichen Reaktionen zeigen – zu Anfang wird der Zustand verleugnet, schließlich jedoch akzeptiert.

   Forscher und praktizierende Ärzte haben jedoch die Beobachtung gemacht, daß Krisensituationen selten eine dramatische Veränderung des Persönlichkeitsstils zur Folge haben. Keith Harary hat zum Beispiel in einer größeren Klinik unheilbar kranke Patienten betreut und festgestellt, daß diese Menschen in ihrem Leben gelernt hatten, mit Krisen in einer bestimmten Weise umzugehen, und sich auch in dieser letzten Lebenskrise entsprechend verhielten. Auch in neueren Untersuchungen hat man feststellen können, daß ungewöhnlich streßbetonte Umstände häufig nur eine *Intensivierung* bestimmter Verhaltensmuster bewirken, die bereits in der Persönlichkeit angelegt sind, und nicht ein völlig neues Verhalten zutage fördern.[4]

   Haben Sie schon einmal eine Krisensituation erlebt, bei der die Rolle, die Sie spielen mußten, Sie gezwungen hat, bestimmte Aspekte Ihrer Persönlichkeit zu übertreiben? Wurde Ihre Reaktion dabei durch Erfahrungen aus der Vergangenheit und durch spezielle Methoden beeinflußt, die Sie im Laufe Ihres Lebens gelernt haben, um mit solchen Problemen fertigzuwerden?

7. Manchmal kann eine Rolle, die Ihnen völlig fremd ist, für kurze Zeit eine dramatische Persönlichkeitsveränderung zur Folge haben. Das ist vor allem dann der Fall, wenn bestimmte Forderungen aktiv an Sie herangetragen werden. So hat zum Beispiel der Psychologe Philip Zimbardo in einer klassischen Untersuchung nachweisen können, daß seine Studenten ihr Verhalten radikal änderten, je nachdem ob er ihnen in einem Scheingefängnis die Rolle des »Gefangenen« oder die des »Wärters« zuwies.

Keith Harary hat im Zusammenhang mit einem Therapieprogramm für die Überlebenden des Jonestown-Massakers der berüchtigten Peoples-Temple-Sekte die Rolle untersucht, die der Sektenführer Reverend Jim Jones gespielt hat. Um seine Anhänger manipulieren zu können und Macht über sie zu gewinnen, hat er sich als »himmlischer Vater« ausgegeben und die anderen die Rolle seiner »Kinder« spielen lassen. Diese Methode, die unter Sektenführern weit verbreitet ist, ist überraschend effektiv – und gefährlich. Wahrscheinlich hängt das damit zusammen, daß viele Menschen sich danach sehnen, daß eine gütige Vaterfigur ihnen jede Verantwortungen abnimmt, und sie ihr Kindsein mit Unterwürfigkeit anderen Menschen gegenüber verbinden.[5]

Wenn sich Ihr Persönlichkeitsstil schon einmal in auffallender Weise verändert hat, und Sie das Gefühl hatten, daß das etwas mit der Rolle zu tun hatte, die Sie zu der Zeit gespielt haben, sollten Sie einmal überlegen, was diese Situation Ihnen über Ihre Stärken und Schwächen sagen kann, und auf welche Weise Sie von dieser Erkenntnis profitieren können. Wenn Ihnen so etwas noch nie passiert ist, heißt das nicht, daß Sie gegen eine solche Situation immun sind. Denken Sie einmal darüber nach, ob Ihnen nicht auch eines Tages so etwas zustoßen könnte, denn auch Sie sind verletzlich.

Sie sollten sich innerlich auf eine solche Möglichkeit vorbereiten, denn dann wird es Ihnen leichter fallen, mit einer solchen Situation fertigzuwerden. Stellen Sie sich einmal in aller Ruhe vor, Sie wären plötzlich gezwungen, eine Ihnen völlig fremde Rolle zu spielen und müßten mit all den damit verbundenen Schwierigkeiten fertigwerden. Achten Sie dabei vor allem auf verborgene Stärken und Schwächen, die sich womöglich bei dieser Übung zeigen.

Anmerkungen

1. Für Leser, die ein professionelles Interesse an der Testkonstruktion des Berkeley-Persönlichkeitsprofils haben: In diesem Abschnitt des Tests basieren die Punktzahl-Kategorien auf statistisch ermittelten, gerundeten Testwerten. Rollenidentitäten, die durchschnittlich um weniger als $^1/_2$ Punkt pro Testfrage für einen bestimmten Persönlichkeitsstil differieren (das heißt insgesamt zwischen 0 und 3 Punkte bei den sieben Testfragen), werden bei diesem Persönlichkeitsstil als annähernd gleich betrachtet. Rollenidentitäten, die durchschnittlich um $^1/_2$ bis 2 Punkte pro Testfrage differieren, werden als etwas verschieden interpretiert, während Rollenidentitäten, die sich pro Testfrage um durchschnittlich 2 oder mehr Punkte unterscheiden, im Sinne des fraglichen Persönlichkeitsstils als sehr verschieden interpretiert werden.
2. Weitere Einzelheiten siehe C. R. Rogers: »A Theory of Therapy, Personality and Interpersonal Relationships as Developed in the Client-Centered Framework« in S. Koch (Hg.): *Psychology: A Study of a Science,* Band 3 (New York, McGraw Hill 1959), S. 184–256, und K. J. Gergen: *The Concept of Self* (New York, Holt, 1971).
3. Weitere Einzelheiten und ein Überblick über ältere Arbeiten auf diesem Gebiet siehe E. M. Donahue, R. W. Robins, B. W. Roberts und O.P. John: »The Divided Self: Concurrent and Longitudinal Effects of Psychological Adjustment and Social Roles on Self-Concept Differentiation« in *Journal of Personality and Social Psychology 64* (1993), S. 834–846, und B. W. Roberts und E. M. Donahue: »One Personality, Multiple Selves: Integrating Personality and Social

Roles« in *Journal of Personality* (z. Zt. der Fertigstellung der Originalausgabe dieses Buches im Druck).

4. Weitere Informationen siehe E. Kübler-Ross: *On Death and Dying* (New York, Collier, 1969); E. Kübler-Ross: *Interviews mit Sterbenden,* (Kreuz-Verlag, 1973); A. Caspi und E. T. Moffit: »Individual Differences Are Accentuated During Periods of Social Change: The Sample Case of Girls at Puberty« in *Journal of Personality and Social Psycholoy 61* (1991), S. 157–168; K. Harary, Thanatology Internship Final Report: »A Critical Analysis of the Clinical Theories of Kübler-Ross« (Durham, NC: Duke University School of Nursing, 1974).
5. Weitere Informationen siehe C. Haney und P. G. Zimbardo; »The Socialisation into Criminality: On Becoming a Prisoner and a Guard« in J. L. Tapp und F. L. Levine Hg.): *Law, Justice, and the Individual in Society: Psychological and Legal Issues* (New York: Holt, Rinehart & Wilson, 1977), S. 198–223, und Keith Harary: »The Truth About Jonestown: Fourteen Years Later. Why We Should Still Be Afraid« in *Psychology Today* (März/April 1992), S. 63–67, 72, 99.

6.
Sie und Ihr Partner

In jeder persönlichen Beziehung ist das, was Sie für den anderen empfinden, stark von den Gefühlen beeinflußt, die Sie selbst bei der Interaktion erleben. Wenn Sie wirklich gute Beziehungen suchen, müssen Sie sich an Menschen halten, die das Beste aus Ihnen herausholen, statt sich mit Leuten abzugeben, die Sie zu destruktiven Verhaltensweisen ermutigen oder die Sie auf andere Weise an Ihrer Entfaltung hindern.

In einer Intimbeziehung bestätigen sich beide Partner ständig gegenseitig, fordern sich heraus und schaffen dabei eine gemeinsame Realität, die das Bild beeinflußt, das jeder von sich selbst und von seinem Partner hat. Sogar die Art und Weise, wie sie Menschen und Ereignisse in ihrer Umgebung beurteilen, wird dadurch beeinflußt. In einer gefestigten Beziehung sind die beiden Partner durchaus nicht immer einer Meinung, können jedoch jederzeit offen miteinander reden und respektieren die Meinung des anderen, selbst wenn es dabei um die Frage geht, wie sie sich gegenseitig sehen.

Es kann durchaus sein, daß Ihr Partner bei Ihnen Qualitäten sieht, die Sie selbst gar nicht erkennen können, oder wichtige Aspekte Ihrer Persönlichkeit übersieht, die Sie in Ihrer Beziehung selten zum Ausdruck bringen. Möglicherweise hat Ihr Partner intimere Kenntnisse über bestimmte Aspekte Ihres Charakters als andere Menschen. Andererseits kann es sein, daß Sie bestimmte Facetten Ihrer Persönlichkeit eher den anderen als Ihrem Partner zeigen.

Hinzu kommt, daß auch Sie beide wahrscheinlich Ihre eigene

Persönlichkeit und die des Partners nicht ohne persönliche Vorurteile und Selbsttäuschungen beurteilen können. Wenn Sie sich selbst zum Beispiel für schüchtern halten, erscheint Ihnen Ihr Partner im Vergleich zu Ihnen unter Umständen als ein besonders extravertierter Mensch. Wenn Sie sich selbst für besonders flexibel halten, kann es sein, daß Sie Ihren Partner als einen relativ unbeweglichen Menschen ansehen – zumindest im Vergleich zu Ihnen.

Die engsten Beziehungen entwickeln oft eine beinahe transpersonale Qualität, die es beiden Partnern ermöglicht, sich aus der Isolation ihres Selbst zu befreien und sich als Teil eines integrativen Ganzen zu erleben. Beide haben möglicherweise sogar das Gefühl, daß die Partnerschaft ein wesentlicher Teil ihrer persönlichen Identität ist. In einer gesunden Beziehung können beide Partner dieses Gefühl der Zusammengehörigkeit erleben, ohne ihre Individualität aufgeben zu müssen. Trotzdem werden sie auf vielfältige Weise durch die Beziehung, die Dreh- und Angelpunkt ihres Lebens ist, beeinflußt.

Damit Sie besser verstehen können, welchen Einfluß Ihre Persönlichkeit auf Ihre eigene Intimbeziehung hat – und wie sie von ihr beeinflußt wird –, hilft Ihnen dieser Abschnitt des Berkeley-Persönlichkeitsprofils herauszufinden, wie Sie selbst Ihren Partner sehen und wie er Sie sieht. Es kann sich dabei um Ihren Liebespartner oder um Ihren besten Freund handeln.

Wenn Sie diese Übung gemeinsam durchführen, haben Sie beide die Möglichkeit zu vergleichen, wie Sie sich selbst sehen und wie der andere Sie sieht. Die gemeinsame Basis, die Sie dabei finden, bestätigt die Übereinstimmung auf bestimmten Gebieten, während die Unterschiede Ihnen bei zukünftigen Diskussionen helfen können, mehr darüber zu erfahren, was Sie füreinander empfinden und wie Sie sich gegenseitig wahrnehmen. Sie dürfen allerdings nicht glauben, daß solche Unterschiede in jedem Fall bedeuten, daß Sie oder Ihr Partner versagt haben, oder daß Ihre Beziehung versteckte Schwächen hat. Solche Differenzen können ein Zeichen für die unterschiedlichen Lebensstile und individuellen Normen sein, die Sie und Ihr Partner mit in die Beziehung gebracht haben.

Der Test

Benützen Sie den Testbogen »Partner A: Partnerbild« (Bogen 10). Ihr Intimpartner oder bester Freund, den Sie für diesen Abschnitt des Berkeley-Persönlichkeitsprofils ausgewählt haben, benutzt die beiden Bögen mit der Aufschrift »Partner B: Vereintes Selbstbild« (Bogen 11) und den Bogen »Partner B: Partnerbild« (Bogen 12). Sie finden diese drei Bögen auf der Rückseite der Bögen 7, 8 und 9, die Sie bereits in den vorangegangenen Kapiteln ausgeschnitten haben. *Bitte beachten Sie: Wenn Ihr Partner das vollständige Berkeley-Persönlichkeitsprofil ebenfalls ausfüllt, kann er das Testergebnis für das vereinte Selbstbild verwenden, das er bereits im 3. Kapitel ermittelt hat, und braucht nicht den Bogen 11 in diesem Abschnitt zu bearbeiten.*

Legen Sie zuerst den Bogen 10 neben die fünfunddreißig Fragen des Berkeley-Persönlichkeitsprofils und achten Sie darauf, daß die Reihen der Testfragen mit den Reihen des Testbogens farblich übereinstimmen. Denken Sie dann einen Augenblick darüber nach, wie Sie die Persönlichkeit Ihres *Partners* insgesamt beurteilen. Antworten Sie so ehrlich wie möglich, bis zu welchem Grad die einzelnen Aussagen mit Ihrer eigenen Beurteilung des Partners übereinstimmen oder nicht.

Geben Sie anschließend die Bögen 11 und 12 Ihrem Partner, und bitten Sie ihn, sein vereintes Selbstbild auf dem Bogen 11 so ehrlich wie möglich zu beschreiben und sich dabei an die Instruktionen aus dem 3. Kapitel zu halten. *(Am besten wäre es, wenn auch Ihr Partner vorher die Übung aus dem 2. Kapitel machen würde, denn dann hätte er bei der Beurteilung den gleichen Informationsstand, den Sie hatten, als Sie Ihr eigenes Selbstbild ermittelt haben.)* Bitten Sie Ihren Partner anschließend, eine mindestens fünf bis zehn Minuten lange Pause zu machen. Fordern Sie ihn dann auf, *Ihre* gesamte Persönlichkeit auf dem Bogen 12 so zu beschreiben, wie er sie erlebt, und dabei möglichst ehrlich zu sein.

Um ein möglichst genaues Ergebnis zu erzielen, müssen Sie Ihren Partner darauf hinweisen, daß er keine seiner Eintragungen nachträglich verändern und auch nicht auf dem Bogen 11 nachschauen darf, während er Bogen 12 ausfüllt. Abgesehen davon sollten Sie Ihre Antworten erst vergleichen, wenn beide die Bögen dieses Abschnitts ausgefüllt haben.

Wenn das geschehen ist, schauen Sie sich das Testprofil »Selbstbild/Partnerbild« im perforierten Abschnitt an und folgen den Anweisungen für die Berechnung der Ergebnisse und das Eintragen der Profile. Auf dem Testprofil »Selbstbild/Partnerbild« können Sie auf einen Blick erkennen, wo Sie sich bei ihrer Beurteilung der eigenen Person und der des Partners dramatisch voneinander unterscheiden und wo ihre Bewertungen in etwa übereinstimmen. Außerdem können Sie die Beziehung zwischen dem vereinten Selbstbild, das jeder von sich selbst hat, und ihre Auffassungen voneinander vergleichen.

Interpretationsanweisungen: »Selbstbild/Partnerbild«

Wenn Sie mehr über Ihr Testergebnis erfahren wollen, brauchen Sie sich nur die farblich voneinander abgesetzten Punktzahlen für die Differenz »Selbstbild/Partnerbild« anzuschauen. Sie stehen für den Partner A in der *dritten,* für den Partner B in der *sechsten* Reihe unter der entsprechenden Rubrik. Wenn Sie die Abschnitte der Interpretation einkreisen wollen, die sich auf Ihre eigenen Punktzahlen beziehen, schlagen wir Ihnen vor, die jeweiligen Abschnitte mit Ihren Initialen zu versehen oder sie für beide Partner mit verschiedenfarbiger Tinte zu markieren.[1]

Differenz Selbstbild/Partnerbild – Ausdrucksstil (orange)

- ***0 bis 2 Punkte:*** Ihr Partner erlebt Sie im Hinblick auf Ihren Ausdrucksstil ziemlich genauso, wie Sie sich selbst sehen. Ihre Energie und Begeisterungsfähigkeit und das Ausmaß, in dem Sie offen Ihre Meinung sagen oder sie für sich behalten, werden von Ihnen beiden etwa gleich beurteilt. Das gilt auch für Ihre Vorliebe für kleine, ruhige Zusammenkünfte oder für Gruppenaktivitäten und große Partys.

- ***3 Punkte oder mehr (und Sie haben die Punktzahl für das vereinte Selbstbild mit einem Sternchen markiert):*** Ihr Partner hält Sie für schüchterner, ruhiger, reservierter oder introvertierter, als Sie sich selbst sehen. Werte zwischen 3 und 10 sind ein Hinweis auf eine mittlere, Werte über 10 auf eine erhebliche Differenz der Sichtweisen. Möglicherweise haben Sie und Ihr Partner sich bei der Beantwortung der orangefarbigen Testfragen auf unterschiedliche Aspekte Ihrer Einstellungen und Ihres Verhaltens konzentriert. Ihr Partner könnte zum Beispiel vor allem an die Seite Ihrer Persönlichkeit gedacht haben, die Sie nur in intimen Augenblicken zeigen, wenn Sie beide allein sind.

- ***3 Punkte oder mehr (und Sie haben die Punktzahl für das Partnerbild mit einem Sternchen markiert):*** Ihr Partner betrachtet Sie als aktiver, extravertierter, selbstsicherer oder humorvoller als Sie sich selbst. Werte zwischen 3 und 10 weisen auf eine mittlere, Werte über 10 auf eine erhebliche Differenz der Sichtweisen hin. Es ist zum Beispiel möglich, daß Sie sich selbst insgesamt für etwas schüchterner halten, daß Ihr Partner jedoch daran dachte, wie Sie sich bei Familientreffen oder in anderen Situationen verhalten, in denen Sie aus sich herausgehen. Wenn Ihr Partner besonders extravertiert ist, wird er auch bei Ihnen die extravertierte Seite ansprechen.

Differenz Selbstbild/Partnerbild – Interpersoneller Stil (grün)

- *0 bis 2 Punkte:* Sie und Ihr Partner stimmen in ihrem interpersonellen Stil völlig überein. Ob Sie sich selbst für außerordentlich freigebig und kooperativ oder eher für dickköpfig und egozentrisch halten, Ihr Partner stimmt in diesem Aspekt mit Ihrer Selbsteinschätzung überein. Obwohl es sich um einen Bereich handelt, in dem es mitunter etwas leichter ist, sich gegenseitig zu idealisieren, weist der Grad der Übereinstimmung mit Ihrem Partner darauf hin, daß Sie beide bei der Beschreibung Ihres interpersonellen Stils ehrlich und unparteiisch geantwortet haben.

- *3 Punkte oder mehr (und Sie haben die Punktzahl für das vereinte Selbstbild mit einem Sternchen markiert):* Ihr Partner hält Sie offenbar für etwas weniger rücksichtsvoll oder kooperativ als Sie sich selbst. Wahrscheinlich hängt das damit zusammen, daß es in einer Intimbeziehung leicht vorkommen kann, daß man, ohne es selbst zu merken, den Menschen verletzt, den man liebt. Wenn Ihr Partner es für unnötig hält, Sie auf solche kleineren Entgleisungen aufmerksam zu machen, vergessen Sie so etwas vermutlich schneller als er selbst.

- *3 Punkte oder mehr (und Sie haben die Punktzahl für das Partnerbild mit einem Sternchen markiert):* Sie halten sich selbst für weniger hilfsbereit, gutmütig und rücksichtsvoll, als Ihr Partner Sie beschreibt. Wenn die Differenz zwischen Ihrem Selbstbild und dem Partnerbild klein ist (10 Punkte oder weniger), schafft es Ihr Partner offenbar, die warmherzige, sympathischste Seite Ihres Wesens zu aktivieren. Wenn die Differenz groß ist, sollten Sie einmal mit Ihrem Partner über die Einstellungen und Verhaltensweisen reden, an die Sie beide bei der Beantwortung der grünen Testfragen gedacht haben. Es ist möglich, daß Ihr Partner Warmherzigkeit und Mitgefühl in Ihrem Verhalten anderen Menschen gegenüber entdeckt hat, die Sie selbst herunterspielen. Oder Sie haben möglicherweise bei sich bestimmte Fehler, zum Beispiel Sturheit oder Egozentrik, entdeckt, die Ihr Partner noch nicht bemerkt hat oder nicht bemerken will.

Differenz Selbstbild/Partnerbild – Arbeitsstil (gelb)

- *0 bis 2 Punkte:* Ihr Partner beschreibt Ihren Arbeitsstil in dieser Dimension ziemlich so wie Sie selbst. Zwischen Ihnen beiden herrscht Übereinstimmung, wenn es um Planungen, Termine, die Übernahme von Verantwortung und zu anstrengender Arbeit geht. Die Tatsache, daß Ihr Partner Ihnen bestätigt, daß Ihre eigene Beurteilung Ihres Arbeitsstils objektiv und zutreffend ist, kann für Sie besonders positiv sein, wenn Ihr Wert für das vereinte Selbstbild hoch liegt (etwa 28 oder darüber), denn es ist ein Hinweis darauf, daß die Menschen, die von Ihnen abhängig sind, den Zeitaufwand und die Bemühungen anerkennen, die Sie Ihren Aufgaben widmen.

- *3 Punkte oder mehr (und Sie haben die Punktzahl für das vereinte Selbstbild mit einem Sternchen markiert):* Ihr Partner hält Sie für etwas vergeßlicher, desorganisierter oder sorgloser als Sie sich selbst. Wenn die Differenz zwischen Ihren Einschätzungen relativ klein ist (10 Punkte oder weniger), kann es sein, daß Ihr Partner an eine etwas weniger organisierte Seite Ihrer Persönlichkeit gedacht hat, die immer dann in Erscheinung tritt, wenn Sie erschöpft oder überfordert sind. Wenn die Differenz groß ist (über 10 Punkte), sollten Sie sich mit Ihrem Partner einmal darüber unterhalten, welche Bedeutung die verschiedenen Aufgaben für Sie haben. Sie stellen dann möglicherweise fest, daß ein oder zwei Dinge, die für Sie nur eine untergeordnete Priorität haben, Ihrem Partner mehr bedeuten, als Sie bisher angenommen haben.

- ***3 Punkte oder mehr (und Sie haben die Punktzahl für das Partnerbild mit einem Sternchen markiert):*** Was Ihre Einstellung zur Arbeit anbetrifft, hält Sie Ihr Partner für effizienter und verantwortungsbewußter als Sie sich selbst. Wenn Sie sehr leistungsorientiert sind und sich bei der Arbeit an hohen persönlichen Normen messen, unterschätzen Sie womöglich Ihre Produktivität und Ihr Leistungsniveau, während Ihr Partner Sie objektiver sieht. Wenn Sie jedoch zu viele Aufgaben übernommen haben, oft erschöpft sind und das Gefühl haben, Ihre zahlreichen Termine kaum noch einhalten zu können, versucht Ihr Partner möglicherweise, Ihnen zu sagen, daß Ihre Bemühungen erfolgreicher sind, als Ihnen selbst klar ist.

Differenz Selbstbild/Partnerbild – Emotionaler Stil (rot)

- ***0 bis 2 Punkte:*** Ihr Partner bestätigt Ihre Auffassung über Ihren emotionalen Stil, den Sie im 3. Kapitel bei der Ermittlung des Testprofils für das vereinte Selbstbild beschrieben haben. Die Ähnlichkeit zwischen Ihrer eigenen Meinung und der Ihres Partners ist zunächst einmal ein Hinweis darauf, daß Ihr Selbstbild ehrlich und zutreffend ist. Das gilt vor allem für die Art und Weise, wie Sie sich auf der einen Seite mit negativen Gefühlen wie Frustration, Angst und Selbstzweifel auseinandersetzen, oder auf der anderen Seite selbst unter Streß noch ruhig und selbstsicher bleiben. Die Ähnlichkeit zwischen der Einschätzung Ihres Partners und Ihrer eigenen zeigt außerdem, daß Ihr Partner Verständnis für Ihre Gefühle hat und erkennt, wann Sie versuchen, mit ihnen fertigzuwerden, auch wenn es sich dabei um Gefühle handelt, mit denen Sie nicht so leicht umgehen können.

- ***3 Punkte oder mehr (und Sie haben die Punktzahl für das vereinte Selbstbild mit einem Sternchen markiert):*** Ihr Partner hält Sie für ruhiger und gelassener als Sie sich selbst. Zumindest glaubt er, Sie seien nicht so anfällig gegen Angst und Frustrationen als Sie es selbst annehmen. Wenn Sie mit Ihrem Partner über diese unterschiedliche Beurteilung reden, werden Sie womöglich feststellen, daß Sie offenbar Ihre Fähigkeit, mit Streß umzugehen, unterschätzen. Wenn Sie jedoch Ihre Gefühle dem Partner gegenüber verbergen, um ihn nicht zu belasten, kann es passieren, daß Sie sich von ihm entfernen und ihm so die Möglichkeit nehmen, Sie emotional zu unterstützen, wenn Sie es dringend brauchen.

- ***3 Punkte oder mehr (und Sie haben die Punktzahl für das Partnerbild mit einem Sternchen markiert):*** Im Gegensatz zu Ihnen erlebt Ihr Partner Sie als launischer oder anfälliger gegen Angst, Frustration und Selbstzweifel als Sie sich selbst. Wenn die Differenz der Werte für das Selbstbild/Partnerbild groß ist (über 10), sollten Sie mit Ihrem Partner darüber reden, um herauszufinden, was der Grund für die mangelnde Übereinstimmung ist. Es kann zum Beispiel sein, daß Sie Ihre negativen Gefühle stärker zum Ausdruck bringen, wenn Sie mit Ihrem Partner zusammen sind. Andererseits ist es auch möglich, daß Ihr Partner genau spürt, wann Sie sich in einem emotionalen Konflikt befinden, obwohl Sie versuchen, diese Gefühle zu unterdrücken.

Differenz Selbstbild/Partnerbild – Intellektueller Stil (blau)

- ***0 bis 2 Punkte:*** Sie und Ihr Partner haben eine ziemlich ähnliche Meinung über Ihren intellektuellen Stil. Ihr Partner bestätigt das Bild, das Sie von sich haben, sei es, daß Sie sich für einen Menschen halten, der das einfache, konventionelle Leben vorzieht, sei es, daß Sie gern etwas Neues ausprobieren und experimentierfreudig sind oder aber nichts gegen Veränderungen haben, wenn sie maßvoll durchgeführt werden.

- *3 Punkte oder mehr (und Sie haben die Punktzahl für das vereinte Selbstbild mit einem Sternchen markiert):* Im Gegensatz zu Ihrer eigenen Meinung sind Sie in den Augen Ihres Partners nicht so sehr an Philosophie, Kunst und Technik interessiert oder fühlen sich stärker den Traditionen verpflichtet. Das kann damit zusammenhängen, daß Sie einen großen Teil der täglichen Routinearbeiten im Haus gemeinsam erledigen. Das hat zur Folge, daß sich beide Partner oft als Gewohnheitstiere erleben. Es kann jedoch sein, daß Ihr Partner gar nicht weiß, mit welchen ungewöhnlichen Projekten Sie sich in Gedanken bei der täglichen Routine befassen.

- *3 Punkte oder mehr (und Sie haben die Punktzahl für das Partnerbild mit einem Sternchen markiert):* Im Gegensatz zu Ihrem Selbstbild hält Ihr Partner Sie abstrakten Ideen und neuen Problemlösungen gegenüber für aufgeschlossener. Sie sollten einmal mit ihm über diese unterschiedlichen Auffassungen reden – vor allem wenn die Differenz groß ist (10 Punkte oder mehr). Vermutlich haben Sie zur Zeit das Gefühl, in künstlerischer oder intellektueller Hinsicht eingeengt zu sein, weil Sie wenig Möglichkeiten sehen, neue Ideen zu verfolgen, was Sie zu einer anderen Zeit in Ihrem Leben vielleicht tun konnten. Ihr Partner hat dagegen möglicherweise erkannt, daß Sie Ihre schöpferische Kraft und Ihren analytischen Verstand in alltäglichen Situationen häufiger einsetzen, als Ihnen selbst bewußt ist.

Gemeinsame Basis und Aufgeschlossenheit

Welcher Faktor hat den größten Einfluß darauf, daß Ihr Partner Ihre Persönlichkeit versteht? Wenn Sie über diese Frage nachdenken, werden Sie vermutlich annehmen, daß ein Paar mit einem ähnlichen Beruf und einer ähnlichen Ausbildung, oder Menschen, die in etwa gleichaltrig sind, sich gegenseitig besser verstehen und ihren Partner besonders gut kennen. Man könnte auch erwarten, daß ein Paar, das sich schon lange kennt, lange miteinander verheiratet ist oder zusammenlebt und Kinder großgezogen hat, sich besser kennen müßte als ein Paar, das noch wenig gemeinsam erlebt hat. Das hatten zumindest *wir* erwartet, als wir die Reaktionen von über zweihundert Leuten, die an unserer Paarumfrage in der Zeitschrift *Psychology Today* teilgenommen hatten, untersucht haben.

Wir mußten jedoch feststellen, daß es mehrere andere, kritischere Faktoren gab, die einen Einfluß darauf hatten, wie gut die Partner unserer Testteilnehmer ihren jeweiligen Partner kannten. Zuerst fanden wir heraus, daß Leute mit bestimmten Persönlichkeitsmerkmalen es ihren Partnern offenbar leichter machten, sie kennenzulernen. Vor allem diejenigen, die im Ausdrucksstil, im Arbeitsstil, im emotionalen oder im intellektuellen Stil hohe Werte erreichten, hatten häufig Partner, die diese besonderen Aspekte ihrer Persönlichkeit bestätigten. Das kann damit zusammenhängen, daß das charakteristische Verhalten von Leuten, die in diesen Dimensionen einen hohen Wert haben, besonders leicht zu erkennen ist, und sie es dem Partner leicht machen, Rückschlüsse auf ihr Wesen zu ziehen. Zweitens stellten wir fest, daß wahrscheinlich die Persönlichkeit Ihres Partners großen Einfluß darauf hat, in welchem Maß er mit Ihrer eigenen Einschätzung Ihrer Persönlichkeit übereinstimmt. Wenn Ihr Partner im interpersonellen Stil oder im Arbeitsstil einen besonders hohen Wert hat, ist es etwas *weniger* wahrscheinlich, daß er Ihre Einschätzung Ihrer Persönlichkeit teilt – er wird sich jedoch in positiver Richtung irren. Das hängt womöglich damit zusammen, daß sich Leute mit einem hohen Wert in diesen Dimensionen besondere Mühe geben, die Beziehung zu ihrem Partner positiv zu gestalten.

Der bei weitem wichtigste Faktor, der für die Ähnlichkeit des Selbstbilds einer Person und dem Bild, das sein Partner von ihm hat, verantwortlich ist, scheint jedoch die Qualität des *Kommu-*

nikationsprozesses zwischen beiden Partnern zu sein. Zwischen diesem Prozeß und den anderen Faktoren einer Beziehung – wie zum Beispiel, ob beide einen ähnlichen familiären Hintergrund haben oder ob sie sich schon lange kennen –, besteht offenbar kein Zusammenhang. Nicht einmal die Persönlichkeitsstile der beteiligten Personen spielen dabei eine Rolle. Unsere Ergebnisse beweisen, daß alles davon abhängt, wie gut Sie Ihren Partner verstehen und wie gut er Sie versteht. Wenn Ihre Beschreibung der Persönlichkeit Ihres Partners seiner eigenen sehr ähnlich ist, dann ist es wahrscheinlich auch umgekehrt so.

Wenn man also nicht erst jahrelang verheiratet sein muß oder ein besonderes Einfühlungsvermögen und Verständnis haben muß, um in einer Beziehung eine gemeinsame Grundlage für das gegenseitige Verständnis zu schaffen, wie ist es dann möglich, daß sich einige Paare so gut kennenlernen? Aufgrund unserer eigenen Ergebnisse und der anderen Untersuchungen glauben wir, daß es an der Fähigkeit liegt, sich dem anderen gegenüber zu öffnen. Gute Kommunikation mit Ihrem Partner besteht allerdings nicht nur darin, daß Sie ihm viel von sich erzählen und ihm zuhören, wenn er von sich erzählt.

Wenn Sie möchten, daß Ihr Partner Sie wirklich gut kennenlernt, müssen Sie bereit sein, sich selbst verwundbar zu machen und ihm Ihre innersten Gefühle anzuvertrauen – auch wenn es Ihnen schwerfällt, die richtigen Worte zu finden, um solche Gefühle und ihren Ursprung auszudrücken. Das ist die einzige Möglichkeit, wie Sie Ihrem Partner klarmachen können, *warum* Sie so denken, handeln und fühlen, wie Sie es tun. Wahrscheinlich werden Sie dabei sogar feststellen, daß der Prozeß Ihnen selbst hilft, mehr über sich zu erfahren.

Amerikanische Wissenschaftler sprechen in diesem Zusammenhang von *self-diclosure.* Sie haben festgestellt, daß dieses sich öffnen und sich dem anderen anvertrauen in der Regel dazu führt, daß auch der Partner sich öffnet und ihm Dinge aus seiner Intimsphäre anvertraut.[2] Dieser Prozeß des *mutual self-dis-*

closure (gegenseitiges Sich-öffnen), spielt nachweislich bei der Entstehung und Aufrechterhaltung einer engen Beziehung eine entscheidende Rolle und korreliert positiv mit der Zufriedenheit in der Ehe.[3]

Wenn Sie und Ihr Partner bereit sind, Ihre gemeinsame Entdeckungsreise weiter fortzusetzen, sollten Sie nicht vergessen, daß das gegenseitige Kennenlernen mitunter sehr schwierig sein kann, daß es sich aber in jedem Fall lohnt. Um eine dauerhafte und befriedigende Beziehung aufbauen zu können, braucht man keine geheimnisvolle Begabung, die nur wenige Menschen haben. Alles hängt davon ab, ob Sie sich Ihrem Partner gegenüber öffnen und ihm aufmerksam zuhören, wenn er das gleiche tut. Es kommt bei einer guten Beziehung nicht darauf an, *wer Sie sind,* sondern darauf, *was Sie tun.*

Szenen einer Ehe

Bei der Analyse der inneren Mechanismen einer Intimbeziehung muß man nicht nur das Maß der Übereinstimmung bei der Beurteilung der Persönlichkeit des jeweiligen Partners in Betracht ziehen, sondern auch die Bereiche, in denen keine Übereinstimmung besteht, unter die Lupe nehmen. Nur so lassen sich Strukturen, die auf systematische Vorurteile bei der Beurteilung des jeweiligen Partners schließen lassen, entdecken. Selbst in einer völlig intakten Beziehung ist es normal, daß man im Hinblick auf *bestimmte* Dimensionen der Persönlichkeit des anderen verschiedener Meinung ist, so wie wir das in der Interpretationsanleitung gesehen haben. Ein systematisches Vorurteil entsteht dagegen, wenn beide Partner ständig verschiedener Meinung sind und sich in allen fünf Persönlichkeitsdimensionen immer wieder in derselben Richtung irren. Um dieses Prinzip an praktischen Beispielen zu untersuchen, wollen wir uns drei Paare anschauen, die an unserer Umfrage teilgenommen haben (die Namen wurden aus Gründen der Anonymität geändert).

Durch die rosarote Brille: Ben und Judy

Es kommt nur zu häufig vor, daß beide Partner dazu neigen, sich durch eine rosarote Brille zu sehen. Judy und Ben waren zur Zeit des Tests Anfang Vierzig. Sie waren seit zweiundzwanzig Jahren verheiratet und hatten zwei Söhne im Alter von achtzehn und einundzwanzig. Keiner von beiden hatte eine College besucht, beide hatten aber gemeinsam ein kleines Familienunternehmen aufgebaut.

Im Bereich des interpersonellen Stils wichen die Werte des vereinten Selbstbilds nur um ein paar Punkte von denen ab, die der jeweilige Partner dem anderen in dieser Dimension gegeben hat. Wie wir jedoch erkennen können, hat Ben Judy in jeder *anderen* Dimension bedeutend positiver beurteilt als Judy sich selbst (um 5 bis 12 Punkte pro Dimension), während Judy Ben ebenfalls bedeutend positiver beurteilt hat (6 bis 10 Punkte) als er sich selbst. (Im Punktsystem des Berkeley-Persönlichkeitsprofils werden höhere Werte im Ausdrucksstil, im Arbeitsstil, im interpersonellen und intellektuellen Stil, und niedrigere Werte im emotionalen Stil positiver oder günstiger bewertet, weil sie mit der Meinung der Mehrheit der Leute übereinstimmen, die sagen, sie wären am liebsten so.)

Was sagt das über ihre Beziehung aus? Offensichtlich schätzt Judy ihre eigenen persönlichen Stärken zu gering ein, oder Ben überschätzt systematisch die positiven Eigenschaften seiner Frau, oder beides. Und Ben bewertet entweder seine eigenen positiven Seiten zu niedrig, oder Judy bewertet sie zu hoch, oder beides. Diese offensichtliche Tendenz zur Bescheidenheit, die sich bei beiden Partnern beobachten läßt, kann zusammen mit dem positiven Vorurteil, von dem sich beide Partner bei der Beschreibung des anderen leiten lassen, dazu beitragen, daß die Ehe eine Art »Fanclub auf Gegenseitigkeit« wird. Das kann bedeuten, daß Ben und Judy sich nach jahrzehntelangem Zusammenleben immer noch wie frisch Verliebte betrachten. Es kann je-

Judy und Ben
Testprofil Selbstbild / Partnerbild

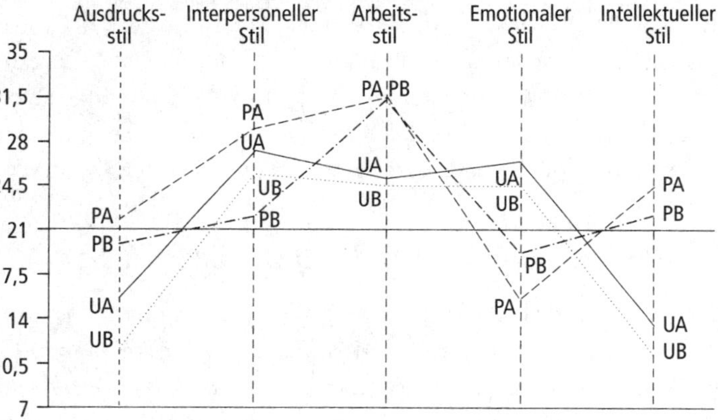

PA = Partner A: Judy, wie Ben sie sieht
PB = Partner B: Ben, wie Judy ihn sieht
UA = Partner A: Judys vereintes Selbstbild
UB = Partner B: Bens vereintes Selbstbild

doch auch ein Hinweis darauf sein, daß Ben und Judy sich innerlich dagegen sträuben, völlig ehrlich zueinander zu sein, oder eine stillschweigende Übereinkunft getroffen haben, sich bei der Beurteilung des anderen nach außen hin nur positiv zu äußern. So etwas kann dazu beitragen, daß die Beziehung unproblematisch ist, kann beide jedoch auch daran hindern, bestimmte Aspekte der Persönlichkeit des anderen klar zu erkennen. Und auch die Möglichkeit, auf bestimmten Ebenen miteinander zu kommunizieren, könnte dadurch beeinträchtigt werden.

Das Risiko in dieser Beziehung besteht darin, daß es einem der beiden Partner eines Tages nicht mehr gelingt, den hohen Ansprüchen des anderen zu genügen. Wenn das geschieht, und wenn einer der beiden in dieser Situation nicht mehr in der Lage ist, Mitleid mit seinem Partner zu haben, kann es sein, daß beide voneinander enttäuscht sind – und dann unter Umständen die ganze Beziehung in Frage stellen. Da Ben und Judy offenbar bescheidene Menschen sind, dürfte es ihnen nicht sehr schwerfallen zuzugeben, wenn sie unrecht haben. Sie würden ihrer Beziehung auf diese Weise die Chance geben, sich weiterzuentwickeln, und ihr Engagement, das auf der idealisierten Liebe basiert, die sie offensichtlich füreinander empfinden, würde andauern. Man kann den beiden nur Mut machen, denn es gibt viele Ehepaare die bedeutend schlimmere Probleme haben, als daß sie sich nach zwanzig Ehejahren noch gegenseitig in einem zu guten Licht sehen.

Wem glauben wir? Barbara und Dwight

Ein Vorurteil, das in die entgegengesetzte Richtung geht, kann eine Beziehung bedeutend stärker belasten. Nehmen wir den Fall von Barbara und Dwight. Sie waren zur Zeit unserer Umfrage Mitte Fünfzig, hatten vor sechsundzwanzig Jahren geheiratet und zwei erwachsene Kinder. Barbara besaß einen Studienabschluß (Bakkalaureat) in Geschichte und arbeitete halbtags in der Verwaltung. Dwight war Anwalt in einer großen Firma. Jeder sah sich selbst in einem entschieden positiveren Licht, als er von seinem Partner gesehen wurde – die Differenz betrug in mehreren Dimensionen 11 Punkte, wie sich an dem Testprofil erkennen läßt. Gibt es eine Möglichkeit festzustellen, ob Dwights und Barbaras Selbsteinschätzung unrealistisch positiv und die Bewertung durch den Partner ehrlicher ist? Oder ist ihre Selbsteinschätzung korrekt und die Bewertung durch den Partner unrealistisch negativ?

Mit Ausnahme des emotionalen Stils sind alle Werte für Barbaras vereintes Selbstbild extrem hoch. Sie hält sich für außergewöhnlich gesellig und begeisterungsfähig, sehr freundlich und freigebig, ungewöhnlich engagiert und verantwortungsbewußt und extrem aufgeschlossen und kreativ. Dwight glaubt auch, daß sie sehr gesellig ist, hält sie jedoch nur für mäßig freundlich, verantwortungsbewußt und aufgeschlossen. Obwohl Dwight sich selbst auch in einem positiveren Licht sieht als Barbara, sind seine Werte für das vereinte Selbstbild doch

Barbara und Dwight
Testprofil Selbstbild/Partnerbild

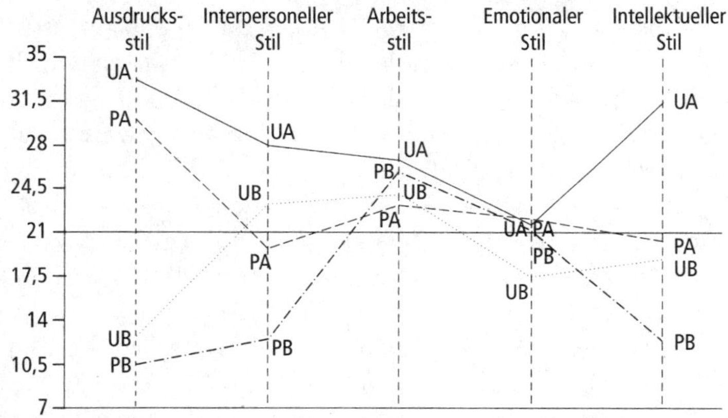

UA = Partner A: Barbaras vereintes Selbstbild UB = Partner B: Dwights vereintes Selbstbild
PA = Partner A: Barbara, wie Dwight sie sieht PB = Partner B: Dwight, wie Barbara ihn sieht

ganz anders. Er erwähnt ein paar besondere Charakterstärken, er hält sich zum Beispiel für ziemlich kooperativ, fleißig und emotional ausgeglichen, betont aber auch seine Schwächen. So hält er sich zum Beispiel für schüchtern und gibt zu, neuen Ideen und Erfahrungen gegenüber eine gewisse ambivalente Einstellung zu haben. Auch Barbara hält Dwight für fleißig und verantwortungsbewußt. Seinen interpersonellen Stil beschreibt sie jedoch als kalt und rücksichtslos, seinen emotionalen Stil als nervös und schlecht gelaunt, und was seinen intellektuellen Stil anbetrifft, so interessiert er sich ihrer Meinung nach weder für Kunst noch für andere Dinge, die eine gewisse Phantasie erfordern. Wichtig ist, daß er Barbara zwar auch in einer weniger positiven Weise beschreibt als sie sich selbst, aber sie trotzdem in drei Dimensionen positiver bewertet als sich selbst. Obwohl Barbara womöglich das Gefühl hat, daß Dwight bei der Beschreibung ihrer Persönlichkeit ziemlich unnachsichtig war, hat er sich selbst gegenüber noch weniger Nachsicht geübt.

Wem sollen wir glauben?

Barbara hat ihre Persönlichkeit fast nur positiv beurteilt, ihre Bewertung von Dwight war dagegen durchgängig negativ. Dwight hatte über sich und seine Frau sowohl positive als auch negative Dinge zu sagen. Das läßt darauf schließen, daß er sich eher bemüht hat, objektiv zu sein, zumal seine Antworten auf die einzelnen Fragen sehr differenziert sind. Darüber hinaus hat er nicht versucht, sich selbst als Heiligen darzustellen. Barbara hat dagegen die Testfragen offenbar dazu benutzt, um positive Dinge über sich selbst und negative über Dwight zu äußern, obwohl sie zugegeben hat, daß er sehr fleißig ist.

Wie können wir das Gesamtergebnis von Barbara und Dwight interpretieren? Für uns sah es so aus, als habe Barbara das Berkeley-Persönlichkeitsprofil nur dazu benutzt, um ihre extreme Unzufriedenheit über den augenblicklichen Zustand ihrer Ehe auszudrücken. Möglicherweise fühlt sie sich von Dwight nicht genügend gewürdigt und will damit sagen: »Schau her, was ich für eine wunderbare Frau bin und was ich mit dir alles mitmachen muß.« Dwight ist dagegen offenbar bereit, seine eigenen Schwächen einzugestehen, scheint sich aber auch redliche Mühe zu geben, Barbara klarzumachen, daß sie auch nicht vollkommen ist. Es ist möglich, daß Dwight und Barbara gerade einen schlechten Tag erwischt haben, als sie den Test machten, wir sind jedoch der Meinung, daß sich in ihrer Ehe unter der Oberfläche ernste Probleme zusammenbrauen.

Gemeinsame Perspektive: Marlene und Steve

Sie werden sich fragen, wie denn eine Beziehung aussehen mag, in der beide Partner die gleiche Sichtweise der Persönlichkeit des anderen haben. Schauen wir uns einmal den Fall Marlene und Steve an. Zur Zeit des Tests waren sie Ende Vierzig und hatten beide bereits eine Scheidung hinter sich. Sie kannten sich erst seit anderthalb Jahren und waren weniger als einen Monat ver-

Marlene und Steve
Testprofil Selbstbild / Partnerbild

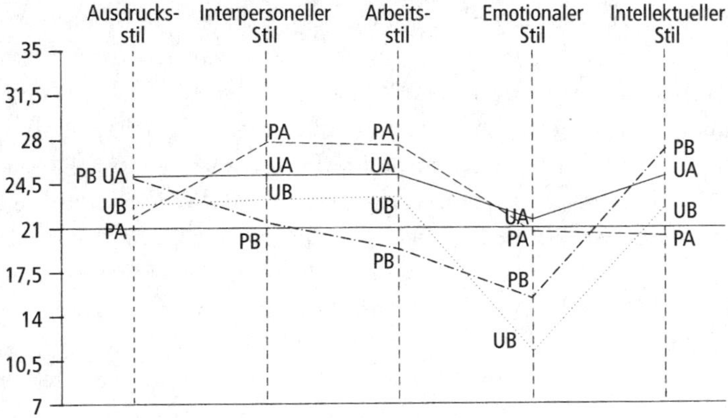

UA = Partner A: Marlenes vereintes Selbstbild UB = Partner B: Steves vereintes Selbstbild
PA = Partner A: Marlene, wie Steve sie sieht PB = Partner B: Steve, wie Marlene ihn sieht

heiratet. Marlene hatte einen High-School-Abschluß, arbeitete als Büroleiterin und hatte zwei Kinder mit in die zweite Ehe gebracht. Steve hatte ein College besucht und war leitender Angestellter auf der mittleren Ebene, das heißt, er beaufsichtigte ein Team von Flugsicherungsleuten. Wenn Sie das lesen, werden Sie wahrscheinlich vermuten, daß Steve und Marlene sich als frisch verheiratetes Paar niemals so gut kennen können wie die beiden anderen Paare, die schon seit vielen Jahren verheiratet sind. Aber Sie irren sich.

Wie sich an dem Selbstbild/Partnerbild-Testprofil erkennen läßt, liegen Steves Beschreibungen von Marlene in vier der Großen Fünf Dimensionen nur um 3 Punkte von ihrer Selbstbewertung entfernt. Die einzige Abweichung besteht darin, daß Steve Marlene neuen Ideen gegenüber als etwas weniger aufgeschlossen sieht als sie sich selbst. Auch Marlenes Beschreibung von Steve lag in jeder Dimension nur 4 Punkte von seiner Selbstbeurteilung entfernt. Die einzige Ausnahme war, daß sie ihn für etwas emotionaler hielt als er sich selbst. Das ist genau das Testergebnis, das wir von Partnern erwarten, die gut miteinander kommunizieren und stets bereit sind, sich dem anderen zu öffnen. In der kurzen Zeit, in der sie zusammen sind, haben Steve und Marlene bereits ein bewundernswertes Maß an Vertrauen und Akzeptanz entwickelt und damit die Weichen für eine zukünftige offene Kommunikation gestellt. Beide scheinen sich wohl dabei zu fühlen, wenn sie offen und ehrlich über die Bereiche reden können, in denen sie nicht einer Meinung sind. Beide sind so selbstbewußt und realistisch, daß sie nicht das Bedürfnis haben, die positiven Eigenschaften des Partners zu übertreiben.

Worüber Sie nachdenken sollten

Wenn Sie diesen Abschnitt des Berkeley-Persönlichkeitsprofils bearbeitet haben, machen Sie sich womöglich Gedanken darüber, welchen Einfluß Ihre Intimbeziehung darauf hat, was Sie von sich selbst halten. Vielleicht machen Sie sich auch Gedanken über die unterschiedliche Art und Weise, wie Ihr Partner Ihre Persönlichkeit und wie Sie die seine sehen, und welche Auswirkungen das auf Ihre Beziehung hat. Die folgenden Punkte zum Nachdenken sollen Ihnen bei der Anwendung der Ergebnisse im Alltag helfen, diese Fragen zu beantworten. Wir empfehlen Ihnen und Ihrem Partner, die folgenden Fragen allein zu beantworten, und erst anschließend darüber zu diskutieren.

1. Denken Sie zunächst einmal darüber nach, wie Sie sich gefühlt haben, bevor Sie Ihren Partner kennengelernt haben. Wie haben sich diese Gefühle verändert, als Sie beide zum erstenmal zusammen waren? Wie haben Sie sich im Laufe Ihrer Beziehung verändert? Welche dieser Veränderungen sind auf äußere Faktoren zurückzuführen, zum Beispiel auf berufliche Veränderungen oder andere Aspekte Ihres Lebens, die nicht

unmittelbar etwas mit Ihrem Partner zu tun haben, und welche stehen in direktem Zusammenhang mit der Beziehung?

2. Haben Sie jemals das Gefühl gehabt, ein anderer Mensch zu sein, wenn Sie mit Ihrem Partner allein sind, oder daß Ihr Partner sich Ihnen gegenüber dann anders verhält? Wenn das der Fall ist, überlegen Sie sich einmal, welche besonderen Eigenschaften die Beziehung in Ihnen beiden zum Vorschein bringt. Woran liegt es, daß Ihre Beziehung sowohl bei Ihnen als auch bei Ihrem Partner bestimmte Seiten der Persönlichkeit verstärkt, während sie andere in den Hintergrund treten läßt? Sind Sie mit diesen Veränderungen zufrieden, oder würden Sie sie gern ein wenig modifizieren?

3. Denken Sie einmal über die Aspekte der Persönlichkeit Ihres Partners nach, die ihn ganz zu Anfang für Sie so attraktiv gemacht haben – entweder als Liebespartner oder als bester Freund – und an die Seiten Ihres Wesens, die dafür verantwortlich waren, daß Sie diese Eigenschaften besonders attraktiv fanden. Suchten Sie vielleicht einen Menschen, der Eigenschaften besitzt, die Ihnen Ihrer Meinung nach fehlen? Oder haben Sie eine verwandte Seele gesucht – einen Menschen, dessen Persönlichkeit der Ihren so ähnlich ist, daß es Ihnen beiden nicht schwerfallen würde, Verständnis für die Eigenheiten des anderen zu haben? Wenn Sie der Sache wirklich auf den Grund gehen wollen, sollten Sie zusätzlich Ihre Beurteilung des Partners mit Ihrem idealen und dem befürchteten Selbstbild auf Ihrem Testprofil für die möglichen Selbstbilder vergleichen.

4. Gibt es Aspekte Ihrer Persönlichkeit oder der Ihres Partners, die ständig zu Reibereien zwischen Ihnen führen? Lassen Sie sich zum Beispiel zu schnell aus der Ruhe bringen oder bei der Arbeit zu leicht unter Druck setzen, so daß Ihnen die Zeit

fehlt, sich um Ihren Partner zu kümmern? Führt die Art und Weise, wie Sie beide in einer solchen Situation reagieren, zu zusätzlichen Problemen und entstehen dadurch in Ihrer Beziehung bestimmte, destruktive Verhaltensmuster? Welche Eigenschaften, die Sie beide haben, tragen dazu bei, ein solches Verhalten auszulösen? Wie könnten Sie beide so etwas in Zukunft vermeiden?

5. Haben Sie das Gefühl, daß Ihr Partner wenig Verständnis für Ihre Bedürfnisse und Gefühle hat? Führen Sie insgeheim eine Liste der kleinen Unzufriedenheiten, statt mit Ihrem Partner darüber zu reden? Amerikanische Eheberater nennen das »gunny-sacking«, weil derjenige, der so etwas tut, seine Unzufriedenheit mit sich herumträgt und sich gewissermaßen einen Vorrat anlegt, um sie dann dem völlig verdutzten Partner eines Tages auf einmal an den Kopf zu werfen – häufig mitten in einer Auseinandersetzung. Vernünftiger, positiver und effektiver ist es, wenn man verletzte Gefühle oder andere Beschwerden seinem Partner in dem gleichen Augenblick mitteilt, in dem sie entstehen. Das erfordert eine geschickte Methode des Sich-Öffnens, die sich direkt auf ein bestimmtes Verhalten des Partners und die Gefühle, die dadurch in Ihnen ausgelöst werden, bezieht.

   Eine Äußerung wie »Du verletzt mich, wenn du dich immer über meine großen Füße lustig machst«, ist zum Beispiel bedeutend sinnvoller, als zu sagen »Zumindest bin ich im Bett nicht so ein Versager wie du«. Die erste Aussage bietet Ihrem Partner Gelegenheit, auf Ihre verletzten Gefühle zu reagieren, indem er sich zum Beispiel entschuldigt oder sein Verhalten in einer bestimmten Weise ändert, die zweite löst dagegen mit großer Wahrscheinlichkeit eine feindselige, defensive Reaktion aus, die zu einem großen Streit führen kann. Überlegen Sie einmal, welche Situationen in letzter Zeit zu einer Auseinandersetzung mit Ihrem Partner geführt haben, weil entweder einer von Ihnen oder Sie beide nicht in der Lage waren, dem anderen seine Gefühle in der richtigen Weise mitzuteilen. Was müßten Sie tun, um in solchen problematischen Situationen sofort miteinander reden zu können, statt so lange zu warten, bis sich das Ganze zu einer großen Sache aufgebauscht hat? Können Sie und Ihr Partner einen positiven Prozeß in die Wege leiten, bei dem jeder dem anderen gegenüber ganz offen ist, statt mit Vorwürfen oder defensivem Verhalten zu reagieren? Gibt es Aspekte Ihrer Persönlichkeit oder der Ihres Partners, die diesen Prozeß erleichtern oder erschweren?

6. Haben Sie jemals das Gefühl gehabt, daß Ihr Partner Sie einfach nicht versteht, und sich gefragt, wie er nur so blind sein kann? Überlegen Sie sich einmal, ob es nicht möglich ist, daß Sie teilweise selbst schuld an dieser Misere sind, denn Sie können von Ihrem Partner nicht erwarten, daß er ein Hellseher ist. Was können Sie tun, damit Ihr Partner Sie besser versteht? Könnten Sie zum Beispiel im Hinblick auf bestimmte Gedanken und Gefühle ihm gegenüber offener sein? Gibt es Aspekte der Persönlichkeit Ihres Partners, die Sie Ihrerseits nur schwer verstehen können, und wünschen Sie sich, daß er Ihnen gegenüber in dieser Hinsicht offener wäre?

Anmerkungen

1. Für diejenigen, die ein professionelles Interesse am Aufbau des Berkeley-Persönlichkeitsprofils haben: Die Punktzahl-Kategorien wurden in diesem Abschnitt des Tests so eingeteilt, daß sich auch ziemlich kleine, jedoch häufig vorkommende Unterschiede zwischen der Art und Weise, wie zwei Menschen sich selbst sehen und wie sie von ihrem Partner gesehen werden, darstellen lassen. Die aufgerundeten Punktzahlen basieren auf Untersuchungen an Paaren, die an unserer dritten Umfrageaktion in *Psychology Today* teilgenommen haben. Bei jedem der fünf Persönlichkeitsstile hatten etwa 35 bis 45 Prozent

der Teilnehmer Werte zwischen 0 und 2, was darauf hinweist, daß der andere im wesentlichen mit dem Selbstbild seines Partners übereinstimmt. Bei 25 bis 35 Prozent lag der Testwert in jedem der fünf Persönlichkeitsstile beim vereinten Selbstbild um 3 oder mehr Punkte *höher,* und bei etwa 25 bis 35 Prozent 3 oder mehr Punkte *niedriger* als bei der Beurteilung durch den Partner.

2. Weitere Informationen siehe J. H. Berg und V. J. Derlega: *Self Disclosure: Theory, Research, and Therapy* (New York: Plenum, 1987); A. L. Chaikin und V. J. Derlega: *Self Disclosure* (Morristown, N. J.; General Learning, 1974); P. C. Cozby: »Self Disclosure. A Literature Review« in *Psychological Bulletin* 79 (1973), S. 73–91, und S. M. Jourard und P. Lasakow: »The Effect of High-Revealing Subjects on the Self-Disclosure of Low Revealing Subjects« in *Journal of Humanistic Psychology* 10 (1970), S. 84–89.
3. Weitere Informationen siehe G. Levinger und D. J. Senn: »Disclosure of Feelings in Marriage« in *Merrill-Palmer Quarterly of Behavior and Development* 13 (1967), S. 237–249, und L.A. Peplau und D. Perlman: »Blueprint for a Social Psychological Theory of Loneliness« (Manuskript wurde im September 1977 auf der Swansea-Konferenz über »Interpersonal Attraction and Love«, in Swansea, Wales, vorgelegt).

7.
Wie die anderen Sie sehen

Wenn Sie sich auf einer Kirmes einmal in einem dieser Zerrspiegel betrachtet haben, wissen Sie, daß jeder dieser Spiegel bestimmte körperliche Merkmale überbetont und andere verkleinert. Jedesmal, wenn Sie Kontakt zu einem anderen Menschen aufnehmen, läuft ein ähnlicher Prozeß ab. Der andere reagiert auf Sie so, wie es dem *Bild* entspricht, das er sich von Ihnen macht, und das beeinflußt sowohl die Kommunikation zwischen Ihnen beiden als auch Ihrer beider Verhalten. Mit der Zeit können diese reflektierten Bilder, die Sie aus der Art und Weise, wie andere Menschen auf Sie reagieren, gewinnen, auch Ihr Selbstbild beeinflussen.

Wir haben bereits einige Möglichkeiten erwähnt, wie andere Menschen sich ein Bild von Ihnen machen. Das Bild, das Leute, die Sie gut kennen – zum Beispiel Ihr Intimpartner oder Ihr bester Freund –, von Ihnen gewinnen, basiert zum einen Teil auf den Erfahrungen, die sie in der Vergangenheit mit Ihnen gemacht haben, zum anderen auf der Beobachtung Ihres gegenwärtigen Verhaltens und auf dem, was Sie ihnen selbst über Ihre innersten Gefühle, Kindheitserlebnisse und andere private Einzelheiten Ihres Lebens anvertraut haben. Leute, die Sie dagegen nur in einem bestimmten Umfeld oder in einer bestimmten sozialen Rolle erleben – zum Beispiel Ihre Arbeitskollegen –, bilden sich ihre Meinung aufgrund ihrer Beobachtungen Ihres Verhaltens in diesem speziellen Bereich, und das wird wiederum teilweise von dem bestimmt, was die anderen von Ihnen erwarten. Die Meinung von Leuten, die Sie zum erstenmal sehen, basiert dagegen auf der Beobachtung Ihres Verhaltens in eben diesem Augenblick und auf den Klischees, die sie im Umgang mit anderen Menschen gewonnen haben, deren äußeres Erscheinungsbild – Haltung, Kleidung, Sprechweise, Manierismen usw. – ähnlich ist wie Ihres. Ganz gleich, aus welcher Quelle diese ersten Eindrücke stammen, können sie großen Einfluß auf Ihr Verhalten und Ihr Erleben haben.

Wie unterscheiden sich die Eindrücke, die Ihre Familie, Ihre Freunde und Ihre Arbeitskollegen von Ihnen haben, voneinander? Wodurch unterscheiden sie sich von Ihrem Selbstbild? Wenn Sie diese Eindrücke, die Ihr Intimpartner oder Ihr bester Freund von Ihnen haben, miteinander kombinieren, was sagt dann das Gesamtbild über Ihre Persönlichkeit aus?

Im folgenden Abschnitt des Berkeley-Persönlichkeitsprofils werden Sie Gelegenheit haben, diese Fragen zu beantworten, denn Sie werden unmittelbar mit Ihren Freunden, Arbeitskollegen und den anderen Familienmitgliedern zusammenarbeiten, also mit Menschen, die Sie wahrscheinlich ziemlich gut kennen und die Sie in den unterschiedlichsten Lebenssituationen erlebt haben – zum Beispiel bei der Arbeit mit Kunden, bei dem Versuch, Ihren Chef zu besänftigen, bei der Disziplinierung Ihrer Kinder, beim Camping und als Autofahrer. Sie wissen eine Menge von Ihnen und haben möglicherweise sogar bestimmte Verhaltensmerkmale an Ihnen beobachtet, die Ihnen selbst nicht bewußt sind, oder die Sie für selbstverständlich halten.

Das reflektierte Selbst

Die Art und Weise, wie andere Menschen Sie wahrnehmen, basiert zum Teil auf den verschiedenen Aspekten Ihrer Persönlichkeit, die Sie in unterschiedlichen Situationen sichtbar werden lassen. Sie hängt aber auch von den subjektiven Wertvorstellungen und relativen Normen ab, die die anderen in die Beziehung mit einbringen. So werden Sie möglicherweise von einem Kind bewundert, weil es Ihre Spontaneität und laxe Arbeitsauffassung als ein Zeichen von Unabhängigkeit hält und Sie darum beneidet. Die gleiche Eigenschaft läßt Sie dagegen in den Augen Ihres Ehepartners oder Ihrer Arbeitskollegen unter Umständen als unreif und verantwortungslos erscheinen. Für Ihre Kneipenfreunde sind Sie möglicherweise ein außergewöhnlich zuverlässiger Mensch, weil man sich darauf verlassen kann, daß Sie jeden Abend um die gleiche Zeit in Ihrer Stammkneipe erscheinen.

So wie Ihr Selbstbild durch die Rolle beeinflußt wird, die Sie gerade spielen, beeinflußt die Art und Weise, wie andere Menschen in einer bestimmten Situation auf Sie reagieren, Ihr gesamtes Selbstbild und Ihr zukünftiges Verhalten. Wenn Sie sich zum Beispiel für einen effizienten Manager halten und glauben, den Respekt und die Sympathien Ihrer Untergebenen gewonnen zu haben, regt Sie dieses Selbstbild möglicherweise dazu an, nachsichtig zu reagieren, wenn ein Angestellter mit persönlichen Problemen zu Ihnen kommt. Dieses Selbstbild kann jedoch jäh zerstört werden, wenn die Leute anfangen, Sie auszunützen, bei der Arbeit nachlässig werden, und Ihre Ermahnungen nicht mehr ernst nehmen. Abgesehen davon, daß das zu einer Veränderung Ihres beruflichen Selbstbilds führen würde, würden Sie wahrscheinlich auch Ihr Verhalten als Chef ändern.

Wir haben bei unseren Untersuchungen festgestellt, daß Menschen in zahlreichen verschiedenen Rollen und Situationen viele gleiche Grundeigenschaften zeigen. Wir haben jedoch auch beobachten können, daß sie mitunter – je nach der Situation, in der sie sich gerade befinden – ganz spezifische Unterschiede zeigen. Wenn Sie in unterschiedlichen Situationen ganz bestimmte Seiten Ihres Wesens zum Ausdruck bringen, dürfte es nicht weiter überraschen, daß die Menschen, denen Sie in diesen unterschiedlichen Situationen begegnen, häufig auch einen völlig unterschiedlichen Eindruck von Ihrer Persönlichkeit gewinnen. Und das ist auch der Grund, der uns veranlaßt hat, die reflektive Methode zu entwickeln.

Normalerweise wird ein Persönlichkeitstest nur in einer Lebenssituation durchgeführt, so zum Beispiel, wenn Sie sich um eine Stelle bewerben. Er liefert möglicherweise eine genaue Einschätzung der Merkmale Ihrer Persönlichkeit, die Sie auf eine konsistente Weise zum Ausdruck bringen. Er kann jedoch kein vollständiges Bild jener Aspekte Ihrer Persönlichkeit vermitteln, die variabler sind und von anderen Menschen in verschiedenen Situationen unterschiedlich wahrgenommen werden. Kein einzelnes Maß kann eine so vielschichtige Information liefern, wie sie zur Beschreibung der komplexen Veränderung einer Persönlichkeit in verschiedenen Situationen nötig wäre.

Wenn Sie herausfinden wollen, welche Merkmale Ihrer Persönlichkeit sich in einer Vielzahl von Rollen am wenigsten verändern, brauchen Sie sich nur die Fragen anzuschauen, die Sie bereits im 5. Kapitel bearbeitet haben, um festzustellen, wie Sie *sich selbst* in all diesen sozialen Situationen erleben. Wir erfahren auf diese Weise, ob Sie sich in den verschiedenen Situationen als dieselbe Person *erleben,* wobei Ihre eigene Beurteilung natürlich durch persönliche Vorurteile verfälscht sein kann. Eine andere Möglichkeit, die Konsistenz Ihres Verhaltens zu bewerten, besteht darin, daß man ein »unabhängiges Gericht«, das sich aus Leuten zusammensetzt, die in unterschiedlichen Situationen mit Ihnen zu tun haben, bittet, Ihre Persönlichkeit zu beschreiben. Je größer die Übereinstimmung der Antworten dieser »Richter« ist, um so wahrscheinlicher ist es auch, daß Sie sich in den vielen unterschiedlichen Situationen auf eine ähnliche Weise verhalten.

Aber genauso wie Ihre eigenen Wertvorstellungen und Vorurteile Ihre Wahrnehmung beeinflussen, werden natürlich auch die Eindrücke, die die anderen von Ihnen gewonnen haben, von den persönlichen Wertvorstellungen und Vorurteilen dieser Leute beeinflußt. Persönlichkeitsforscher haben jedoch festgestellt, daß sich die Wahrnehmungen einer großen Zahl von Einzelpersonen, die alle unterschiedliche Vorurteile haben, in der Regel ausgleichen. Der *Konsens* oder das durchschnittliche Bild, das sich eine große Zahl von Leuten, die Sie gut kennen, von Ihnen gemacht hat, kann daher als verhältnismäßig vorurteilsfrei betrachtet werden – es ist eine relativ objektive Darstellung ihrer Wirkung auf die Menschen Ihrer Umgebung.

Wir sprechen in diesem Zusammenhang vom Durchschnittswert des reflektierten Bildes in jeder Dimension der Persönlichkeit. Bei unseren gegenwärtigen Forschungsarbeiten über die reflektive Methode der Persönlichkeitsbeurteilung konnten wir feststellen, daß zwischen dem Durchschnittswert des reflektierten Selbstbilds und den Werten für das vereinte Selbstbild häufig eine enge Beziehung besteht. Der einzelne, mit dem Sie in bestimmten Situationen zu tun haben, hat sich zwar kein vollständiges Bild von Ihnen gemacht, aber die kombinierten Wahrnehmungen vieler Leute ergeben ein Gesamtbild, das in einer engen Beziehung zu der Art und Weise steht, wie Sie sich selbst sehen.

Wenn Sie über diese Informationen verfügen, können Sie zusätzlich noch die Beschreibungen, die Sie von den Menschen bekommen haben, die Sie in einem ganz bestimmten Umfeld kennen, damit vergleichen, wie Sie sich selbst in diesen Situationen erleben. Sie stellen dann entweder fest, daß Sie sich in der Regel selbst genauso sehen, wie Sie auch von den anderen gesehen werden, oder Sie erkennen, daß es bestimmte Dimensionen Ihrer Persönlichkeit gibt, in denen Sie sich ganz anders erleben – entweder insgesamt oder nur in bestimmten Bereichen. Um diesen Prozeß geht es bei der reflektiven Methode, die Sie in diesem Abschnitt des Berkeley-Persönlichkeitsprofils anwenden werden.

Der Test

Schauen Sie sich noch einmal die Testbögen des perforierten Abschnittes am Ende des Buches an. Suchen Sie die Testbögen 13 und 14, das sind die Rückseiten der Bögen 5 und 6, und schneiden Sie auch die Bögen 15 bis 18 aus. Geben Sie die beiden Bögen mit der Bezeichnung »Arbeitskollege 1« und »Arbeitskollege 2« zwei Berufskollegen, die Sie Ihrer Meinung nach gut kennen. Bitten Sie sie, die fünfunddreißig Aussagen des Berkeley-Persönlichkeitsprofils (natürlich jeder für sich) zu beantworten, und so ehrlich wie möglich zu sagen, bis zu welchem Grad sie glauben, daß die jeweilige Aussage auf Ihre Persönlichkeit zutrifft oder nicht. Geben Sie anschließend die Bögen, die die Bezeichnung »Freund 1« und »Freund 2« tragen, zwei Freunden und bitten Sie sie ebenfalls, zu den fünfunddreißig Aussagen Stellung zu nehmen. Wenn Sie die Stellungsnahme Ihres besten Freundes nicht schon auf dem Bogen »Partner/bester Freund« bekommen haben, sollten Sie ihm jetzt den Bogen »Freund 1« geben. Zum Schluß geben Sie die Bögen mit der Aufschrift »Familienmitglied 1« und »Familienmitglied 2« zwei Mitgliedern Ihrer Familie, damit auch sie die fünfunddreißig Fragen beantworten können. (Wenn Sie keine zwei Familienmitglieder haben, können Sie diese Bögen auch zwei weiteren Freunden geben. Notieren Sie oben auf den Bögen an der dafür vorgesehenen Stelle, in welchem Verhältnis Sie zu den Leuten stehen, die die Bögen 17 und 18 ausgefüllt haben.)

Bitten Sie jeden einzelnen, die Bögen auszufüllen, ohne jemanden um Rat zu fragen, und Ihre Persönlichkeit ganz ehrlich so zu beurteilen, wie sie sie tatsächlich erleben. Weisen Sie die Leute immer wieder darauf hin, daß es keine richtigen und falschen Antworten gibt. *Wir empfehlen Ihnen, keinem zu sagen, wer die anderen Leute sind, die die anderen Bögen ausfüllen. Sie sollten sie außerdem bitten, mit keinem über ihre Antworten zu reden.* Darüber hinaus empfehlen wir Ihnen, alle Antworten absolut vertraulich zu behandeln, auch wenn der Test ohnehin nur für Sie ganz persönlich bestimmt ist. Sie sollten den Leuten, die Sie gebeten haben, die Bögen auszufüllen, auch erklären, daß das Ganze für Sie eine Lernerfahrung sein soll und daß sie Ihnen dabei nur wirklich helfen, wenn sie absolut ehrlich sind. (Diejenigen, die glauben, sie könnten sich ohne die Garantie absoluter Anonymität nicht wirklich ehrlich äußern, bietet die Multimedia-Software-Version des Berkeley-Persönlichkeitsprofils eine solche Möglichkeit an.) Wenn Sie die ausgefüllten Testbögen zurückbekommen haben, dürfen Sie die Informationen, die sie enthalten, nicht kritisieren, denn Sie haben schließlich jeden einzelnen gebeten, absolut ehrlich zu sein. Die reflektive Methode hat unter anderem den Vorteil, daß Sie die unterschiedlichen Bilder, die sich andere Menschen von Ihnen machen, analysieren können. Das ist vor allem dann interessant, wenn diese Vorstellungen von Ihren eigenen oder von dem Bild, das Sie anderen in diesem Lebensbereich gern vermitteln würden, abweichen.

Wenn alle Ihnen die ausgefüllten Bögen zurückgegeben haben, können Sie die Ergebnisse überprüfen. Nehmen Sie die Bögen »Reflektiertes Bild – Profil 1« und »Reflektiertes Bild – Profil 2« und berechnen Sie mit Hilfe der Testanweisung Ihre Werte und tragen Sie sie ein. *(Vergessen Sie bitte nicht, daß Ihre Ergebnisse verläßlicher sind, wenn Sie alle Bögen zurückbekommen haben. Wenn das nicht der Fall ist, müssen Sie das Gesamtergebnis in jeder Dimension durch die Anzahl der Leute teilen, deren Bögen Sie auch bei der Berechnung des Durchschnittswerts Ihres reflektierten Bildes auf dem Testprofil 2 für das reflektierte Bild zugrunde gelegt haben.)*

Interpretationsanleitung: Das reflektierte Bild

Der *Wert für die Differenz Ihres reflektierten Bildes* in jeder Persönlichkeitsdimension der Großen Fünf sagt Ihnen, bis zu welchem Grad Menschen aus verschiedenen Bereichen Ihres Lebens in dieser Dimension im Hinblick auf Ihre Persönlichkeit übereinstimmen oder nicht. *Die Differenz zwischen Ihrem vereinten Selbstbild und Ihrem reflektierten Bild* zeigt Ihnen dagegen, bis zu welchem Grad Ihr eigenes Selbstbild mit dem Bild übereinstimmt, daß andere sich von Ihnen machen.

Es ist sehr wichtig, daß Sie beide Informationen als eine Einheit betrachten, denn die Bedeutung der Differenz zwischen Ihrem vereinten Selbstbild und dem reflektierten Bild hängt davon ab, wie hoch der Wert für die Differenz des reflektierten Bildes ist. Entscheidend ist, wie sich die Testwerte verteilen.

Wenn Sie mehr über die Bedeutung Ihrer eigenen Ergebnisse erfahren möchten, brauchen Sie nur die Testwerte für die Differenz Ihres reflektierten Bildes in der Rubrik »Ausdrucksstil« in der achten Reihe der Kästchen auf Ihrem Testprofil 1 für das reflektierte Bild und die Werte für die Differenz zwischen Ihrem vereinten Selbstbild und dem reflektierten Bild im Ausdrucksstil in der zehnten Reihe der Kästchen auf Ihrem Testprofil 2 für das vereinte Selbstbild und das reflektierte Bild nachzuschauen. Suchen Sie zuerst weiter nach dem Abschnitt, der Ihrem Wert für die Differenz Ihres reflektierten Selbstbilds entspricht. Lesen Sie sich dann den Unterabschnitt durch, der sich auf die Differenz zwischen Ihrem vereinten Selbstbild und dem reflektierten Selbstbild bezieht. Gehen Sie bei den übrigen Dimensionen der Großen Fünf in der gleichen Weise vor.[1]

Testwerte reflektiertes Bild – Ausdrucksstil (orange)

- ***Wenn die Differenz des reflektierten Bildes zwischen 0 und 6 liegt:*** Ihre Freunde, die Mitglieder Ihrer Familie und Ihre Arbeitskollegen stimmen bei der Beurteilung des Niveaus Ihrer Energie und Ihrer Ausdrucksfähigkeit – oder des Grades an Zurückgezogenheit und Reserviertheit –, das sie im Umgang mit Ihnen erleben, überein. Das beweist, daß Ihr Ausdrucksstil in den unterschiedlichsten Situationen gleich ist. ***Im einzelnen:***

  Wenn die Differenz zwischen dem reflektierten Bild und dem vereinten Selbstbild 0 bis 2 Punkte beträgt: Ihr Selbstbild im Ausdrucksstil entspricht in vielen unterschiedlichen Situationen genau dem, das die anderen sich von Ihnen machen, zumindest, was die Art und Weise anbetrifft, wie Sie Ihre Aufmerksamkeit auf Ihre Privatsphäre, auf Gruppenaktivitäten und andere Erlebnisse mit Menschen Ihrer Umgebung richten.

Wenn die Differenz zwischen dem reflektierten Bild und dem vereinten Selbstbild 3 Punkte oder mehr beträgt: Den Beobachtungen der anderen zufolge verhalten Sie sich ständig ein wenig ruhiger oder vielleicht sogar passiver als Sie sich in Ihrem Selbstbild darstellen. Sie halten sich womöglich für selbstbewußter, fröhlicher und engagierter, als Sie sich nach außen geben. Oder Sie sind der Meinung, daß Sie andere Menschen ohne viel Aufhebens nur durch Ihr gutes Beispiel führen können, und sprechen sich daher mehr Autorität zu, als andere bei Ihnen erkennen können.

Wenn die Differenz zwischen Ihrem reflektierten Bild und dem vereinten Selbstbild 3 Punkte oder mehr beträgt und Sie den Durchschnittswert für Ihr reflektiertes Bild mit einem Sternchen markiert haben: Die anderen bewerten Ihr Verhalten durchgängig als bedeutend optimistischer, extravertierter oder spontaner, als Ihnen bewußt ist. Ein solches Ergebnis findet sich häufig bei Menschen, die unter sozialen Ängsten leiden, sie aber erfolgreich vor anderen Leuten verbergen können.

- ***Wenn die Differenz Ihres reflektierten Bildes 7 oder mehr Punkte beträgt:*** Ihre Freunde, die Mitglieder Ihrer Familie und Ihre Arbeitskollegen haben Sie im Hinblick auf Ihren Ausdrucksstil sehr unterschiedlich beschrieben. Das weist darauf hin, daß Sie in manchen Situationen bedeutend lebhafter sind als in anderen. Wahrscheinlich haben Leute, die Sie selbst sehr anregend finden, und die aus diesem Grund Ihre lebhafte Seite ansprechen, Sie im Ausdrucksstil mit der höchsten Punktzahl bewertet. Die niedrigsten Werte stammen dann vermutlich von den Leuten, die Sie selbst entweder langweilig finden oder von denen Sie sich eingeschüchtert fühlen. ***Im einzelnen:***

Wenn der Wert für die Differenz des reflektierten Bildes und des vereinten Selbstbildes zwischen 0 und 2 Punkten liegt: Obwohl Ihr Ausdrucksstil sich von Situation zu Situation verändert, vermittelt Ihr Selbstbild ein genaues Bild des *durchschnittlichen* Niveaus der Energie, Selbstsicherheit und des Engagements, das Sie bei sozialen Aktivitäten an den Tag legen.

Wenn die Differenz zwischen dem reflektierten und dem vereinten Selbstbild 3 Punkte oder mehr beträgt: Ihre Freunde, Familienmitglieder und Arbeitskollegen erleben Sie in sozialen Situationen zurückhaltender, als Sie selbst es vermuten. Vermutlich sagt Ihr Ausdrucksverhalten nichts darüber aus, was Sie in solchen Situationen wirklich denken und wie Sie sich fühlen.

Wenn die Differenz zwischen dem Durchschnittswert des reflektierten Bildes und Ihrem Vereinten Selbstbild 3 Punkte oder mehr beträgt und Sie den Durchschnittswert für das reflektierte Selbstbild mit einem Sternchen markiert haben: Obwohl sich Ihr Ausdrucksstil von einer Situation zur anderen verändert, vermitteln Sie den anderen Menschen insgesamt den Eindruck, daß Sie optimistischer oder dynamischer sind, als Ihnen womöglich selbst klar ist. Sie leiden zum Beispiel unter einer gewissen Schüchternheit oder unter sozialer Angst, aber Ihr äußeres Verhalten weist darauf hin, daß Sie dieses Gefühl zumindest in einigen Situationen erfolgreich überwinden können.

Testwerte reflektiertes Bild – Interpersoneller Stil (grün)

- ***Wenn der Wert für die Differenz Ihres reflektierten Bildes zwischen 0 und 6 Punkten liegt:*** Die anderen Menschen, die Sie kennen, zeigten bei der Beurteilung Ihres interpersonellen Stils weitgehend Übereinstimmung. Das heißt, alle waren sich darüber einig, daß man mit Ihnen entweder sehr gut oder sehr schlecht auskommt. ***Im einzelnen:***

Wenn die Differenz zwischen Ihrem reflektierten Bild und dem vereinten Selbstbild zwischen 0 und 2 Punkten liegt: Sie halten sich selbst entweder für einen rücksichtsvollen, umgänglichen Menschen oder für ziemlich ungeduldig oder rücksichtslos. Diese Vorstellung entspricht genau dem Bild, das andere Menschen sich von Ihnen machen.

Wenn die Differenz zwischen Ihrem reflektierten Bild und dem vereinten Selbstbild 3 Punkte oder mehr beträgt und Sie den Wert für das vereinte Selbstbild mit einem Sternchen markiert haben: Andere halten Sie übereinstimmend für etwas aggressiver, unpersönlicher oder ungeduldiger, als Ihnen lieb ist. Vermutlich merken Sie selbst gar nicht, daß bestimmte Verhaltensweisen oder der Ton Ihrer Stimme bei anderen Menschen den Eindruck hervorruft, Sie seien schroff, kurz angebunden und wollten immer der Beste sein. Es ist auf der anderen Seite auch möglich, daß Sie bedeutend mehr Sympathie für andere Menschen empfinden, als Sie nach außen hin zeigen.

Wenn die Differenz zwischen Ihrem vereinten Selbstbild und dem reflektierten Bild 3 Punkte oder mehr beträgt und Sie den Durchschnittswert für das reflektierte Bild mit einem Sternchen markiert haben: Andere Menschen halten Sie übereinstimmend für freundlicher, kooperativer oder verständnisvoller als Sie sich selbst. Möglicherweise zeigen Sie in Ihrem Lächeln eine gewisse Herzlichkeit, die auf andere Menschen stärker wirkt, als Ihnen bewußt ist. Oder aber es liegt an Ihrer Bescheidenheit, die in Ihrem vereinten Selbstbild zum Ausdruck kommt und bei anderen Menschen Vertrauen weckt.

- ***Die Differenz Ihres reflektierten Bildes beträgt 7 Punkte oder mehr:*** Die Leute, von denen Sie beurteilt wurden, haben im Hinblick auf Ihren personellen Stil ein ziemlich unterschiedliches Bild von Ihrer Persönlichkeit. Für die einen sind Sie rücksichtsvoll, umgänglich oder kooperativ, für die anderen etwas dickköpfig oder schwierig. ***Im einzelnen:***

  Wenn die Differenz zwischen Ihrem vereinten Selbstbild und dem reflektierten Bild 0 bis 2 Punkte beträgt: Obwohl Leute, die Sie kennen, Hinweise darauf geliefert haben, daß Sie in bestimmten Situationen gutmütiger und warmherziger sind als in anderen, bestätigt Ihr eigenes Selbstbild Ihre durchschnittliche Einstellung anderen Menschen gegenüber ziemlich genau.

  Wenn die Differenz zwischen Ihrem vereinten Selbstbild und dem reflektierten Bild 3 Punkte oder mehr beträgt: Die unterschiedliche Beurteilung Ihres interpersonellen Stils durch Menschen, die Sie gut kennen, zeigt, daß Sie in manchen Situationen warmherziger und rücksichtsvoller sind als in anderen. Alles in allem werden Sie jedoch von den anderen als etwas weniger mitfühlend oder geduldig betrachtet, als Ihnen bewußt ist. Das kann damit zusammenhängen, daß Sie sich selbst bei der Bewertung Ihres interpersonellen Stils ausschließlich auf die persönlichen Beziehungen konzentriert haben, die Ihnen besonders sympathisch und nützlich erscheinen, und die Sie vernachlässigt haben, um die Sie sich noch ein wenig kümmern müßten.

Wenn die Differenz zwischen Ihrem vereinten Selbstbild und dem reflektierten Bild 3 Punkte oder mehr beträgt und Sie den Durchschnittswert für das reflektierte Bild mit einem Sternchen markiert haben: Obwohl die unterschiedlichen Ansichten der Menschen, die Sie kennen, zeigen, daß Sie in einigen Ihrer Beziehungen egozentrischer sind als in anderen, werden Sie im Durchschnitt günstiger beurteilt, als Ihnen bewußt ist. Möglicherweise sind Sie wegen der Schwierigkeiten, die sie in einer bestimmten Beziehung hatten, etwas selbstkritischer geworden, was Ihre Fähigkeit betrifft, mit anderen Menschen auszukommen. Es kann jedoch auch damit zusammenhängen, daß Sie sich so daran gewöhnt haben, sich immer auf *andere* Menschen zu konzentrieren, daß sie die große Bedeutung, die Ihre eigene Persönlichkeit für die Qualität Ihrer Beziehungen hat, nicht mehr erkennen.

Testwerte reflektiertes Bild – Arbeitsstil (gelb)

- ***Wenn die Differenz des reflektierten Bildes zwischen 0 und 6 Punkte beträgt:*** Alle haben Ihren Arbeitsstil mehr oder weniger gleich beurteilt. Kurz gesagt: Die Menschen, die Sie in den verschiedensten Bereichen bei der Arbeit erlebt haben – in der Familie, im sozialen Bereich und im Beruf –, stimmen, was Ihren Fleiß, Ihre Ausdauer und Ihre Zielstrebigkeit anbetrifft, im großen und ganzen überein. ***Im einzelnen:***

Wenn die Differenz zwischen Ihrem vereinten Selbstbild und dem reflektierten Bild zwischen 0 und 2 Punkte beträgt: Ihre Freunde, die Mitglieder Ihrer Familie und Ihre Arbeitskollegen bestätigen, daß Sie sich ehrlich bemühen, Planvorgaben und Termine korrekt einzuhalten. Auch Ihr Engagement, mit dem Sie Ihre Ziele verfolgen, beurteilen sie übereinstimmend.

Wenn die Differenz zwischen Ihrem vereinten Selbstbild und dem reflektierten Bild 3 Punkte oder mehr beträgt und Sie den Wert für das vereinte Selbstbild mit einem Sternchen markiert haben: Andere Menschen halten Sie für leichter ablenkbar, unordentlicher oder weniger effizient als Sie sich selbst. Häufig weist ein solches Ergebnis auf einen »underachiever« hin, der sich bewußt niedrige, leicht erreichbare Ziele setzt, um das Gefühl zu erleben, erfolgreich zu sein, während die Menschen in seiner Umgebung glauben, daß er bedeutend mehr leisten könnte.

Wenn die Differenz zwischen Ihrem vereinten Selbstbild und dem reflektierten Bild 3 oder mehr Punkte beträgt und Sie den Durchschnittswert für das reflektierte Bild mit einem Sternchen markiert haben: Andere Menschen aus den verschiedensten Lebensbereichen halten Sie für fleißiger, tüchtiger und produktiver als Sie sich selbst. Das hängt mit großer Wahrscheinlichkeit damit zusammen, daß Sie sich bei der Beurteilung Ihrer eigenen Leistung und Effektivität an bedeutend höheren Normen orientieren, als die anderen.

- ***Wenn die Differenz Ihres reflektierten Bildes 7 Punkte oder mehr beträgt:*** Andere Menschen, die Ihr Verhalten in unterschiedlichen Situationen beobachtet haben – bei Familienfesten, in der Freizeit und bei der Arbeit –, beurteilen Ihren Arbeitsstil ziemlich unterschiedlich. Die einen halten Sie für engagiert und verantwortungsbewußt, während die anderen Sie eher als sorglos oder ungezwungen bezeichnen würden. ***Im einzelnen:***

Wenn die Differenz zwischen Ihrem vereinten Selbstbild und dem reflektierten Bild zwischen 0 und 2 Punkten liegt: Obwohl die anderen der Meinung sind, daß Sie sich in bestimmten Lebensbereichen ernsthafter engagieren als in anderen, gibt Ihr eigenes Selbstbild Ihr durchschnittliches Niveau an Fleiß, Disziplin und Effizienz korrekt wieder.

Wenn die Differenz zwischen Ihrem vereinten Selbstbild und dem reflektierten Bild 3 Punkte oder mehr beträgt und Sie den Wert für das vereinte Selbstbild mit einem Sternchen markiert haben: Offensichtlich konzentrieren Sie sich bei der Beurteilung Ihres eigenen Arbeitsstils nur auf bestimmte Lebensbereiche, vor allem auf die, in denen Sie Ihrer Meinung nach besonders ordentlich, effizient und leistungsbewußt sind. Da Sie jedoch nach Meinung der Menschen, die mit Ihnen in allen möglichen Lebensbereichen zu tun haben, im *Durchschnitt* etwas vergeßlicher oder unzuverlässiger sind, als Ihnen bewußt ist, sollten Sie einmal über die Prioritäten nachdenken, die Ihre Aufgaben in bestimmten Lebensbereichen haben.

Wenn die Differenz zwischen Ihrem vereinten Selbstbild und dem reflektierten Bild 3 Punkte oder mehr beträgt und Sie den Durchschnittswert für das reflektierte Bild mit einem Sternchen markiert haben: Obwohl Sie sich nicht immer in der gleichen Weise bemühen, ein bestimmtes Ziel zu erreichen, läßt sich aus der Beurteilung der anderen der Schluß ziehen, daß Sie Ihre Effektivität in den verschiedenen Lebensbereichen insgesamt unterschätzen. Möglicherweise sind Sie zu selbstkritisch, weil es Ihnen in einem bestimmten Lebensbereich schwerfällt, die nötige Motivation aufzubringen, um dort etwas leisten zu können, vielleicht hängt es aber auch damit zusammen, daß Sie in letzter Zeit bei Ihren Bemühungen nicht sehr erfolgreich waren.

Testwerte reflektiertes Bild – Emotionaler Stil (rot)

- ***Wenn die Differenz für das reflektierte Bild zwischen 0 und 2 Punkten liegt:*** Die Menschen, die Sie kennen, stimmen bei der Beurteilung Ihres emotionalen Stils in den verschiedenen Lebensbereichen durchaus überein. Sie sind also offensichtlich in unterschiedlichen sozialen Situationen gleich selbstsicher und ausgeglichen oder gleich frustriert und angespannt. ***Im einzelnen:***

  Wenn die Differenz zwischen Ihrem vereinten Selbstbild und dem reflektierten Bild zwischen 0 und 2 Punkten liegt: Ihre Freunde, die Mitglieder Ihrer Familie und Ihre Arbeitskollegen stimmen darin überein, daß Ihr Selbstbild im Hinblick auf Art und Intensität der negativen Gefühle, die Sie im Umgang mit anderen Menschen erleben und zum Ausdruck bringen, korrekt ist.

  Wenn die Differenz zwischen Ihrem vereinten Selbstbild und dem reflektierten Bild 3 oder mehr Punkte beträgt und Sie den Wert für das vereinte Selbstbild mit einem Sternchen markiert haben: Andere Menschen sehen in Ihrem Verhalten einen Hinweis darauf, daß Sie mehr Selbstvertrauen haben und beständiger sind, als Sie selbst glauben. Es ist zum Beispiel möglich, daß Ihre Ängste, Frustrationen oder Selbstzweifel größer sind, als Sie es nach außen hin zeigen.

  Wenn die Differenz zwischen Ihrem vereinten Selbstbild und dem reflektierten Bild 3 Punkte oder mehr beträgt, und Sie den Durchschnittswert für das reflektierte Bild mit einem Sternchen markiert haben: Ganz gleich, in welcher Situation Sie sich befinden, werden Ihre Gefühlsäußerungen von den anderen stets negativer, intensiver oder schlimmer interpretiert, als es Ihnen lieb ist. Manche Menschen erreichen diesen

Testwert, weil sie zu kurzen, heftigen Gefühlsausbrüchen neigen, die sie zwar selbst schnell wieder vergessen, die bei anderen jedoch einen nachhaltigen Eindruck hinterlassen. Andere haben diese Punktzahl, weil bestimmte Aspekte ihres Verhaltens von den anderen als Zeichen von Nervosität oder Unsicherheit interpretiert werden, obwohl sie selbst das nicht so erleben.

- ***Wenn die Differenz für das reflektierte Bild 7 oder mehr Punkte beträgt:*** Die widersprüchlichen Ansichten der Mitglieder Ihrer Familie, Ihrer Freunde und Arbeitskollegen lassen darauf schließen, daß Sie negative Gefühle je nach Situation und nach den Menschen, mit denen Sie zusammen sind, in unterschiedlicher Weise erleben und ausdrücken. Möglicherweise hängt das mit dem jeweiligen sozialen Klima zusammen. So können zum Beispiel politische Probleme, eine extreme Konkurrenzsituation, Mißtrauen an Ihrem Arbeitsplatz oder heikle, komplizierte Familienprobleme dabei eine Rolle spielen. Das kann dazu führen, daß Sie in einem bestimmten Umfeld ein höheres Maß an Streß, Unbehagen, Unsicherheit oder Frustration erleben als in einem anderen. Vielleicht gibt es auch einen bestimmten Menschen, der besonders empfindlich auf Ihre Bemerkungen und Vorschläge reagiert, und der Sie aus diesem Grund für bedeutend wankelmütiger hält, als Sie es in Wirklichkeit sind, und der Sie aus diesem Grund anders beurteilt hat, als die anderen Leute, die Sie gebeten haben, den Test auszufüllen. ***Im einzelnen:***

Wenn die Differenz zwischen Ihrem vereinten Selbstbild und dem reflektierten Bild zwischen 0 und 2 Punkten liegt: Obwohl die Selbstsicherheit und Ausgeglichenheit auf der einen Seite und die Ängste, Frustrationen und Selbstzweifel, die Sie auf der anderen Seite zum Ausdruck bringen, unterschiedlich stark ausgeprägt sind, bestätigten die anderen, daß Ihr

Selbstbild das durchschnittliche Maß an Emotionalität in den verschiedenen Lebenssituationen korrekt wiedergibt.

Wenn die Differenz zwischen Ihrem vereinten Selbstbild und dem reflektierten Bild 3 oder mehr Punkte beträgt und Sie den Wert für das vereinte Selbstbild mit einem Sternchen markiert haben: Nach den Beobachtungen der anderen Leute ist die Emotionalität, die Sie Freunden, Familienmitgliedern und Arbeitskollegen gegenüber zum Ausdruck bringen, im Durchschnitt weniger intensiv, als man es Ihrem eigenen Selbstbild zufolge erwarten würde. Möglicherweise haben Sie sich bei der Bewertung Ihres emotionalen Stils besonders auf bestimmte Bereiche und Situationen konzentriert, in denen Sie Ihrer Meinung nach Ihre Gefühle weniger gut beherrschen konnten als sonst.

Wenn die Differenz zwischen Ihrem vereinten Selbstbild und dem reflektierten Bild 3 Punkte oder mehr beträgt und Sie den Durchschnittswert für das reflektierte Bild mit einem Sternchen markiert haben: Die anderen Leute sind der Meinung, daß Sie oft das durchschnittliche Maß an Gefühlsintensität, das Sie im Umgang mit den Mitgliedern Ihrer Familie, Ihren Freunden oder Arbeitskollegen an den Tag legen, unterschätzen. Möglicherweise nehmen andere Menschen Ihren Ausdruck von Unsicherheit oder Unzufriedenheit ernster als Sie selbst. Es kann jedoch auch sein, daß Sie bei der Beurteilung Ihres emotionalen Stils an bestimmte Situationen gedacht haben, in denen Sie besonders entspannt sind. Das kann vor allem dann der Fall sein, wenn Sie glauben, daß Ihre emotionalen Reaktionen in anderen, schwierigeren Situationen wegen der frustrierenden Umstände gerechtfertigt sind und daher wenig über Ihre Persönlichkeit aussagen können.

Testwerte reflektiertes Bild – Intellektueller Stil (blau)

- ***Wenn die Differenz für das reflektierte Bild zwischen 0 und 6 Punkten liegt:*** Die Mitglieder Ihrer Familie, Ihre Freunde und Arbeitskollegen glauben übereinstimmend, an Ihrem Verhalten entweder eine Liebe zur Tradition und Einfachheit, oder aber eine Vorliebe für die Naturwissenschaften, die Philosophie und Kunst erkennen zu können. ***Im einzelnen:***

  Wenn die Differenz zwischen Ihrem vereinten Selbstbild und dem reflektierten Bild zwischen 0 und 2 Punkten liegt: Die Leute, von denen Sie beurteilt worden sind, kennen diesen Aspekt Ihrer Persönlichkeit offensichtlich sehr gut, denn ihre Ansichten über Ihren intellektuellen Stil stimmen mit den Ihren überein. Wahrscheinlich diskutieren Sie offen über die Komplikationen, die manchmal mit dem gesellschaftlichen Fortschritt verbunden sind, oder über Ihre Vorliebe für Musik, Malerei und Literatur.

  Wenn die Differenz zwischen Ihrem vereinten Selbstbild und dem reflektierten Bild 3 Punkte oder mehr beträgt und Sie den Wert für das vereinte Selbstbild mit einem Sternchen markiert haben: Andere beurteilen Ihr Verhalten übereinstimmend so, daß Sie sich in weit größerem Maße einer traditionellen Lebensführung und der Routine verpflichtet fühlen, als Sie das selbst von sich annehmen. Gleichzeitig unterschätzen die Leute, die Sie beurteilt haben, Ihre Phantasie und Ihr Interesse an künstlerischen Dingen. Möglicherweise glauben sie, daß Ihre Äußerungen über fortschrittliche Ideen nur Lippenbekenntnisse seien. Es kann jedoch auch sein, daß Sie Ihre Interessen an moderner Technologie und an schöpferischen oder künstlerischen Dingen im wesentlichen nur in Ihrer Privatsphäre verfolgen, so daß es die anderen gar nicht wissen können.

Wenn die Differenz zwischen Ihrem vereinten Selbstbild und dem reflektierten Bild 3 Punkte oder mehr beträgt und Sie den Durchschnittswert für das reflektierte Bild mit einem Sternchen markiert haben: Die anderen sind übereinstimmend der Meinung, daß Sie an abstrakten Ideen, technologischen Entwicklungen oder künstlerischen Dingen weit mehr interessiert sind, als Sie es selbst in dem Test angegeben haben. Möglicherweise erwecken Sie bei anderen Menschen den Eindruck, Sie seien perfekt an Ihr kompliziertes Leben angepaßt oder hätten eine große Schwäche für die Naturwissenschaften und die Technik, während Sie in Wirklichkeit viel lieber in einer weniger komplizierten Zeit oder an einem ruhigeren Ort leben würden.

- ***Wenn die Differenz für das reflektierte Bild 7 Punkte oder mehr beträgt:*** Ihre Freunde, die Mitglieder Ihrer Familie und Ihre Arbeitskollegen haben sehr unterschiedliche Vorstellungen von Ihrem intellektuellen Stil. Die einen glauben, daß Sie sich der Tradition und dem einfachen Leben verpflichtet fühlen, die anderen halten Sie für einen ziemlich komplizierten, nachdenklichen oder kulturbeflissenen Menschen. Wahrscheinlich treten diese Interessen, je nachdem, welche Rolle Sie gerade spielen oder mit welchen Leuten Sie gerade zusammen sind, in unterschiedlicher Weise in Erscheinung. ***Im einzelnen:***

Wenn die Differenz zwischen Ihrem vereinten Selbstbild und dem reflektierten Bild zwischen 0 und 2 Punkten liegt: Ihr eigenes Selbstbild zeigt eine Vorliebe für das einfache Leben, trägt aber auch Ihrem Interesse an neuen Dingen, am Fortschritt und an komplexeren Problemen Rechnung. Darüber hinaus gibt Ihr vereintes Selbstbild in dieser Dimension das durchschnittliche Maß Ihres Interesses an progressiven und innovativen Gedanken, das Sie in Gegenwart anderer Menschen zeigen, genau wieder.

Wenn die Differenz zwischen Ihrem vereinten Selbstbild und dem reflektierten Bild 3 Punkte oder mehr beträgt und Sie den Wert für das vereinte Selbstbild mit einem Sternchen markiert haben: Während die anderen bei der Beurteilung Ihres intellektuellen Stils keine Übereinstimmung zeigen, läßt das Porträt Ihrer Persönlichkeit, das sich aus dem Durchschnitt der Antworten der befragten Personen berechnen ließ, erkennen, daß Sie weniger Interesse an innovativen und analytischen Dingen haben, als Sie selbst glauben. Wahrscheinlich behalten Sie die intellektuelle oder kreative Seite Ihrer Persönlichkeit den Menschen vor, die Ihr Interesse teilen und Ihre Ideen entsprechend würdigen können.

Wenn die Differenz zwischen Ihrem vereinten Selbstbild und dem reflektierten Bild 3 Punkte oder mehr beträgt und Sie den Durchschnittswert für das reflektierte Bild mit einem Sternchen markiert haben: Obwohl die anderen bei der Beurteilung Ihres intellektuellen Stils keine Übereinstimmung zeigten, halten sie Sie im Durchschnitt doch für origineller oder stärker an philosophischen Dingen interessiert als Sie sich selbst. Möglicherweise sind Sie zur Zeit im Hinblick auf Ihren intellektuellen Stil etwas mutlos geworden, weil Sie das Gefühl haben, daß Ihnen in einem bestimmten Lebensbereich weder die Menschen noch die Aktivitäten genügend Anregungen geben.

Blick in den Spiegel

Wenn Sie noch einmal einen Blick auf die Testergebnisse für die Differenz des reflektierten Bildes und die Differenz zwischen dem vereinten Selbstbild und dem reflektierten Bild werfen, erkennen Sie, wie andere Menschen Sie im Alltag erleben, und das kann für Sie eine sehr wertvolle Information sein. Weitere Erkenntnisse lassen sich durch einen Vergleich zwischen Ihren eigenen Ergebnissen und denen der Leute, die an unserer Untersuchung teilgenommen haben, gewinnen. Was befindet sich hinter dem Spiegel, der Ihr reflektiertes Bild wiedergibt, das von Leuten beschrieben wird, die Sie gut kennen?

Zusätzlich zu den ausgefüllten Testbögen für das Selbstbild haben wir Testbögen mit den reflektierten Bildern, von über 1000 unserer 1300 Teilnehmer an der *Omni*-Untersuchung zurückbekommen. Jeweils vier bis fünf Leute, die unsere Probanden in den verschiedenen Lebensbereichen kannten – Arbeitskollegen, Freunde, Eltern, Kinder und Intimpartner – hatten die Bögen ausgefüllt. Als wir alle miteinander verglichen, stellten wir fest, daß die Testwerte in einigen Persönlichkeitsdimensionen häufiger übereinstimmten als in anderen.

Wenn die Menschen, die Sie kennen, Ihre Emotionalität weniger übereinstimmend beurteilt haben als andere Persönlichkeitsbereiche, befinden Sie sich in guter Gesellschaft, denn das war auch bei vielen Teilnehmern der *Omni*-Untersuchung der Fall. Bei der Einschätzung des emotionalen Stils durch Freunde, Mitglieder der Familie und Arbeitskollegen kam es häufiger zu Abweichungen als in jedem anderen Stil. So hatten 84 Prozent unserer Probanden im emotionalen Stil Differenzwerte für das reflektierte Bild von 7 Punkten oder mehr. Dafür gibt es eine plausible Erklärung: Die meisten Menschen drücken ihre Gefühle je nachdem, in welcher sozialen Situation sie sich befinden, anders aus – zum Teil, weil gewisse Dinge ihnen Angst machen, sie aufregen oder ihnen ein Gefühl der Unsicherheit vermitteln, zum Teil, weil es ungeschriebene Gesetze gibt, wie man Gefühle in bestimmten Situationen zum Ausdruck bringt. Im Durchschnitt waren die Testwerte für die Differenz zwischen dem vereinten Selbstbild und dem reflektierten Bild bei unseren Probanden im emotionalen Stil jedoch nicht höher als in den anderen Persönlichkeitsstilen – was den Schluß zuläßt, daß die meisten Menschen trotz der situationsabhängigen Variabilität eine ziemlich genaue Vorstellung von dem *durchschnittlichen* Grad der Emotionalität haben, die sie nach außen hin sichtbar werden lassen. Beim intellektuellen Stil kam es dagegen in den verschiedenen Lebensbereichen am häufigsten zu einer Übereinstimmung zwischen den einzelnen Beobachtern. Im einzelnen konnten wir feststellen, daß bei 41 Prozent unserer Teilnehmer das Urteil der Beobachter hinsichtlich des intellektuellen Stils im Schnitt nur 6 Punkte voneinander abwich. Das zeigt, daß die meisten Menschen trotz unterschiedlicher sozialer Situationen ein ziemlich ausgeglichenes Niveau an intellektuellen und künstlerischen Interessen haben.

Beziehungsstrategien und Persönlichkeit

Bei welchen Gelegenheiten verhalten Sie sich anders als gewöhnlich oder wann passen Sie sich an andere Menschen an, zu denen Sie in einer bestimmten Beziehung stehen, und vermitteln Ihnen dadurch je nach Situation ein völlig anderes Bild von sich? Unter welchen Bedingungen »übernimmt« Ihre Persönlichkeit die Kontrolle und veranlaßt Sie dazu, trotz einer veränderten Umgebung oder unterschiedlicher Situationen das gleiche Verhalten an den Tag zu legen? Wissenschaftler haben festgestellt, daß die Strategien, die Sie beim Aufbau und bei der Aufrechterhaltung Ihrer Beziehungen anwenden, ja sogar die Strategien, mit denen Sie andere Menschen dazu bringen wollen, das zu tun, was Sie gern möchten, sowohl von Ihrer Persönlichkeit als auch von der Art der Beziehung zu einem bestimmten Menschen abhängen.

Bei einer Untersuchung, die sich auf die speziellen Strategien bezieht, die Menschen in einer Beziehung anwenden, um den Partner zu ermutigen, zu beeinflussen oder zu manipulieren, entdeckte der Psychologe David Buss von der University of Michigan verschiedene interessante Verhaltensmuster.[2]

Zunächst stellte er fest, daß die Leute, die an seiner Untersuchung teilgenommen hatten, je nach Art der Beziehung unterschiedliche Strategien anwandten. Bei Ehepartnern – also nicht bei Freunden oder bei den Eltern – *übten sie häufig Druck aus* (sie kritisierten den Partner, stellten Forderungen, schrien ihn an), *nahmen ihn in die Pflicht* (sie stellten ihm Ultimaten, verlangten mehr Engagement), versuchten es *auf die charmante Art* (sie machten dem Partner Komplimente) oder verhielten sich *regressiv* (sie schmollten und quengelten). Zu den Strategien, die häufiger bei Freunden als bei den Eltern oder Ehepartnern angewendet werden, gehören *Austausch von Belohnungen* (man verzichtet dem anderen zuliebe auf irgend etwas oder erweist ihm auch einen Gefallen), *soziale Vergleiche* (man weist darauf hin, daß ein anderer das tun würde, was man gern möchte). Buss stellte darüber hinaus fest, daß Eltern weit häufiger als Freunde oder Ehepartner *argumentieren* (sie weisen darauf hin, daß es sich lohnt, das zu tun, was sie wünschen). Außerdem stellte er fest, daß zwei problematische Strategien, nämlich *Härte* (Geld zurückhalten, Gewaltanwendung, Drohungen, Lügen, Täuschung und Demütigung des anderen) und *Selbsterniedrigung* (dazu gehört auch das Vortäuschen einer Krankheit), häufiger bei Freunden oder den Eltern gegenüber benützt werden als bei Ehepartnern.

Zweitens fand Buss heraus, daß – unabhängig von der Beziehung – bestimmte Strategien von Leuten bevorzugt werden, die in den Großen Fünf entweder hohe oder niedrige Werte hatten. Die Testwerte, die Buss bei seinen Untersuchungen verwendet hat, entsprechen in etwa dem vereinten Selbstbild und dem Durchschnittswert für das reflektierte Bild, die Sie selbst auch im Berkeley-Persönlichkeitsprofils ermittelt haben. Buss stellte fest, daß Menschen, die einen hohen Wert im Ausdrucksstil hatten, bei dem Versuch, andere Menschen zu manipulieren oder zu beeinflussen, sie am liebsten in die Pflicht nehmen oder unter Druck setzen, während diejenigen, die in dieser Dimension einen niedrigen Wert hatten, eher zum Mittel der Selbsterniedrigung griffen. Leute mit hohen Werten im interpersonellen Stil argumentierten am liebsten, während diejenigen mit einem niedrigen Wert in dieser Dimension eher Druck ausübten und eine weitere Strategie anwandten, die im allgemeinen als *Macht des Schweigens* bezeichnet wird (keine Antwort geben und den Betroffenen ignorieren). Menschen mit einem hohen Wert im emotionalen Stil tendierten zu regressivem Verhalten, während diejenigen, die einen hohen Wert im intellektuellen Stil hatten, vernünftige Argumente vorzogen. Leute mit niedrigen Werten in dieser Dimension bemühten am liebsten soziale Vergleiche.

Man darf bei allem jedoch nie vergessen, daß solche Untersuchungen zwar außerordentlich interessante Verhaltensmuster erkennen lassen, die wir bei *vielen* Menschen in bestimmten Situationen, und bei *vielen* Menschen mit bestimmten Persönlichkeitsmerkmalen antreffen können, die jedoch in keinem Fall als allgemeingültig anzusehen sind. Es wäre interessant, wenn Sie sich selbst einmal Gedanken darüber machen würden, in welchen Situationen und in welchen Beziehungen Sie auf eine bestimmte Strategie zurückgreifen. Es könnte sich durchaus lohnen, wenn Sie einmal überlegen, ob diese Methoden bei Ihnen durch eine bestimmte Beziehung provoziert werden oder ob sie etwas mit Ihrer Persönlichkeit zu tun haben. Wir möchten Sie außerdem daran erinnern, daß diese Verhaltensmuster auf Sie möglicherweise eine andere Wirkung haben als auf die Leute, die an Buss' Untersuchung teilgenommen haben.

Worüber Sie nachdenken sollten

Wenn Sie diesen Abschnitt des Berkeley-Persönlichkeitsprofils durchgearbeitet haben, sollten Sie einmal darüber nachdenken, wie unterschiedlich oder wie ähnlich das Bild ist, das andere Menschen aus verschiedenen Lebensbereichen sich von Ihnen machen. Vielleicht denken Sie auch einmal darüber nach, welche Auswirkungen das in bestimmten sozialen Situationen auf Ihre Beziehungen zu anderen Menschen hat. Die folgenden Punkte zum Nachdenken sollen Ihnen helfen, Antworten auf diese Fragen zu finden und aus der Erforschung Ihres reflektierten Bildes das Beste zu machen.

1. Wenn Sie selbst Ihre Persönlichkeit ähnlich beschreiben, wie andere Leute, die Sie in den unterschiedlichsten Situationen erleben, haben Sie wahrscheinlich eine realistische Vorstellung von der Art und Weise, wie Sie bei den Leuten ankommen. Es kann jedoch trotzdem noch verborgene Aspekte Ihrer Persönlichkeit geben – zum Beispiel Merkmale, die nur in einer Krisensituation in Erscheinung treten –, die Sie noch nicht völlig erforscht haben und anderen Leuten gegenüber verbergen.

   Wenn Sie festgestellt haben, daß die meisten Menschen bei der Beschreibung Ihrer Persönlichkeit insgesamt übereinstimmen und Sie ähnlich sehen wie Sie sich selbst, sollten Sie sich einmal überlegen, ob Sie nicht doch noch über andere Wesenszüge verfügen, mit denen Sie diese Leute überraschen könnten. Welche besonderen Umstände müßten Ihrer Meinung nach gegeben sein, damit diese Seiten Ihrer Persönlichkeit zum Vorschein kommen könnten?

2. Merkmale Ihrer Persönlichkeit, die in den Beschreibungen der anderen immer wieder auftauchen, sind mit hoher Wahrscheinlichkeit ein Indikator dafür, wie Sie bei anderen Menschen ankommen. Je größer die Zahl der Leute ist, die Sie in einer bestimmten Weise beschreiben, um so wahrscheinlicher ist es, daß deren Wahrnehmung Ihrer Persönlichkeit richtiger ist als die anderer Personen, die Ihnen mit Vorurteilen begegnen. Wenn Sie mit der Auffassung der Mehrheit der Leute nicht einverstanden sind, übersehen Sie möglicherweise eine wichtige Komponente Ihrer Persönlichkeit oder betrachten sie als eine Selbstverständlichkeit.

   Wenn viele Leute einen Aspekt Ihrer Persönlichkeit beschrieben haben, der nicht mit dem Bild übereinstimmt, das Sie selbst von sich haben, sollten Sie einmal darüber nachdenken, was der Grund dafür sein könnte. Täuschen Sie andere Menschen durch Ihr äußeres Verhalten im Hinblick auf Ihre Gefühle und Motivationen? Ist Ihre eigene Selbstdarstellung zu schmeichelhaft oder übertrieben bescheiden – zumindest in bestimmten Persönlichkeitsdimensionen?

3. Sehr wichtig sind besonders auffällige Unterschiede in der Art und Weise, wie verschiedene Leute Sie beschrieben haben. Mitunter beschreibt eine ganze Gruppe von Leuten aus einem bestimmten sozialen Umfeld Ihre Persönlichkeit in ähnlicher Weise, obwohl diese Beschreibung weder mit Ihrem Selbstbild noch mit der Beurteilung der Leute aus anderen Bereichen Ihres Lebens übereinstimmt. Solche Unterschiede können ein Hinweis darauf sein, daß Sie in einem bestimmten sozialen Umfeld eine bestimmte Seite Ihrer Persönlichkeit stärker zum Ausdruck bringen, während Sie den gleichen Aspekt Ihres Wesens in anderen Situationen eher herunterspielen.

   Wenn Sie festgestellt haben, daß Leute aus einem bestimmten Lebensbereich Sie in auffälliger Weise anders beurteilen, sollten Sie sich einmal überlegen, was das über Ihr Verhalten in diesem speziellen Umfeld aussagt. Haben Sie das Gefühl, in dieser Umgebung mehr »Sie selbst« sein zu können, oder trifft eher das Gegenteil zu? Welche Bedeutung hat die Art und Weise, wie Sie dort beurteilt werden, für Ihre persönlichen Beziehungen in diesem Umfeld?

4. Nehmen Sie sich ein paar Minuten Zeit und vergleichen Sie die Testwerte für die Differenz des reflektierten Bildes in jeder einzelnen Persönlichkeitsdimension (auf ihrem Testprofil Nr. 1 für das reflektierte Bild) mit dem Wert für die Differenz der Rollenidentität in jeder Dimension auf dem Testprofil für die Rollenidentität aus dem 5. Kapitel. In den Dimensionen, in denen Sie die größten Differenzen zwischen diesen

beiden Werten finden, sollten Sie einmal auf die besonderen Rollen und Beziehungen achten, die für diese Differenz verantwortlich sind.

5. Nehmen Sie sich ein paar Minuten Zeit, um das ideale und das befürchtete Selbstbild, die im 4. Kapitel beschrieben wurden, damit zu vergleichen, wie die anderen Sie in jeder einzelnen Rolle beschrieben haben. Neigen die anderen eher dazu, Sie so zu sehen wie Ihr ideales oder wie Ihr befürchtetes Selbstbild? Welche Personen haben Sie im einzelnen eher so beschrieben wie Ihr ideales und welche wie Ihr befürchtetes Selbstbild? Was sagt das über die Dynamik Ihrer Beziehungen zu diesen Menschen aus?

6. Gibt es einen Aspekt Ihrer Persönlichkeit, der für ein bestimmtes soziales Umfeld besonders geeignet ist, so daß jeder, der Ihnen in den entsprechenden Situationen begegnet, einen positiven Eindruck von Ihnen bekommt? Gibt Ihnen ein solches soziales Klima die Möglichkeit, sich von Ihrer besten Seite zu zeigen? Könnten Sie dieses Umfeld als Modell benützen, mit dessen Hilfe Sie sich in Zukunft auch andere soziale Situationen aussuchen oder die existierenden so umstruktrieren könnten, daß sie ebenfalls einen so positiven Einfluß auf Sie haben?

Anmerkungen

1. Für diejenigen, die ein professionelles Interesse an der Testkonstruktion des Berkeley-Persönlichkeitsprofils haben: Bei der Konstruktion der Kategorien für die Differenz der reflektierten Bilder wurden sie in jeder Dimension als in etwa gleich betrachtet, wenn die Beurteilung durch andere durchschnittlich bei allen sieben Aussagen pro Aussage um weniger als einen Punkt differierte. Wir stellten fest, daß sich bei 16 bis 41 Prozent unserer Teilnehmer die reflektierten

Bilder in den fünf Persönlichkeitsstilen nur um 6 Punkte oder weniger voneinander unterschieden.

Die Bewertungskategorien für die Differenz zwischen dem vereinten und dem reflektierten Selbstbild sind enger gefaßt, denn wir konnten feststellen, daß die meisten Teilnehmer beim vereinten Selbstbild Werte erreichten, die im Durchschnitt ziemlich nahe an denen lagen, die sie von den anderen bekommen hatten. Je nach Persönlichkeitsstil betrug der Unterschied zwischen dem vereinten und dem reflektierten Selbstbild bei 45 bis 59 Prozent unserer Teilnehmer 2 oder weniger Punkte.

2. Weitere Informationen über Beziehungsstrategien siehe D. Buss: »Manipulation in Close Relationships: Five Personality Factors in Interactional Context« in *Journal of Personality* 60 (1992), S. 477–499.

8.
Sie sind mehr als die Summe Ihrer Teile

Jetzt, in der Schlußphase des Berkeley-Persönlichkeitsprofils, werden Sie sich fragen, wie es möglich ist, die komplexe Ansammlung von Informationen miteinander zu kombinieren, die Sie gewonnen haben, nachdem Sie Ihre Persönlichkeit aus so vielen verschiedenen Perspektiven betrachtet haben. In den ersten vier Abschnitten des Tests haben Sie die zahlreichen Facetten Ihres Selbstkonzepts *(multifaceted self-concept)* untersucht, das aus den zahllosen Selbstbildern besteht, von denen jedes einzelne Ihnen bei der Motivierung, Planung und Bewertung der verschiedenen Aspekte Ihres Verhaltens hilft. Dann haben Sie Ihren Horizont erweitert und die Wahrnehmungen anderer Menschen mit einbezogen – zuerst die Ihres Intimpartners, der Sie gut kennt und bei dem Sie sich verhältnismäßig wohl und sicher fühlen, und anschließend die Ihrer Freunde, der Mitglieder Ihrer Familie und der Arbeitskollegen, deren Bild Ihrer Persönlichkeit möglicherweise etwas weiter von Ihrem eigenen entfernt ist. Selbst, wenn Sie noch nie darüber nachgedacht haben, haben die Bilder, die Ihrer eigenen Beurteilung und den Ansichten anderer Leute entspringen, Ihr Verhalten, Ihr Erleben, Ihre Beziehungen und Ihr Selbstwertgefühl seit der Kindheit beeinflußt.

Aber wessen Sichtweise ist letzten Endes die richtige?

Nur Sie allein haben einen direkten Zugang zu Ihren Hoffnungen, Einstellungen, Obsessionen, Gefühlen und innersten

Wahrnehmungen. Sie könnten daher zu dem logischen Schluß kommen, daß nur Sie allein Ihre Persönlichkeit genau und umfassend beurteilen können. Ihr Intimpartner oder Ihr bester Freund können dagegen die intimen Kenntnisse Ihrer innersten Erfahrungen, die Sie ihnen anvertraut haben, mit dem Blick von außen kombinieren, d. h. Sie so sehen, wie die Außenwelt Sie sieht. Die anderen Menschen können sich also durchaus in der besseren Position befinden, wenn es darum geht, Ihre Persönlichkeit zu beurteilen, sie werden aber womöglich durch bestimmte Vorurteile Ihnen gegenüber beeinflußt. Wenn aber eher die Art, wie Sie sich in der Öffentlichkeit verhalten, darüber entscheidet, wer Sie sind, als Ihre Absichten, dann kann nur eine Gruppe von unabhängigen Beobachtern aus verschiedenen Lebensbereichen ein völlig objektives Bild Ihrer Persönlichkeit zeichnen.

Wie können Sie Widersprüche zwischen den verschiedenen Perspektiven, aus denen Sie gesehen werden, auflösen? Wird Ihre Persönlichkeit letztlich dadurch definiert, was *Sie* von sich halten, oder wie andere Menschen Sie sehen? Wenn Sie einmal über die Art und Weise nachdenken, wie Ihre eigene Sicht Ihrer Persönlichkeit und die Auffassungen der anderen Menschen in ständiger Interaktion stehen, und so Ihren Lebensweg bestimmen, wird Ihnen klar werden, daß *beide* Sichtweisen integrative Bestandteile Ihrer Persönlichkeit sind.

Ihre Persönlichkeit besteht aus all diesen miteinander in Verbindung stehenden Strukturen. Die Art, wie Sie denken, fühlen und andere beeindrucken, macht Sie zu der einzigartigen Person, die Sie sind. Selbst wenn Ihre Selbstwahrnehmung und der Eindruck, den Sie auf andere machen, in krassem Gegensatz zueinander stehen, enthalten beide Aspekte doch entscheidende Informationen über Ihren Charakter. Wenn Sie zum Beispiel das Gefühl haben, daß Sie von Natur aus schüchtern und introvertiert sind, andere Sie jedoch für einen humorvollen, extravertierten Menschen halten, dann beschreibt das genau Ihren Ausdrucksstil: Sie sind ein Mensch, der sich selbst für schüchtern hält, von anderen jedoch als extravertiert angesehen und behandelt wird. Es liegt an Ihnen zu entscheiden, ob dieser Balanceakt Ihnen hilft oder schadet.

Wer sind Sie?

Inzwischen machen Sie sich womöglich Sorgen, daß von Ihrer »wahren Natur« letzten Endes nichts mehr übrigbleibt, wenn Sie alle subjektiven Wahrnehmungen ausgeschaltet haben – daß Ihre sogenannte Persönlichkeit möglicherweise nichts anderes ist als ein komplexes Netz von Illusionen. Gibt es überhaupt ein einziges, stimmiges Selbst, das alle möglichen Situationen und Wahrnehmungen transzendiert, und dessen Existenz allen Widrigkeiten des Lebens trotzt? Sind Sie heute noch dasselbe Individuum wie in Ihrer frühen Kindheit und werden Sie das auch noch in vielen Jahren sein? Das ist eine elementare und sehr komplexe Frage, die zu einem Teil nur die Naturwissenschaft und zum anderen nur die Philosophie beantworten kann.[1]

Die Beweise, mit denen wir im 1. Kapitel die Gültigkeit der Großen Fünf Dimensionen nachgewiesen haben, zeigen, daß Menschen tatsächlich so etwas wie eine »wahre Persönlichkeit« besitzen. Wie wäre es sonst auch möglich, daß besondere Attribute Ihrer Persönlichkeit genetisch vorbestimmt sind und sich schon von der Geburt an beobachten lassen? Wie könnten sie sonst einen so großen Einfluß auf Ihr Verhalten, Ihren Lebensstil, Ihre Beziehungen zu anderen Menschen und auf Ihre Erfahrungen haben? Intensive Erlebnisse – zum Beispiel, wenn man sich verliebt, wenn man einer großen sozialen Bewegung beitritt oder an einer bösartigen Krankheit leidet – können Ihr Verhalten, Ihr Selbstbild und die Art und Weise, wie die anderen Sie sehen, oft sehr stark beeinflussen. Das trifft aber auch auf ganz gewöhnliche Erlebnisse wie zum Beispiel das Altwerden zu. Heißt das, daß sich Ihre Persönlichkeit doch verändert, oder erleben Sie in solchen Fällen nur verschiedene Aspekte ein und derselben Persönlichkeit? Obwohl sich die Philosophie schon seit Jahrhunderten mit diesen Fragen beschäftigt, beginnen die Forscher erst jetzt zu begreifen, welche komplexen psychologischen Prozesse daran beteiligt sind.[2]

Wir maßen uns nicht an, auf eine so fundamentale Frage eine allgemeingültige Antwort geben zu können, wir schlagen Ihnen jedoch vor, sich mit Hilfe des Berkeley-Persönlichkeitsprofils selbst einmal Gedanken darüber zu machen. Es gibt zahlreiche philosophische und religiöse Systeme, die betonen, wie wichtig es ist, sich von seinem individuellen »Ego« oder »Selbst« zu trennen, um zu einer höheren Ebene persönlicher Erfüllung zu gelangen. Aus psychologischer Sicht würde das bedeuten, daß die Überwindung einer begrenzten, egozentrischen Sicht der eigenen Existenz ein entscheidendes Element der persönlichen Entwicklung darstellt. Eine Möglichkeit, dieses Ziel zu erreichen, besteht darin, daß man lernt, sich selbst aus verschiedenen Perspektiven zu sehen und diesen erweiterten Blick in die Entwicklung des Selbstbildes mit einbezieht. Sobald Sie das tun, werden Sie ein stärkeres Gefühl für die Verwandtschaft und Verbundenheit mit den anderen Menschen entwickeln und einen besseren Einblick in das Wesen Ihrer eigenen Existenz gewinnen. Ob Ihre Persönlichkeit wirklich einzigartig und unveränderbar ist, oder ob sie sich im Laufe des Lebens immer wieder nach einem ständig sich erweiternden Bild neu erschafft, bleibt offen. Wichtig ist, daß Ihnen eine solche Selbstanalyse mit Sicherheit Erkenntnisse über Ihre Persönlichkeit vermittelt, die Ihnen in den Jahren, die vor Ihnen liegen, helfen können.[3]

Sie werden wahrscheinlich schon bemerkt haben, daß die Dimensionen Ihrer Persönlichkeit, in der sich Ihre vielfältigen Selbstperspektiven oder die Auffassungen der anderen am meisten voneinander unterscheiden, die interessantesten sind. Wenn Sie die Bereiche, in denen keine Übereinstimmung besteht und die immer wieder auftauchen, einmal unter die Lupe nehmen, wird Ihnen klar, warum Sie mitunter das Gefühl haben, Sie seien völlig verwirrt oder hätten den Kontakt zu Ihren eigenen Gefühlen verloren, oder warum Sie manchmal auf Verhaltensweisen zurückgreifen, von denen Sie genau wissen, daß sie überhaupt nicht gut, sondern sogar selbstzerstörerisch sein können. Vielleicht lernen Sie dann auch, wie Sie die Bindungen zu anderen Menschen festigen können. Unter Umständen gelingt es Ihnen sogar, bestimmte Aspekte Ihrer Persönlichkeit, die Ihnen zu schaffen machen, zu verändern. So etwas stärkt nicht nur Ihr Selbstwertgefühl, sondern hilft Ihnen auch, neue Kraft zu gewinnen, um Ihr persönliches Schicksal besser gestalten zu können.

Die Integrationsmatrix, die letzte Übung des Berkeley-Persönlichkeitsprofils, soll Ihnen helfen, diesen Prozeß der Persönlichkeitsentwicklung weiterzuverfolgen.

Wie Sie Ihre Integrationsmatrix vervollständigen

Mit dem Berkeley-Persönlichkeitsprofil haben Sie immer wieder die verschiedenen Aspekte Ihrer Persönlichkeit in den Großen Fünf Persönlichkeitsdimensionen überprüft. Die Integrationsmatrix gibt Ihnen jetzt die Möglichkeit, Ihre Resultate auf einen Blick zu vergleichen. (Sie finden Sie bei den Testbögen in den farbigen, perforierten Abschnitten.)

Bevor Sie Ihre Integrationsmatrix ausfüllen, müssen Sie sich die Testwerte für die Differenz zwischen dem inneren und äußeren Selbstbild für die fünf Persönlichkeitsdimensionen vergegenwärtigen. Sie sind in der letzten Reihe der Kästchen auf Ihrem Selbstbild-Profil für das innere und äußere Selbstbild zu finden, welche Sie im 2. Kapitel bearbeitet haben. Jede Differenz zwischen innerem und äußerem Selbstbild, die 3 Punkte oder mehr beträgt, müssen Sie in dem entsprechenden farbigen Kästchen auf Ihrer Integrationsmatrix markieren. Kreisen Sie das Wort »innere« ein (wenn der Wert für das innere Selbstbild in der jeweiligen Dimension größer ist) oder das Wort »äußeres« (wenn der Wert für das äußere Selbstbild größer ist). Kreisen Sie in jedem Fall den höheren Wert ein. Wiederholen Sie diese Prozedur bei allen anderen Testwerten, indem Sie die linke Spalte der Matrix von oben nach unten bearbeiten. *Achten Sie bitte darauf, daß die Größe der Differenzwerte, die markiert werden soll, in den einzelnen Reihen der Matrix unterschiedlich ist.* Suchen Sie sich für jede Reihe einfach nur den Wert für die Differenz in dem entsprechenden Profil heraus, überprüfen Sie die Kästchen, in denen die Zahl größer ist als die in der Matrix, und machen Sie einen Kreis um die größere. (Die Reihe mit dem vereinten und dem befürchteten Selbstbild ist ein wenig anders. Markieren Sie in diesem Fall die Kästchen für die Differenz zwischen dem vereinten und dem befürchteten Selbstbild, die 3 Punkte oder *weniger* betragen.) Um auch die letzte Reihe der Matrix vervollständigen zu können, müssen Sie Ihre Werte aus dem Profil für das vereinte Selbstbild, die Sie im 3. Kapitel ermittelt haben, in die entsprechenden farbigen Kästchen eintragen.

Interpretationsanleitung: Integrationsmatrix

Um Ihre Integrationsmatrix interpretieren zu können, müssen Sie sich zunächst mit den einzelnen Dimensionen der Persönlichkeit beschäftigen *(farbige Spalten)*, in denen sich die meisten Markierungen befinden. Beachten Sie bitte, daß man im Einzelfall nicht von hohen oder niedrigen Markierungen sprechen kann. Es geht vielmehr um die relative Zahl der Markierungen in einer Spalte Ihrer Integrationsmatrix im Vergleich zu den anderen Spalten.

Die Spalten, in denen Sie die meisten Markierungen gemacht haben, beziehen sich auf die Dimensionen Ihrer Persönlichkeit, in denen Sie am ehesten mit seelischen Störungen, Enttäuschungen oder Schwierigkeiten mit anderen Menschen rechnen müssen. Sie sollten jedoch immer daran denken, daß sich solche

Probleme nur im Hinblick auf ihre subjektiven Auswirkungen definieren lassen – objektiv und *real* sind sie nur insofern, als sie zur Folge haben, daß Sie entweder mit sich selbst unzufrieden sind, oder Ihre Beziehungen zu anderen Menschen beeinflussen.

Möglicherweise enthält Ihre Matrix Hinweise, daß es auch in Ihrer Persönlichkeit eine solche »Problemzone« gibt, die jedoch zur Zeit weder Ihnen noch anderen Leuten Schwierigkeiten bereitet. Sie sollten sich trotzdem einmal mit diesem außerordentlich variablen Aspekt Ihres Charakters beschäftigen, denn andere Menschen könnten Sie in dieser Hinsicht mißverstehen, was zur Folge haben kann, daß Ihre eigene Wahrnehmung und die der anderen unvereinbar aufeinanderprallen. Vielleicht haben Sie bereits ganz bewußt bestimmte Strategien entwickelt, mit deren Hilfe Sie Probleme verhindern oder vermeiden können, die aus dieser mangelnden Übereinstimmung resultieren. Wenn das der Fall ist, ist es wahrscheinlich das Beste, wenn Sie sie auch weiterhin anwenden. Wenn Ihnen jedoch diese Dimension Ihrer Persönlichkeit immer wieder die gleichen Schwierigkeiten bereitet, wäre es an der Zeit, eine effektivere Methode zu entwickeln, um solche Zusammenstöße in Zukunft vermeiden zu können. Wenn Sie zum Beispiel intensive Gefühle empfinden, die Ihnen Sorgen machen, zum Beispiel Selbstzweifel, sie jedoch vor den anderen verbergen können, haben Sie womöglich gelernt, allein mit solchen Gefühlen fertigzuwerden, so daß diese Selbstzweifel weder Ihre Leistungsfähigkeit noch Ihre persönliche Entwicklung beeinträchtigen. Wenn das nicht der Fall ist, sollten Sie auf andere Menschen zugehen und gemeinsam mit ihnen eine Möglichkeit suchen, wie man mit solchen Gefühlen umgeht.

Mit *welchen* persönlichen und zwischenmenschlichen Problemen Sie es zu tun haben, läßt sich aus den *Reihen* Ihrer Integrationmatrix ersehen, in denen Sie die meisten Markierungen gemacht haben. Wenn sie sich vor allem in den ersten vier Reihen befinden, die alle in einem gewissen Zusammenhang mit verschiedenen Aspekten Ihres Selbstbildes stehen, betreffen die Probleme, mit denen Sie sich auseinandersetzen müssen, vor allem Ihr Innenleben. Diese Reihen beziehen sich nämlich unmittelbar auf den *Wesenskern Ihres Selbst,* also auf Ihre ganz privaten Gefühle, Ihr inneres Erleben und die Meinung, die Sie von sich selbst haben. Der Wesenskern Ihres Selbst wird durch Ihre ganz persönliche Sichtweise definiert, obwohl diese Perspektive durch die Erwartungen und die Art und Weise, wie sich andere Menschen Ihnen gegenüber verhalten, beeinflußt werden kann. Menschen mit einem starken Wesenskern fällt es leicht, sich Ziele zu setzen, planvoll zu handeln, ihre eigenen Prozesse kritisch zu beobachten und selbst zu entscheiden, ob sie mit sich und ihrem Leben zufrieden sind.

Wenn Sie in der ersten Reihe Ihrer Integrationsmatrix (Differenz zwischen innerem und äußerem Selbstbild) oder in der vierten Reihe (Differenz der Rollenidentität) mehrere Werte markiert haben, könnte das ein Hinweis darauf sein, daß sich in Ihrem Wesenskern eine gewisse Unsicherheit oder Labilität verbirgt. Sie leiden möglicherweise unter Selbstzweifeln und wissen nicht genau, wie Sie sich als Individuum definieren sollen. Eine große Zahl von Markierungen in der zweiten Reihe (Differenz vereintes/ideales Selbstbild) oder in der dritten Reihe (Differenz vereintes/befürchtetes Selbstbild) der Integrationsmatrix weist darauf hin, daß es Ihnen womöglich schwerfällt, sich selbst so zu akzeptieren, wie Sie sind – wahrscheinlich, weil Ihnen der Wesenskern Ihres Selbst, so wie Sie es erleben, nicht besonders gefällt.

Jemand, der im Arbeitsstil (gelbe Spalte) drei oder vier der ersten vier Kästchen markiert hat, ist womöglich unsicher und weiß nicht so recht, was er eigentlich im Leben erreichen will. Er fragt sich, ob er vielleicht die Ideale seiner Jugend materiellem Gewinn oder der Sicherheit geopfert hat, und ob sein Arbeitsverhalten ihn zu dem führt, was ihm im Leben am wichtigsten ist, oder ob es ihn eher von diesen Zielen entfernt. Möglicherweise hat er auch das Gefühl, in einer Falle zu sitzen, in die er geraten ist, weil ihn persönliche Sorgen und Enttäuschungen um seinen Antrieb und Ehrgeiz gebracht haben. Da sich die Markierungen in der oberen Hälfte der Tabelle befinden, leidet der Betroffene wahrscheinlich unter innerer Unsicherheit. Das kann seine Beziehungen zu anderen Menschen beeinträchtigen, muß es aber nicht.

Wenn sich die Markierungen in der fünften bis siebten Reihe der Integrationsmatrix konzentrieren, die die Aspekte Ihrer Beziehung zu anderen Menschen betrifft, läßt das auf einen verborgenen Riß im Interface zwischen Ihrem eigenen Selbstbild und dem weiteren sozialen Umfeld schließen, in dem Sie leben. Markierungen in der Reihe für die Differenz der reflektierten Bilder zeigen, daß Ihr Verhalten, zumindest in bestimmten sozialen Situationen, in krassem Widerspruch zum Wesenskern Ihres Selbst steht. Markierungen in den Reihen für die Partnerdifferenz und die Differenz vereintes reflektiertes Selbstbild lassen in der Regel darauf schließen, daß es Ihnen schwerfällt, sich anderen Menschen mitzuteilen, vor allem, wenn es um Ihre Gedanken, Gefühle, Absichten, Bedürfnisse und Wünsche geht, und Sie haben deshalb das Gefühl, von den anderen nicht wirklich verstanden und anerkannt zu werden.

Ohne ein glattes, relativ nahtloses Interface zwischen Ihrem inneren und äußeren Selbstbild, das sich darin zeigt, wie die Leute sich Ihnen gegenüber verhalten und auf Sie reagieren, bekommen Sie mit der Zeit das Gefühl, in einer Falle zu sitzen. Das wiederum hat zur Folge, daß Sie sich entfremdet und frustriert fühlen oder Ressentiments entwickeln. Wenn andere Menschen außerdem Ihre wahren Motive und Absichten nicht genau erkennen können, werden Ihnen womöglich alle Türen verschlossen bleiben und es wird Ihnen schwerfallen, sich persönlich, beruflich und intellektuell weiterzuentwickeln. Mit der Zeit können solche unterschiedlichen Perspektiven im interpersonellen Bereich auch seelische Störungen verursachen, was zur Folge hat, daß Sie entweder mit sich selbst unzufrieden sind oder sich im Hinblick auf den Wesenskern Ihres Selbst unsicher fühlen.

Die Informationen, die Sie bei der Auswertung der kritischen Reihen und Spalten Ihrer Matrix gewonnen haben, und die auf potentielle Probleme hinweisen oder für Sie eine Herausforderung darstellen, können sich als sehr hilfreich erweisen, wenn Sie im einzelnen genau wissen wollen, welche Faktoren für diese Gegensätze verantwortlich zu machen sind. In jedem Fall handelt es sich bei den eingekreisten Perspektiven um die, bei denen Sie sich selbst die höchste Punktzahl in der jeweiligen Dimension gegeben haben (oder Ihnen dieser Wert von anderen gegeben wurde). Auch die Punkte für das vereinte Selbstbild, die in den letzten Reihen der Kästchen erscheinen, sind eine nützliche Orientierungshilfe.

Wenn Sie zum Beispiel in der Spalte für den Ausdrucksstil viele Markierungen gemacht haben, sollten Sie besonders auf die Perspektiven achten, in denen Sie die höchsten Werte im Ausdrucksstil bekommen haben. Wenn Sie in dem Kästchen für den Ausdrucksstil (orange) in der zweiten Reihe einen Kreis um das Wort »ideal« gemacht haben, wären Sie lieber selbstsicherer und attraktiver, als Sie es Ihrer Meinung nach zur Zeit sind. Die Perspektiven, die Sie in allen anderen Kästchen der orangefarbenen Spalte Ihrer Matrix mit einem Kreis markiert haben, liegen wahrscheinlich näher an Ihrem idealen Selbstbild als alle anderen Werte, mit denen sie bisher verglichen wurden, denn Sie haben sie – wie Ihr ideales Selbstbild – am höchsten bewertet. Wenn Sie also das Wort »ideal« in der zweiten Reihe und »Partner« in den Reihen vier, fünf und sechs markiert haben, glauben Sie wahrscheinlich, daß Sie in dieser bestimmten Rollenidentität Ihrem idealen Selbstbild näherkommen, und auch von Ihrem Partner werden Sie in dieser Dimension am günstigsten beurteilt.

Wenn Sie in der dritten Reihe der Spalte für den emotionalen Stil (rot) um das Wort »befürchtet« einen Kreis gemacht haben, dann bedeutet das, daß Sie Angst haben, noch verwundbarer, ängstlicher und reizbarer zu werden, als Sie es zur Zeit sind. Wenn Sie außerdem Ihre Rolle bei der Arbeit im roten Kästchen der vierten Reihe mit einem Kreis markiert haben, und von Ihren Arbeitskollegen im emotionalen Stil am höchsten bewertet wurden, was Sie an dem Kreis um das Wort »Arbeitskollege« in Reihe sechs (Differenzwert der Rollenidentität) erkennen können, dann gibt es irgend etwas in Ihrem Arbeitsumfeld, das Sie veranlaßt, sich so zu verhalten, daß Sie zumindest oberflächlich betrachtet Ihrem befürchteten Selbstbild ähneln. Mit dieser Rollenidentität sind Sie aus diesem Grund natürlich am wenigsten zufrieden.

Wenn Sie den Wert für Ihr vereintes Selbstbild in das Gesamtbild integrieren wollen, sollten Sie einmal überprüfen, ob Sie mehr Markierungen in den farbigen Spalten der Matrix haben, in denen Sie die höchsten und niedrigsten Werte für das vereinte Selbstbild erreicht haben. Wenn Sie sich in einer bestimmten Dimension besonders hoch oder besonders niedrig bewerten, kann diese Dimension eine Ursache für Ihre Unzufriedenheit sein. Wenn zum Beispiel der Wert für das vereinte Selbstbild im interpersonellen Stil mit 34 Punkten höher ist als die Werte in irgendeiner anderen Dimension der Persönlichkeit (Werte zwischen 12 und 25) und der Betreffende in der unteren Hälfte der Spalte der Matrix für den interpersonellen Stil (grün) viele Markierungen eingetragen hat, sind sich die anderen Menschen zwar womöglich einig, daß sein interpersoneller Stil von Herzlichkeit und Empfindsamkeit geprägt ist, es fiel ihnen jedoch schwer, die *extrem* hohen Werte, die er sich selbst in dieser Dimension gegeben hat, zu akzeptieren.

Oder nehmen wir zum Beispiel eine Frau, die sich im Arbeitsstil bei ihrem vereinten Selbstbild einen sehr niedrigen Wert gegeben hat (8) und in der ganzen Spalte der Matrix für den Arbeitsstil (gelb) zahlreiche Markierungen gemacht hat. In diesem Fall könnte die mangelnde Übereinstimmung zwischen ihrer eigenen Selbstwahrnehmung und der Art und Weise, wie sie von anderen Menschen gesehen wird, darauf zurückzuführen sein, daß sie sich im Arbeitsstil extrem niedrig eingestuft hat. Die Menschen in ihrer Umgebung sind zwar vielleicht der Meinung, daß es ihr schwerfällt, planvoll zu arbeiten, Termine einzuhalten und Verantwortung zu übernehmen, betrachten ihr Arbeitsverhalten jedoch nicht so negativ wie sie selbst. Gleichzeitig kann die erhöhte Differenz zwischen ihrem vereinten und dem idealen Selbstbild, die durch eine Markierung im gelben Kästchen der zweiten Reihe ihrer Matrix zum Ausdruck kommt, durchaus auch auf ihr unrealistisch niedriges Selbstbild in dieser Persönlichkeitsdimension zurückzuführen sein.

Weder im persönlichen noch im interpersonellen Bereich weisen die Markierungen auf habituelle Problembereiche hin – das muß an dieser Stelle noch einmal gesagt werden. Solange Sie der Meinung sind, die Situation im Griff zu haben, können Sie aus Ihren charakteristischen Eigenheiten das Beste machen und sich positiv weiterentwickeln. Es kann jedoch nicht schaden, wenn Sie Ihr besonderes Augenmerk auf die Aspekte Ihres Charakters werfen, die in der Matrix erscheinen, besonders variabel sind, Streß verursachen oder mißverstanden werden können.

Worüber Sie nachdenken sollten

Nachdem Sie die Integrationsmatrix bearbeitet haben, sollten Sie sich einmal mit den Dimensionen Ihrer Persönlichkeit beschäftigen, in denen Sie ständig mit psychischen Herausforderungen konfrontiert werden, die Ihr Selbstbild und Ihre Beziehungen zu anderen Menschen betreffen. Die folgenden Punkte zum Nachdenken werden Ihnen helfen, Ihre Gedanken und Gefühle zu ordnen, damit Sie diesen letzten Abschnitt des Berkeley-Persönlichkeitsprofils im Alltag anwenden können.

1. Konzentrieren Sie sich zunächst auf die farbige *Spalte* Ihrer Integrationsmatrix, in der Sie die meisten Markierungen ge-

macht haben. Sie repräsentiert eine Dimension Ihrer Persönlichkeit, in der es entweder bei Ihrem Selbstbild oder bei dem Bild, das sich andere Menschen aus Ihrer Umgebung von Ihnen machen, gewisse Unstimmigkeiten gibt. Das kann darauf zurückzuführen sein, daß Sie, je nachdem, in welcher Situation Sie sich befinden, von Ihrer Umgebung unterschiedlich wahrgenommen werden. Es kann jedoch auch die Folge von Konflikten sein, die sich auf Ihre persönliche Auffassung von Ihrer Identität beziehen.

Gehen Sie in dieser Dimension mit sich selbst zu hart ins Gericht, oder haben Sie einfach nur das Gefühl, daß es sich dabei um einen Bereich Ihrer Persönlichkeit handelt, an dem Sie noch arbeiten müßten? Sind Sie der Meinung, daß andere Menschen die Fluktuationen in Ihrem Verhalten in verschiedenen Situationen korrekt wahrnehmen, oder haben Sie das Gefühl, daß man diese Dimension Ihrer Persönlichkeit in irgendeiner Weise falsch interpretiert? Glauben Sie, daß Ihr Wesenskern in dieser Dimension fest verankert ist, oder wissen Sie hinsichtlich dieses Aspekts Ihrer Persönlichkeit immer noch nicht genau, »wer Sie wirklich sind«? Oder handelt es sich vielleicht um einen Bereich, in dem Sie sich innerlich nicht gern festlegen, weil Sie Ihre Flexibilität, die es Ihnen ermöglicht, sich an ständig fluktuierende Rollenerwartungen und Umfelder anpassen zu können, sehr hoch schätzen – oder weil Sie Angst haben, Sie könnten zu unbeweglich werden?

2. Mitunter können wichtige Ereignisse im Leben, wie zum Beispiel eine Verlobung, der Eintritt ins College oder eine Beförderung, auf das Selbst und auf die Art und Weise, wie man von anderen Menschen gesehen wird, eine große Wirkung haben. Ist es im Hinblick auf Ihr Selbstbild oder auf die Art, wie Sie von anderen Menschen gesehen werden, womöglich zu Unstimmigkeiten gekommen, weil Sie sich zur Zeit in einer Umbruchsituation befinden? Bei der Beantwortung die-

ser Frage müssen Sie sich die farbige(n) *Spalte(n)* Ihrer Integrationsmatrix anschauen, in der sich die meisten Markierungen befinden: Das sind die Dimension(en) Ihrer Persönlichkeit, die davon am meisten betroffen sind.

3. Betrachten Sie jetzt einmal die ersten vier *Reihen* Ihrer Integrationsmatrix. Wenn sich Ihre Markierungen hauptsächlich in diesen ersten vier Reihen befinden, haben Sie mit großer Wahrscheinlichkeit Probleme mit Ihrem Selbstbild und mit Ihrer Selbsteinschätzung. Es fällt Ihnen offenbar schwer, Ihre Ziele zu definieren und sie zu erreichen. Das kann damit zusammenhängen, daß Sie an Ihren Fähigkeiten zweifeln oder daß Sie befürchten, Ihr Anspruchsniveau und Ihre Erwartungen seien zu hoch. Sie leiden möglicherweise an einem schwach ausgeprägten Selbstwertgefühl oder sind der Meinung, daß Sie sich zu leicht von anderen Menschen und äußeren Umständen in Ihrem Selbstwertgefühl beeinträchtigen lassen. Es ist natürlich auch möglich, daß Sie bei der Einschätzung Ihrer Persönlichkeit zu bescheiden waren.

   Wenn Sie Probleme mit Ihrem Selbstbild haben, sollten Sie sich einmal überlegen, ob Sie nicht vielleicht zu hart mit sich selbst ins Gericht gehen oder sich zumindest im Hinblick auf Ihre Fähigkeiten und Leistungen unterschätzen. Die Bescheidenheit, mit der Sie Ihre Persönlichkeit beschrieben haben, läßt darauf schließen, daß Sie viel mehr positive Eigenschaften haben, als Sie zugeben. Fluktuationen Ihres Selbstbildes, die beim Wechsel von einem Umfeld zum anderen bei Ihnen auftreten, können genausogut ein Hinweis auf ein hohes Maß an Anpassungsfähigkeit sein, und müssen nicht unbedingt etwas mit einem Mangel an Integrität oder Konsistenz Ihrer Persönlichkeit zu tun haben.

4. Konzentrieren Sie sich jetzt auf die fünfte bis siebte *Reihe* Ihrer Integrationsmatrix. Wenn sich die Markierungen vor

allem in diesen drei Reihen befinden, haben Sie vor allem Probleme damit, wie andere Menschen Sie wahrnehmen. Es kann jedoch sein, daß Sie selbst den Unterschied zwischen Ihrem Selbstbild und dem Bild, das andere sich von Ihnen machen, nicht für so problematisch halten, wenn Sie bestimmte Seiten Ihrer Persönlichkeit speziellen Situationen vorbehalten, während Sie immer dann einen anderen Teil Ihrer Person betonen, wenn die Situation es Ihrer Meinung nach erforderlich macht.

Denken Sie einmal über Situationen nach, in denen es Ihnen schwergefallen ist, Ihre Gedanken und Gefühle den Menschen in Ihrer Umgebung mitzuteilen, und wie sehr Sie sich mißverstanden gefühlt haben. Nehmen die anderen Sie eher so wahr wie Ihr ideales oder wie Ihr befürchtetes Selbstbild? Stimmt die Art und Weise, wie andere Menschen Sie in solchen Situationen in den verschiedenen Rollen wahrnehmen, mit Ihrer Selbstwahrnehmung überein? Wenn Sie unglücklich über die Art sind, wie man Sie wahrnimmt, sollten Sie einmal überlegen, welche positiven Schritte Sie unternehmen könnten, um etwas daran zu ändern.

Denken Sie einmal darüber nach, ob es Aspekte Ihres Wesens gibt, die Sie vor bestimmten Leuten bewußt verbergen, und ob Sie mit dieser Situation wirklich zufrieden sind. Wenn Sie das Gefühl haben, daß bestimmte Bedingungen Sie zwingen, gewisse Aspekte Ihrer Persönlichkeit vor den anderen zu verbergen, sollten Sie sich einmal überlegen, ob das wirklich gut für Sie ist. Fühlen Sie sich in einer solchen Situation wirklich wohl? Wenn nicht, könnten Sie irgend etwas tun, damit Sie sich beim nächsten Mal wohler fühlen?

5. Konzentrieren Sie sich jetzt auf die farbigen *Spalten* Ihrer Integrationsmatrix, in denen sich *keine* Markierungen befinden. Wahrscheinlich handelt es sich dabei um die Dimensionen Ihrer Persönlichkeit, in denen Sie sich besonders wohl

fühlen. Sie sollten sich trotzdem einmal überlegen, ob das für Sie wirklich positiv oder vielleicht doch negativ ist. Normalerweise fühlt man sich wohl, wenn man ganz genau weiß, wer man ist und gut mit den anderen Menschen auskommt. Wenn man dagegen das Gefühl hat, im Hinblick auf seine Gedanken, sein Verhalten und den Umgang mit anderen Menschen in eine Falle geraten zu sein, weil man glaubt, nichts mehr daran ändern zu können, fühlt man sich natürlich unwohl. Es gibt allerdings Menschen, die darin ein gewisses Maß an Zufriedenheit finden, weil ihnen ihr Unglück so vertraut ist.

Ihr eigenes Verhalten kann Ihnen Hinweise darauf liefern, ob Ihre Zufriedenheit mit diesen Aspekten Ihrer Persönlichkeit für Sie positive oder negative Auswirkungen hat. Wenn Sie Herausforderungen aus dem Weg gehen oder sich scheuen, etwas Neues zu erleben, obwohl es Sie eigentlich interessieren würde, dann sind Sie nicht wirklich selbstbewußt. Es sieht vielmehr so aus, als wären Sie nur in Situationen selbstbewußt, die Ihnen vertraut sind, statt sich bewußt zu entscheiden, diesen bestimmten Aspekt Ihres Selbstkonzepts zu fördern und beizubehalten.

6. Wenn Sie die gesamte Verteilung der Markierungen und Kreise auf Ihrer Integrationsmatrix betrachten, sollten Sie sich einmal Gedanken über den Ursprung der immer wiederkehrenden Strukturen Ihrer Wahrnehmungen, Handlungen und Erlebnisse machen. Das gleiche gilt für den Ursprung der Meinungen, die sich andere Menschen immer wieder über Sie bilden. Kann es sein, daß Sie in bestimmten Lebensbereichen entweder ein festes oder ein ungewöhnlich variables Verhaltensmuster übernommen haben, weil Ihre Eltern, Ihre Geschwister oder gleichaltrige Freunde Sie in Ihrer Jugend dazu ermuntert haben? Haben Sie gelegentlich das Gefühl, sich an den Erwartungen anderer Menschen zu orientieren, weil es

Ihnen leichter fällt, sich anzupassen und berechenbar zu sein, statt zu versuchen, Sie selbst zu sein?

Gibt es Strukturen Ihres Verhaltens, Ihrer Selbstwahrnehmung, Ihrer Wahrnehmung anderer Menschen oder deren Wahrnehmungen Ihrer Person, die immer wieder auftreten und die Sie im weitesten Sinne auf den sozialen Druck zurückführen, den zum Beispiel die Massenmedien und die Werbung auf uns alle ausüben? Die von diesen Institutionen propagierten Werte sind verwirrend, denn sie verbreiten ständig widersprüchliche Thesen. So ist »ein guter Amerikaner« ehrgeizig und selbstsicher, jedoch nie brüsk oder rücksichtslos. Er ist ein beliebtes Gruppenmitglied, gleichzeitig jedoch absolut unabhängig. Er hat einen gesunden Appetit, »konsumiert riesige Mengen«, bleibt dabei jedoch bemerkenswert fit und schlank. Wenn Sie das Gefühl haben, daß einige dieser »Risikobereiche« Ihrer Persönlichkeit etwas damit zu tun haben, wie Sie selbst auf solche widersprüchlichen Botschaften reagieren, sollten Sie einmal überlegen, ob Sie sich nicht wohler fühlen würden, wenn Sie das Ganze etwas kritischer betrachten würden.

7. Welche verborgenen Kräfte oder welche anderen bewundernswerten Eigenschaften haben Sie bei der Bearbeitung der einzelnen Abschnitte des Berkeley-Persönlichkeitsprofils an Ihrer Persönlichkeit entdeckt oder sich bestätigen können? Nehmen Sie sich einen Augenblick Zeit und denken Sie einmal über diese positiven Seiten Ihrer Persönlichkeit nach. Überlegen Sie sich, welche guten Dienste Ihnen diese Eigenschaften in Ihrem Leben bisher geleistet haben. Denken Sie auch einmal darüber nach, wie Sie diese Seiten Ihres Wesens bewußt fördern können, und benutzen Sie sie auch zukünftig, um sich positiv weiterzuentwickeln und gute Beziehungen zu anderen Menschen jetzt und in der Zukunft unterhalten zu können.

Anmerkungen

1. Weitere Informationen über die Probleme, die bei dem Versuch einer Definition des Wesens des Selbst entstehen, siehe D. Dennert: *Consciousness Explained* (Boston: Littler Brown, 1991); und D. Parfit: *Reasons and Persons* (Oxford: Oxford University Press, 1984).
2. Weitere Informationen über die Frage der Persönlichkeitsveränderung siehe T. F. Heatherton und J. L. Weinberger (Hg.): *Can Personality Change?* (Washington, DC: American Psychological Association, 1994).
3. Weitere Informationen über die philosophische Bedeutung der Erkenntnisse über die eigene Person und verwandte Probleme siehe H. Arendt: *The Human Condition* (Chicago: University of Chicago, 1958); M. Polanyi: *The Study of Man* (Chicago: University of Chicago, 1959) und S. Kierkegaard: *Fear and Trembling and the Sickness Unto Death* (Furcht und Zittern und die Krankheit zum Tode) (Princeton: Princeton University Press, 1941).

Nachwort

Freuen Sie sich Ihres Lebens

Wir hoffen, daß Ihnen die Erforschung der vielen Seiten Ihrer Persönlichkeit Freude gemacht hat. Wenn Sie die dabei gewonnenen Erkenntnisse richtig nutzen, können Sie Ihre Beziehungen zu anderen Menschen verbessern und in Ihrem Leben Entscheidungen treffen, die Ihrer individuellen Persönlichkeit am ehesten entsprechen. Wir hoffen, daß Sie die verborgenen Kräfte und Quellen, die Sie entdeckt haben, nutzen können, um Ihre Lebensqualität zu verbessern.

Sie sollten sich Zeit nehmen, sich Ihres Lebens freuen und die Ziele verfolgen, von denen Sie glauben, daß sie Ihre höchsten Erwartungen erfüllen. Wir hoffen außerdem, daß Sie sich auch die Zeit nehmen, um die wichtigen Verbindungen zu den besonderen Menschen in Ihrem Leben zu pflegen.

Das Berkeley-Persönlichkeitsprofil

Allgemeine Hinweise zur Erstellung des Profils

Das Berkeley-Persönlichkeitsprofil besteht aus einer Serie von achtzehn Testbögen, sieben verschiedenen Profilen und einer Integrationsmatrix. Jeder einzelne dieser Bögen liefert Ihnen eine spezielle Perspektive Ihrer Persönlichkeit. Bevor Sie die Profile erstellen, müssen Sie zuerst die Testbögen für den dazugehörigen Abschnitt des Tests bearbeiten. (Zwei vollständige Profile und Testbögen finden Sie als farbigen, perforierten Teil in der Mitte dieses Buches.)

Was Sie tun müssen

Die verschiedenfarbigen Bögen des Berkeley-Persönlichkeitsprofil erleichtern Ihnen die Berechnung der Testwerte. Addieren Sie in jedem Abschnitt zuerst alle Zahlen, die Sie in den orangefarbenen Zeilen des betreffenden Testbogens durchgestrichen haben. Tragen Sie dann die Summe, die sich auf diesem Testbogen ergibt, in das entsprechende gleichfarbige Kästchen des dazugehörigen Profils ein. Bei den grünen, gelben, roten und blauen Antworten gehen Sie auf die gleiche Weise vor und tragen die Summe für jede Farbe in das gleichfarbige Kästchen ein.

Wenn Sie alle Zahlen addiert und die Antworten aus allen Rubriken der entsprechenden Testbögen in die dazugehörigen Kästchen eingetragen haben, folgen Sie den zusätzlichen Anweisungen, die sich im Abschnitt »Anleitung zum Ausfüllen der einzelnen Profile« befindet, um Ihre Werte vergleichen zu können. Schlagen Sie Ihre Testwerte in den Interpretationsanleitungen der Kapitel 2 bis 7 nach, um mehr darüber zu erfahren, was Ihre Punktzahlen für jede Dimension Ihrer Persönlichkeit bedeuten.

Wenn Sie Ihre Punktzahlen in das Diagramm eintragen, das zu diesem Teil des Tests gehört, gewinnen Sie eine gute Übersicht über Ihre Testwerte und können sie in jedem Abschnitt des Berkeley-Persönlichkeitsprofils miteinander vergleichen. Es genügt, wenn Sie den Testbogen, den Sie gerade bearbeiten, mit Großbuchstaben markieren (»I» für inneres Selbstbild, »A« für äußeres Selbstbild usw.), und zwar in der Höhe, in der sich die Zahl befindet, die Ihrem Testwert für eine bestimmte, farbig markierte Dimension Ihrer Persönlichkeit entspricht. Verbinden Sie dann die einzelnen Werte, die sich auf einem Bogen befinden, mit einer Linie, also über alle fünf Dimensionen der Persönlichkeit hinweg.

Beispiel eines Profils

Das hier gezeigte, ausgefüllte Profil für das innere und äußere Selbstbild zeigt Ihnen, wie leicht es ist, die einzelnen Profilbögen auszufüllen. Achten Sie bitte darauf, daß wir bei der Darstellung der verschiedenen Beispiele durchgezogene und gestrichelte Linien benutzt haben, um die Testwerte der Beispiele aus den einzelnen Kapiteln darzustellen. Bei der Zeichnung Ihres eigenen Profils können Sie sich an diesen Beispielen orientieren. Natürlich können Sie auch verschiedene Farben für die einzelnen Selbstperspektiven benutzen.

Die hier abgebildeten Testwerte wurden uns von einem der Teilnehmer an unserer Umfrage in *Psychology Today* zugeschickt. Zuerst haben wir alle markierten Zahlen aus den orangefarbigen Zeilen auf dem Testbogen für das innere Selbstbild addiert und das Ergebnis (21) in das erste Kästchen der oberen Reihe mit der Bezeichnung »Testwerte inneres Selbstbild« ein-

Beispiel
Profil inneres/äußeres Selbstbild

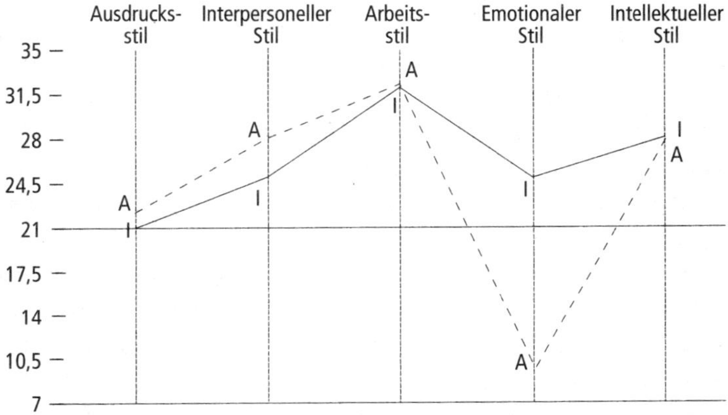

	Ausdrucksstil	Interpersoneller Stil	Arbeitsstil	Emotionaler Stil	Intellektueller Stil
Testwerte inneres Selbstbild	21	25	32	25 ★	28
Testwerte äußeres Selbstbild	22 ★	28 ★	32	9	28
Differenz	1	3	0	16	0

I = (inneres Selbstbild) A = (äußeres Selbstbild)

getragen. Das gleiche haben wir dann mit den grünen, gelben, roten und blauen Antworten auf dem gleichen Bogen gemacht, und auch diese Ergebnisse in die entsprechenden Kästchen in der ersten Reihe eingetragen. Dann sind wir bei dem Testbogen für das äußere Selbstbild in der gleichen Weise vorgegangen und haben die Ergebnisse in das entsprechende Kästchen in der zweiten Zeile eingetragen. Im Diagramm selbst haben wir die Linie am rechten Rand mit »I« für das innere Selbstbild und mit »A« für das äußere Selbstbild gekennzeichnet und die Werte der beiden verschiedenen Gruppen von Testwerten durch eine Linie miteinander verbunden. Außerdem haben wir den jeweils höheren der beiden Werte mit einem Sternchen markiert, so wie es in der Anleitung für das Profil inneres/äußeres Selbstbild angegeben ist, und die Differenz zwischen beiden Werten in die Reihe der darunterliegenden Kästchen eingetragen. Die Bedeutung dieser Zahlen kann man anschließend in der Interpretationsanleitung im 2. Kapitel nachschlagen.

Anleitung zum Erstellen der Profile

Inneres/äußeres Selbstbild

1. Beginnen wir mit dem Testbogen für das innere Selbstbild (Bogen 1). Addieren Sie alle Zahlen, die Sie in die orangefarbenen Zeilen eingetragen haben und übertragen Sie das Ergebnis in das obere Kästchen des orangefarbenen Abschnitts für den Ausdrucksstil. Anschließend gehen Sie bei den grünen, gelben, roten und blauen Antworten in der gleichen Weise vor und tragen die Ergebnisse in die Kästchen der oberen Reihe ein. Dann addieren Sie die Zahlen, die Sie auf Ihrem Testbogen (Bogen 2) für das äußere Selbstbild markiert haben, in der gleichen Weise wie die Werte für das innere Selbstbild und übertragen auch diese Zahlen in die Kästchen der zweiten Reihe. Das sind Ihre Testwerte für das äußere Selbstbild.

2. Tragen Sie nun die Werte in das Profil für das innere und äußere Selbstbild ein. Kennzeichnen Sie zuerst den orangefarbenen Teil des Diagramms in Höhe der Zahl, die Ihrem Ergebnis für das innere Selbstbild in dem oberen orangefarbenen Kästchen entspricht, mit einem »I«. Wenn Sie zum Beispiel einen Wert von 35 erreicht haben, muß das »I« ganz oben im orangefarbenen Bereich stehen. Wenn Sie nur eine 7 erreicht haben, ganz unten. Die mittleren Testwerte verteilen sich zwischen diesen beiden Extremen. Wiederholen Sie die gleiche Prozedur bei den restlichen Werten für das innere Selbstbild, und vergessen Sie nicht, ein »I« in Höhe des entsprechenden Wertes eines jeden andersfarbigen Bereichs des Diagramms zu setzen. Ziehen Sie dann eine Linie, die alle »I's«, die Sie markiert haben, miteinander verbindet.

Übertragen Sie die Testwerte für das äußere Selbstbild in der gleichen Weise und kennzeichnen Sie den jeweiligen Bereich in Höhe der Punktzahlen, die Ihren Werten in den fünf Dimensionen für das äußere Selbstbild entspricht. Zeichnen Sie dann eine Linie, die alle »A's« miteinander verbindet.

3. Vergleichen Sie jetzt die Werte für Ihr inneres und äußeres Selbstbild im Ausdrucksstil (orange). Markieren Sie den höheren der beiden Werte mit einem Sternchen. Ziehen Sie dann die kleinere Zahl von der größeren ab und tragen das Ergebnis in das entsprechende Kästchen (orange) in der dritten Zeile ein. Das ist Ihr Differenzwert zwischen dem inneren und äußeren Selbstbild im Ausdrucksstil. (Wenn beide Werte genau gleich sind, tragen Sie in das entsprechende Kästchen eine Null ein und markieren keine der beiden Zahlen mit einem Sternchen.) Gehen Sie in jeder verschiedenfarbig markierten Kategorie, also im interpersonellen Stil, im Arbeitsstil, im emotionalen Stil und im intellektuellen Stil in der gleichen Weise vor. Tragen Sie die Ergebnisse in die entsprechenden Kästchen in der dritten Zeile ein. *(Tragen Sie die Differenzwerte für das innere und äußere Selbstbild nicht in das Diagramm ein. Sie werden diese Zahlen erst später gebrauchen.)*

   Wenn Sie sich das Profil Inneres/äußeres Selbstbild ansehen, können Sie sofort erkennen, wo die Testwerte für das innere und das äußere Selbstbild entweder signifikant voneinander abweichen oder dicht beieinander liegen. Außerdem erkennen Sie auf einen Blick die Dimensionen Ihrer Persönlichkeit, in denen Sie die höchsten und niedrigsten Werte erreicht haben. Die Interpretationsanleitung im 2. Kapitel wird Ihnen helfen, die Bedeutung, die sich im einzelnen hinter jedem Aspekt Ihres Profils verbirgt, zu analysieren und aufzuschlüsseln.

Vereintes Selbstbild

1. Addieren Sie alle Zahlen, die Sie in den orangefarbenen Zeilen Ihres Testbogens für das vereinte Selbstbild markiert haben, und tragen Sie das Ergebnis in das obere Kästchen des orangefarbenen Abschnitts für den Ausdrucksstil ein. Anschließend gehen Sie bei den grünen, gelben, roten und blauen Antworten in der gleichen Weise vor und tragen die Zahlen in die entsprechenden Kästchen ein. Aus ihnen setzt sich der Wert für Ihr vereintes Selbstbild zusammen.

2. Übertragen Sie Ihre Werte in das Profil für das vereinte Selbstbild. Markieren Sie zuerst den orangefarbenen Teil des Diagramms in Höhe der Punktzahl, die Ihrem vereinten Selbstbild in dem orangefarbenen Kästchen entspricht, mit einem »V«. Wenn Sie zum Beispiel eine 35 erreicht haben, muß das »V« ganz oben in dem orangefarbenen Bereich stehen, wenn Sie eine 7 haben, ganz unten. Die mittleren Werte verteilen sich dann zwischen diesen beiden Extremen. Gehen Sie bei den restlichen Testwerten des vereinten Selbstbilds in der gleichen Weise vor und markieren Sie jeden farbigen Bereich des Diagramms in der entsprechenden Höhe mit einem »V«. Zum Schluß verbinden Sie alle »V's« mit einer Linie.

   Wenn Sie jetzt einen Blick auf das Profil Ihres vereinten Selbstbilds werfen, können Sie sofort sagen, welche Dimension der Großen Fünf bei Ihnen am höchsten und welche am niedrigsten liegt. Die Interpretationsanleitung im 3. Kapitel wird Ihnen helfen, die Bedeutung, die sich hinter jedem Aspekt Ihres Profils verbirgt, zu analysieren und aufzuschlüsseln.

Mögliches Selbstbild

1. Übertragen Sie die Testwerte des vereinten Selbstbilds von dem Profil, das Sie im 3. Kapitel erstellt haben, in die erste Zeile der farbigen Kästchen. Tragen Sie die Werte in das Pro-

fil des möglichen Selbstbilds ein und markieren Sie die Testwerte für das vereinte Selbstbild in jeder der fünf farbigen Persönlichkeitsdimensionen mit einem »V«. Verbinden Sie zum Schluß alle »V's« durch eine Linie.

2. Anschließend addieren Sie alle Zahlen, die Sie in die orangefarbenen Zeilen Ihres Testbogens (Bogen 4) für das ideale Selbstbild eingetragen haben, und übertragen das Ergebnis in das zweite Kästchen des orangefarbenen Abschnitts für den Ausdrucksstil. Dann gehen Sie bei den grünen, gelben, roten und blauen Antworten in der gleichen Weise vor und tragen die Zahlen in die Kästchen in der zweiten Zeile ein. Das sind Ihre Testwerte für das ideale Selbstbild. Anschließend addieren Sie die Punktzahlen des Testbogens für das befürchtete Selbstbild (Bogen 5) genauso, wie Sie es beim idealen Selbstbild gemacht haben, und tragen das Ergebnis in die dritte Zeile der Kästchen ein. Das sind Ihre Testwerte für das befürchtete Selbstbild.

3. Tragen Sie die Werte für das ideale und das befürchtete Selbstbild in das Profil des möglichen Selbstbildes ein. Setzen Sie zuerst ein »I« in Höhe des Wertes für Ihr ideales Selbstbild, der in dem orangefarbenen Kästchen steht. Wenn Ihr Wert 35 beträgt, machen Sie das »I« ganz oben, wenn dort nur eine 7 steht, ganz unten auf dem Diagramm. Die mittleren Werte verteilen sich dann zwischen diesen beiden Extremen. Anschließend gehen Sie bei den restlichen Werten des idealen Selbstbilds in der gleichen Weise vor und setzen jeweils ein »I« in Höhe Ihrer Punktzahl in den farbigen Teil des Diagramms. Verbinden Sie zum Schluß alle »I's« mit einer Linie. Das ist das Profil Ihres idealen Selbstbilds.

   Dann übertragen Sie die Werte für das befürchtete Selbstbild und markieren die Werte für das befürchtete Selbstbild in allen fünf Dimensionen Ihrer Persönlichkeit mit einem »B« und verbinden alle »B's« mit einer Linie.

4. Vergleichen Sie die Punktzahlen für den Ausdrucksstil (orange) Ihres vereinten Selbstbilds mit denen Ihres idealen Selbstbilds. Markieren Sie die jeweils größere Zahl mit einem Sternchen. Anschließend ziehen Sie die kleinere von der größeren Zahl ab und tragen das Ergebnis in das entsprechende Kästchen (orange) in der vierten Zeile ein. (Wenn die beiden Zahlen genau gleich sind, tragen Sie in das vierte Kästchen eine Null ein und markieren keine von beiden mit einem Sternchen.) Gehen Sie in jeder andersfarbigen Kategorie in der gleichen Weise vor, um den Differenzwert zwischen Ihrem idealen und Ihrem vereinten Selbstbild für den interpersonellen Stil, den Arbeitsstil, den emotionalen Stil und den intellektuellen Stil zu ermitteln. Tragen Sie die Ergebnisse in die entsprechenden Kästchen in der vierten Zeile ein. *(Tragen Sie den Differenzwert zwischen Ihrem vereinten und Ihrem idealen Selbstbild nicht in das Diagramm ein. Sie werden diese Zahlen erst später gebrauchen.)*

5. Vergleichen Sie Ihre Testwerte für das vereinte und das befürchtete Selbstbild im Ausdrucksstil (orange) miteinander. Markieren Sie die größere der beiden Zahlen mit zwei Sternchen. Ziehen Sie dann die kleinere Zahl von der größeren ab und tragen das Ergebnis in das entsprechende (orangefarbene) Kästchen in der fünften Zeile ein. Das ist Ihr Testwert für die Differenz zwischen dem vereinten und dem befürchteten Selbstbild im Ausdrucksstil. (Wenn beide Werte gleich sind, tragen Sie in das fünfte Kästchen eine Null ein und markieren keine der beiden Zahlen mit zwei Sternchen). Gehen Sie dann in jeder farbigen Kategorie auf die gleiche Weise vor, um so die Differenzen zwischen dem vereinten und dem befürchteten Selbstbild im interpersonellen Stil, im Arbeitsstil, im emotionalen Stil und im intellektuellen Stil zu ermitteln. Tragen Sie die Ergebnisse anschließend in die entsprechenden Kästchen in der fünften Reihe ein. *(Übertragen Sie die Diffe-*

renz zwischen dem vereinten und dem befürchteten Selbstbild nicht in das Diagramm. Sie werden diese Zahlen erst später gebrauchen.)

Wenn Sie anschließend einen Blick auf das Profil Ihres möglichen Selbstbildes werfen, erkennen Sie sofort, wo sich die Ergebnisse für Ihr ideales, für Ihr vereintes und für das befürchtete Selbstbild in auffallender Weise voneinander unterscheiden oder wo sie ganz dicht beieinanderliegen. Außerdem können Sie auf einen Blick sehen, in welcher Dimension der Großen Fünf Sie die höchsten oder niedrigsten Werte für die verschiedenen Selbstbilder erreicht haben. Die Interpretationsanleitung im 4. Kapitel wird Ihnen helfen, die Bedeutung eines jeden Aspekts Ihres Profils im einzelnen zu analysieren und aufzuschlüsseln.

Rollenidentität

1. Zunächst beginnen Sie mit dem Bogen für die Rollenidentität im Arbeitsbereich, addieren alle Zahlen, die Sie aus den orangefarbenen Zeilen übertragen haben und tragen das Ergebnis in das obere Kästchen des orangefarbenen Abschnitts für den Ausdrucksstil ein. Dann gehen Sie bei den grünen, gelben, roten und blauen Antworten in der gleichen Weise vor und tragen die Ergebnisse in die Kästchen der obersten Zeile ein. Das sind Ihre Testwerte für die Rollenidentität im Arbeitsbereich. Anschließend addieren Sie die farbigen Zahlen aus Ihrem Testbogen für die Rollenidentität Ihres Intimpartners (Bogen 7), so wie Sie es auch für die Werte der Rollenidentität im Arbeitsbereich gemacht haben, und tragen die Ergebnisse in die Kästchen der zweiten Reihe ein. Das sind Ihre Testwerte für die Beurteilung Ihrer Rollenidentität durch den Intimpartner. Dann gehen Sie bei den Werten für die Beurteilung Ihrer Rollenidentität durch Ihre Freunde (Bogen 8) und Ihren zusätzlichen Rollenidentitätsbogen (Bogen 9) auf die gleiche Weise vor und tragen die Ergebnisse in die Kästchen

der vierten Zeile ein. Das sind die Werte für die Beurteilung Ihrer Rollenidentität durch einen Freund und »weitere Rollenidentitätswerte«.

2. Tragen Sie Ihre Testwerte in Ihr Profil für die Rollenidentität ein. Setzen Sie zuerst ein »A« in den orangefarbenen Teil des Diagramms in Höhe der Zahl, die Ihrem Testwert für die Rollenidentität im Arbeitsbereich in dem orangefarbenen Kästchen entspricht. Die Zahl 35 müßte zum Beispiel ganz oben, die 7 ganz unten im orangefarbenen Bereich stehen. Die mittleren Werte befinden sich zwischen diesen beiden Extremen. Anschließend gehen Sie bei den restlichen Testwerten für Ihre Rollenidentität im Arbeitsbereich in der gleichen Weise vor und markieren jeden einzelnen, farblich abgesetzten Bereich des Diagramms mit einem »A«. Dann verbinden Sie die einzelnen »A's« mit einer Linie.

3. Tragen Sie die Testwerte für die Beurteilung Ihrer Rollenidentität durch Ihren Intimpartner auf die gleiche Weise ein. In diesem Fall setzen Sie ein »P« in jeden farblich abgesetzten Bereich des Diagramms und zwar an die Stelle, wo sich der entsprechende Wert befindet. Verbinden Sie dann alle »P's« mit einer Linie.

4. Anschließend tragen Sie die Testwerte für die Beurteilung Ihrer Rollenidentität durch einen Freund ein und setzen hier jeweils ein »F« in jeden farbigen Bereich des Diagramms an die Stelle, die der jeweiligen Zahl entspricht. Verbinden Sie zum Schluß alle »F's« mit einer Linie.

5. Dann übertragen Sie alle anderen Testwerte für die Beurteilung Ihrer Rollenidentität und setzen hier jeweils ein »W« (weitere) in jeden farblich abgesetzten Bereich des Diagramms an die Stelle, die dem jeweiligen Wert entspricht. Verbinden Sie zum Schluß alle »W's« mit einer Linie.

6. Zuerst vergleichen Sie die Testwerte für die verschiedenen Rollenidentitäten (Arbeitsbereich, Intimpartner, Freunde, weitere Rollenidentitäten) im Ausdrucksstil (orange) miteinander. Dann ziehen Sie die kleinste von der größten Zahl dieser vier Testwerte ab und tragen das Ergebnis in das entsprechende orangefarbene Kästchen in der fünften Zeile ein. Das Ergebnis ist die Differenz der Rollenidentitätswerte im Ausdrucksstil. (Wenn in Ihrem Fall alle Testwerte im Ausdrucksstil gleich sind, setzen Sie eine Null in das fünfte orangefarbene Kästchen.) Anschließend gehen Sie in jeder einzelnen, farblichen abgesetzten Kategorie in der gleichen Weise vor, um so die Differenzwerte für die verschiedenen Rollenidentitäten im interpersonellen, emotionalen und intellektuellen sowie im Arbeitsstil zu ermitteln. Tragen Sie die Ergebnisse in die entsprechenden Kästchen in der fünften Zeile ein. *(Übertragen Sie die Differenzwerte für die Rollenidentitäten nicht auf das Diagramm. Sie werden diese Zahlen erst später brauchen.)*

Wenn Sie jetzt einen Blick auf Ihr Rollenidentitätsprofil werfen, erkennen Sie sofort, welche Rollenidentitäten sich am stärksten voneinander unterscheiden und wo die Zahlen dicht beieinander liegen. Mit Hilfe der Interpretationsanleitung im 5. Kapitel können Sie die Bedeutung eines jeden Aspekts Ihres Diagramms im einzelnen analysieren und aufschlüsseln.

Ergänzende Bewertung: Eine fakultative Methode der Bewertung und Interpretation der Ergebnisse des Rollenidentitätsprofils besteht darin, daß Sie zusätzlich die Differenzwerte für die einzelnen Rollenidentitäten der Großen Fünf Dimensionen der Persönlichkeit berechnen, um so die Gesamtdifferenz der Rollenidentitäten zu ermitteln, die zwischen 0 und 140 liegt. Tragen Sie dieses Ergebnis in das entsprechende Kästchen auf Ihrem Rollenidentitätsprofil ein. Schauen Sie dann im 5. Kapitel nach, dort wird Ihnen die Bedeutung, die sich hinter diesem Gesamtdifferenzwert verbirgt, erklärt.

Selbstbild/Partnerbild

1. Zunächst übertragen Sie die Testwerte für das vereinte Selbstbild aus dem Profil des vereinten Selbstbildes, das Sie im 3. Kapitel bearbeitet haben, in die Kästchen der ersten Zeile Ihres Selbstbild/Partnerbild-Profils und benutzen dabei die Buchstaben »VA« zur Kennzeichnung Ihrer Testwerte für die einzelnen Persönlichkeitsdimensionen. Verbinden Sie dann alle »VA's« mit einer Linie.

2. Addieren Sie alle Zahlen aus den orangefarbenen Zeilen der Testbögen, die Ihr Partner oder Freund markiert hat, als er Sie auf dem Testbogen für das Partnerbild (Bogen 10) beschrieben hat. Tragen Sie das Ergebnis in das zweite Kästchen des entsprechenden orangefarbenen Teils für den Ausdrucksstil ein. Anschließend gehen Sie dann bei den grünen, gelben, roten und blauen Antworten in der gleichen Weise vor und übertragen die Zahlen in die Kästchen der zweiten Reihe. Das sind Ihre Testwerte für das Partnerbild »Partner A«. Dann übertragen Sie diese Werte auf das Selbstbild/Partnerbild-Profil und benutzen die Buchstaben »PA« zur Kennzeichnung der Testwerte für das Partnerbild in den fünf Persönlichkeitsdimensionen. Verbinden Sie zum Schluß alle »PA's« mit einer Linie.

3. Vergleichen Sie die Werte im Ausdrucksstil für »Partner A: vereintes Selbstbild« und »Partner A: Partnerbild« miteinander. Markieren Sie die größere der beiden Zahlen mit einem Sternchen. Dann ziehen Sie die kleinere von der größeren Zahl ab und tragen das Ergebnis in das entsprechende (orangefarbene) Kästchen in der dritten Reihe ein. Sie erhalten auf diese Weise den Partnerdifferenz-Wert im Ausdrucksstil.

(Wenn Ihre Werte für das vereinte Selbstbild und das Partnerbild gleich sind, setzen Sie eine Null in das dritte Kästchen und markieren keinen der beiden Werte mit einem Sternchen). Anschließend gehen Sie beim Arbeitsstil, beim interpersonellen, beim emotionalen und beim intellektuellen Stil in der gleichen Weise vor. Tragen Sie Ihre Ergebnisse in die entsprechenden Kästchen in der dritten Zeile ein. *(Den Wert für die Partnerdifferenz tragen Sie nicht in dieses Diagramm ein. Wir werden erst später auf diese Zahlen zurückkommen.)*

4. Addieren Sie alle Zahlen, die Ihr Partner oder bester Freund in den orangefarbenen Zeilen angestrichen haben, um sich selbst auf dem Bogen »Partner B: vereintes Selbstbild« (Bogen 11) zu beschreiben, und tragen Sie das Ergebnis in das entsprechende Kästchen in der vierten Zeile ein. Anschließend gehen Sie bei den grünen, gelben, roten und blauen Antworten in der gleichen Weise vor und tragen die Werte in die Kästchen in der vierten Zeile ein. Das sind Ihre »Partner B: Werte für das vereinte Selbstbild.« *(Wenn Ihr Partner ebenfalls das vollständige Berkeley-Persönlichkeitsprofil ausgefüllt hat, brauchen Sie nur die Werte für das vereinte Selbstbild zu übertragen, die er bereits im 3. Kapitel ermittelt hat.)*

   Dann nehmen Sie einen andersfarbigen Stift, als den, mit dem Sie Ihre eigenen Werte notiert haben, und übertragen die Werte Ihres Partners oder besten Freundes auf Ihr Selbstbild/Partnerbild-Profil und benutzen dabei die Buchstaben »VB« zur Kennzeichnung seines Testwerts für das vereinte Selbstbild in den fünf Persönlichkeitsdimensionen. Verbinden Sie zum Schluß alle »VB's« mit einer Linie.

5. Addieren Sie alle Zahlen, die Sie in den orangefarbenen Zeilen angestrichen haben, um Ihren Partner oder besten Freund auf dem »Partner B: Testbogen für das Partnerbild« (Bogen

12) zu beschreiben, und tragen Sie das Ergebnis in das fünfte Kästchen in der entsprechenden (orangefarbenen) Zeile für den Ausdrucksstil ein. Anschließend gehen Sie bei den grünen, gelben, roten und blauen Antworten in der gleichen Weise vor und tragen die Werte in die Kästchen in der fünften Zeile ein. Das sind Ihre »Partner B: Testwerte für das Partnerbild«. Benutzen Sie die gleiche Farbe wie für Partner B, tragen Sie die Ergebnisse in das Profil ein und verwenden Sie dabei die Buchstaben »PB« zur Kennzeichnung der Testwerte für das Partnerbild des Partners B.

6. Vergleichen Sie jetzt die Werte im Ausdrucksstil für »Partner B: vereintes Selbstbild« und »Partner B: Partnerbild«. Markieren Sie die größere der beiden Zahlen mit einem Sternchen. Dann ziehen Sie die kleinere Zahl von der größeren ab und tragen das Ergebnis in das entsprechende (orangefarbene) Kästchen in der sechsten Zeile ein. Das ist der Differenzwert Ihres Partners B im Ausdrucksstil. (Wenn der Wert für das vereinte Selbstbild des Partners B und der Wert für das Partnerbild gleich sind, tragen Sie in das sechste Kästchen eine Null ein und markieren keine der beiden Zahlen mit einem Sternchen.) Anschließend gehen Sie bei den anderen, farblich unterschiedlich markierten Kategorien in der gleichen Weise vor, um die Differenzwerte des Partners B im Arbeitsstil, im interpersonellen, emotionalen und im intellektuellen Stil zu ermitteln. *(Tragen Sie die Differenzwerte für den Partner B nicht in das Diagramm ein. Wir werden später noch darauf zurückkommen.)*

Wenn Sie jetzt einen Blick auf das Selbstbild/Partnerbild-Profil werfen, werden Sie sofort erkennen, wo sich die Werte Ihres vereinten Selbstbilds und die des Partnerbildes extrem voneinander unterscheiden und wo sie eng beieinanderliegen. Darüber hinaus können Sie sehen, inwieweit die Werte für das vereinte Selbstbild Ihres Partners mit den Partnerbildwerten übereinstimmen, die Sie ihm gegeben haben. Sie können außerdem Ihre eigenen Werte für das vereinte Selbstbild und die Ihres Partners miteinander vergleichen. Die Interpretationsanleitung im 6. Kapitel wird Ihnen helfen, die Bedeutung, die sich hinter jedem einzelnen Aspekt Ihres Selbstbild/Partnerbild-Profils verbirgt, zu analysieren und aufzuschlüsseln.

Reflektiertes Bild-Profil 1

1. Übertragen Sie die Werte für »Partner A: Partnerbild« aus den Kästchen in der zweiten Reihe Ihres Selbstbild/Partnerbild-Profils, das Sie im 6. Kapitel bearbeitet haben, in die Kästchen der ersten Zeile von »Reflektiertes Bild-Profil 1«.

2. Addieren Sie zunächst alle Zahlen aus der Rubrik »Reflektiertes Bild – Arbeitskollege 1« (Bogen 13), die Sie in den orangefarbenen Zeilen angestrichen haben, und tragen Sie das Ergebnis in das zweite Kästchen des orangefarbenen Teils für den Ausdrucksstil ein. Anschließend gehen Sie bei den grünen, gelben, roten und blauen Antworten in der gleichen Weise vor und tragen die Zahlen in die Kästchen der zweiten Zeile ein. Das sind Ihre Testwerte für »Reflektiertes Bild – Arbeitskollege 1«. Dann addieren Sie die in verschiedenen Farben markierten Zahlen, die »Arbeitskollege 2« angestrichen hat (Bogen 14), genauso wie Sie es bei »Arbeitskollege 1« gemacht haben, und tragen die Ergebnisse in die Kästchen der dritten Zeile ein. Wiederholen Sie diese Prozedur bei den Bögen »Reflektiertes Bild Freund 1«, »Freund 2«, »Familienmitglied 1« und »Familienmitglied 2« und tragen Sie dann die Ergebnisse in die Kästchen in den entsprechenden Zeilen ein. Das sind Ihre Testwerte für die reflektierten Bilder.

3. Tragen Sie dann die Werte in das Profil 1 des Reflektierten Bildes ein. Setzen Sie zuerst den Buchstaben »P« in den oran-

gefarbenen Bereich in Höhe des Wertes, der dem Testwert Ihres Partners oder besten Freundes für das reflektierte Bild aus dem orangefarbenen Kästchen entspricht. Wenn der Wert 35 beträgt, muß das »P« ganz oben stehen, wenn er 7 beträgt, ganz unten. Die mittleren Werte liegen dann zwischen diesen beiden Extremen. Anschließend gehen Sie bei den restlichen Testwerten des reflektierten Bildes von »Partner/bester Freund« in der gleichen Weise vor und setzen in jedem einzelnen Bereich des Diagramms ein »P« in Höhe des entsprechenden Testwertes. Zum Schluß verbinden Sie alle »P's« mit einer Linie. Übertragen Sie alle anderen Werte des reflektierten Bildes auf die gleiche Weise und kennzeichnen Sie die verschiedenen Punktzahlen mit Buchstaben: AK1 für den ersten Arbeitskollegen, AK2 für den zweiten Arbeitskollegen, F1 für den ersten Freund, F2 für den zweiten Freund, FM1 für das erste Familienmitglied und FM2 für das zweite Familienmitglied.

4. Vergleichen Sie die verschiedenen Werte im Ausdrucksstil (orange) für das reflektierte Bild miteinander und zwar: Partner/bester Freund, Arbeitskollege 1, Arbeitskollege 2, Freund 1, Freund 2, Familienmitglied 1, Familienmitglied 2. Dann ziehen Sie die kleinste Zahl von der größten ab und tragen das Ergebnis in das entsprechende Kästchen (orange) in der letzten Zeile ein. Das ist Ihr Differenzwert für die reflektierten Bilder im Ausdrucksstil (wenn bei Ihnen alle Differenzwerte des reflektierten Bildes im Ausdrucksstil gleich sind, tragen Sie in das letzte orangefarbene Kästchen eine Null ein). Anschließend gehen Sie bei allen verschiedenfarbig markierten Kategorien in der gleichen Weise vor, um Ihren Differenzwert des reflektierten Bildes im Arbeitsstil, im interpersonellen, emotionalen und intellektuellen Stil zu ermitteln. Tragen Sie die Ergebnisse in die entsprechenden Kästchen in der letzten Zeile ein. *(Übertragen Sie den Differenzwert Ihres*

reflektierten Bildes nicht auf das Diagramm. Wir werden später auf diese Zahlen zurückkommen.)

Wenn Sie jetzt einen Blick auf das Profil 1 des reflektierten Bildes werfen, können Sie sofort erkennen, wo Ihre Werte für das reflektierte Bild signifikant voneinander abweichen und wo sie dicht beieinander liegen. Außerdem sehen Sie auf einen Blick, in welchen Dimensionen der Großen Fünf bestimmte Menschen aus Ihrer Umgebung, die unter verschiedenen Aspekten ausgesucht wurden, Ihnen die höchsten oder die niedrigsten Werte gegeben haben. Die Interpretationsanleitung im 7. Kapitel wird Ihnen helfen, die Bedeutung, die sich hinter den Aspekten Ihres Profils Nr. 1 des reflektierten Bildes verbirgt, zu analysieren und aufzuschlüsseln.

Reflektiertes Bild-Profil 2

1. Zuerst übertragen Sie die Differenzwerte des reflektierten Bildes für: Partner/bester Freund, Arbeitskollege 1, Arbeitskollege 2, Freund 1, Freund 2, Familienmitglied 1 und Familienmitglied 2 aus dem Profil 1 Ihres reflektierten Bildes in die entsprechenden Kästchen in den ersten sieben Zeilen, so daß sie zum Schluß genau den Kästchen der ersten sieben Zeilen des Profils 1 des reflektierten Bildes entsprechen.

2. Addieren Sie alle Zahlen, die in den orangefarbenen Kästchen (Ausdrucksstil) in der ersten Spalte des Profils 2 für das reflektierte Bild stehen und teilen Sie das Ergebnis durch 7 (bzw. durch die Anzahl der Leute, deren Antworten Sie mit einbezogen haben), um auf diese Weise den Durchschnittswert für das reflektierte Bild im Ausdrucksstil zu ermitteln. Tragen Sie das Ergebnis in das entsprechende (orangefarbene) Kästchen (Ausdrucksstil) in der achten Zeile ein. Anschließend gehen Sie bei den grünen, gelben, roten und blauen Antworten in der gleichen Weise vor und tragen den

jeweiligen Durchschnittswert für jede Farbe in die Kästchen in der achten Reihe ein. So erhalten Sie den Durchschnittswert Ihres reflektierten Bildes für den Arbeitsstil, den interpersonellen, emotionalen und intellektuellen Stil. Dann übertragen Sie diese Werte auf das Profil 2 des reflektierten Bildes und benutzen dabei ein »R« zur Kennzeichnung des Durchschnittswertes Ihres reflektierten Bildes in jeder der fünf verschiedenfarbig markierten Persönlichkeitsdimensionen. Verbinden Sie zum Schluß alle »R's« mit einer Linie.

3. Übertragen Sie die Werte des vereinten Selbstbilds aus dem Profil des vereinten Selbstbilds, das Sie im 3. Kapitel bearbeitet haben, in die verschiedenfarbig markierten Kästchen in der neunten Zeile. Dann tragen Sie diese Testwerte in das Profil 2 des reflektierten Selbstbilds ein und benutzen in allen fünf Persönlichkeitsdimensionen ein »V« zur Kennzeichnung des Wertes des vereinten Selbstbilds. Dann verbinden Sie alle »V's« mit einer Linie. Sie können nun auf einen Blick Ihre Durchschnittswerte für das reflektierte Bild mit denen des vereinten Selbstbilds vergleichen und werden sofort erkennen, wo die Zahlen sich am stärksten voneinander unterscheiden oder wo sie am dichtesten beieinanderliegen.

4. Zum Schluß vergleichen Sie Ihren Durchschnittswert für das reflektierte Bild und den für das vereinte Selbstbild im Ausdrucksstil miteinander. Sie finden die Zahlen in den orangefarbenen Kästchen in der achten und neunten Zeile. Markieren Sie die größere Zahl mit einem Sternchen. Dann ziehen Sie die kleinere von der größeren Zahl ab und tragen das Ergebnis in das entsprechende (orangefarbene) Kästchen in der zehnten Zeile ein. Sie erhalten so den Differenzwert für das vereinte/reflektierte Bild im Ausdrucksstil. (Wenn der Durchschnittswert des reflektierten Bildes und der des vereinten Selbstbilds im Ausdrucksstil gleich sind, tragen Sie eine Null

in das zehnte Kästchen ein und markieren keinen der beiden Werte mit einem Sternchen.) Anschließend gehen Sie bei jeder der verschiedenfarbig markierten Kategorien in der gleichen Weise vor, um so die Differenzwerte für das vereinte/reflektierte Selbstbild im Arbeitsstil, im interpersonellen, emotionalen und intellektuellen Stil zu ermitteln. Tragen Sie Ihre Ergebnisse in den entsprechenden Kästchen in der zehnten Zeile ein. *(Übertragen Sie die Werte für das vereinte/reflektierte Selbstbild nicht auf das Diagramm. Wir werden später noch auf diese Zahlen zurückkommen.)*

Die Interpretationsanleitung im 7. Kapitel wird Ihnen helfen, die Bedeutung, die sich hinter jedem dieser Aspekte des Profils 2 Ihres reflektierten Bildes verbirgt, zu analysieren und aufzuschlüsseln.